ちくま学芸文庫

アメリカを作った思想

五〇〇年の歴史

ジェニファー・ラトナー＝ローゼンハーゲン
入江哲朗 訳

筑摩書房

The Ideas That Made America

A Brief History

by

Jennifer Ratner-Rosenhagen

マール・カーティとポール・ボイヤーを偲んで

目次

アメリカを作った思想

五〇〇年の歴史

凡例

一、文中のパーレン（ ）およびブラケット［ ］は原文に基づく。亀甲括弧〔 〕内の補足は訳者によるものである。

一、原文におけるイタリック（斜字）による強調は、本訳書では傍点で再現した。ただし原文のイタリックが強調以外の目的で施されている場合はこのかぎりではない。原文のボールド（太字）は**太字のゴシック体**で再現した。

一、原文の構造が複雑な場合にはしばしば、訳文をわかりやすくするために、原文にない二倍ダーシ――を挿入した。他方で原文のダーシ（em dash）は、訳文では二倍ダーシで再現したが、煩雑さを避けるために再現しなかったケースもある。

一、「＊1」などは原註を、「☆1」などは訳註を表す。原註は巻末にまとめられており、訳註は傍註として配置されている。

一、原註で挙げられている文献に邦訳が存在する場合は、邦訳の書誌情報を亀甲括弧内に示した。ただし昭和初期以前に刊行された邦訳に関してはこのかぎりではない。本文中の引用の訳は、原著の文脈に合わせるなどの理由により既訳から適宜変更させていただいた。

一、本書の原題にも含まれる名詞"idea"は多義語であるが、本訳書はたいてい「観念」（原語が複数形でありその明示が必要な場合は「諸観念」）と訳し、少数のケースで「思想」や「アイデア」と訳している。

一、原著に頻出する形容詞"intellectual"を、本訳書は文脈に応じて「思想的」か「知的」と訳しわけている。また名詞"life"を、本訳書はたいてい「生」と訳している。たとえば「アメリカの思想的生〔American intellectual life〕」という頻出フレーズは、アメリカに生きる人びとの思想的な営みを集合的に指す。

日本語版への序文

ある思い違いがなければ本書は決して生まれなかったでしょう。アメリカの思想的生〔American intellectual life〕の新しい歴史を書くことを私に打診してくれた編集者は、短くても構わないという——むしろ短いものであるべきだという——約束でもって私を誘いました。アメリカ思想史研究の最新の成果を総合するとか、そのすべてを一般読者にも楽しんでもらえるような仕方でまとめるといったことを試みるだけの図太さないし愚かさを持ちあわせた歴史家は、ここ数十年間ひとりもいませんでした。近年には、アメリカ先住民とヨーロッパからの移住者との思想的交流に関する、あるいは啓蒙主義とロマン主義との交流や、「長い一九世紀」〔歴史家エリック・ホブズボームの用語〕から「アメリカの世紀」〔ジャーナリストのヘンリー・ルースが一九四一年の論説のタイトルとして掲げ、以後人口に膾炙したフレーズ〕にかけての政治的、経済的、宗教的なイデオロギー対立に関する刺激的な新研究が現れましたが、それらをアメリカ史のより広汎な物語へ統合しようとする努力は見受けられませんでした。しかし二一世紀を生きる読者の猛烈な忙しさを思えば、知的な野心を抱く者であってもいまや、かつて書かれたような数巻にわたる——各巻が〔文字どおり）重くて、ドアストップ〔戸を開いたままにする重り〕としても使える——通史よりも、いっそう簡潔に総合されたもののほうを好むはずだ……と言うのはたやすいですけれども、ここには罠がありました。たしかに私は、誰かしら歴史家がそうした本を書くことをながらく望んでいました。そうした本とはすなわち、最近の思想的論争の背景を理解する手がかりを求めている記者に、あるいはアメリカ思想史をさらに学ぶことへの関心を示している一般読者に、あるいはアメリカの過去に対する観念重視のアプローチに興味を抱いている学生にすぐ薦められるような本です。くだんの編集者はかくして、私に——おそらく、傲慢さの抑制がたまたま利いていなかった私に——こう自問させることとなりました。私に待ち望まれている歴史家に私がなってもよいのではないか、と。「イエス」という私の答えは、私の自我《エゴ》から出たものではなくむしろ、私が世間知らずであったために出たものでした。私は「短い《ショート》」が「簡単な《イージー》」を意味すると思い込んでいたのです。簡潔でなければならないという制限のおかげで仕事が楽になるかもしれないと夢想した私は、あなたがいま手にしている本を書きはじめることを喜んで承諾しました。

　アメリカ思想の五〇〇年を小史へ蒸留せねばならない書き手に求められる作業の血なまぐさい詳細を、ここで長々と語ろうとは思いません。ただ、並大抵の仕事ではなかった〔it isn't pretty〕ということだけは言わせてください。その作業のあいだ、何を紙上に残し何を編集室《カッティング・ルーム》の床へ落とす〔不採用フィルムの山へ送る、つまり没にする〕かという難しい決断を迫られるたびに私は歯ぎしりし、決断を下しやすくしてほしいという苦しまぎれの懇願を何度も天〔the Universe〕に唱えました。しかもこうした決断は、多種多様な思想家たちや正典《キャノン》に含まれない諸観念や知の驚くべき諸形式が重要な役割を担ってきたことを示したいと私が思っていただけにいっそう難しくなりました。いまから確かめていただくように、アメリカを作った諸観念の真正な評価〔appreciation〕には、国境横断的《トランスナショナル》に作動する諸力に目を向けられるまで、また相争う思想家たちの諸前提に潜むかすかなハーモニー（あるいは、相手と歩調を合わせているとそれぞれ思っている者たちのあいだの耳障りな不協和音）を聞きとれるまで私たちの注意の地平を拡大させることが必要です。アメリカ史におけるもっとも強力な諸観念のなかには合理的な論証以外のかたちで表出されるものもあり、印刷物以外の媒体をとおして表出されるものもあるという次第を理解することも、アメリカを作った諸観念の真正な評価には必要です。それにはほかにも、急進的《ラディカル》な主張がいかにして慣習的なものへと馴化させられてゆくか、総意《コンセンサス》に基づく穏当な概念がいかにしてもろもろの剣呑な不和へと砕けてゆくか、抽象的なものがいかにして生きられた経験へと変化してゆくかに注意を傾けることも必要です。これらの必要事項は、本書のような小冊にとってはなかなか重い負担ですけれども、だからと言って避けて通ることはできません。

しかし結局のところ、本書がある幻想から生まれたこと以上に大事なのは、アメリカ史に関する、その流れをかたちづくった思考を経由する考察がどれほどやりがいのあるものかを広く知らせたいという真剣な熱望から本書が生まれたことです。アメリカの過去に対するこのアプローチを私は、疑い深さに欠ける一九歳の大学生であったときにはじめて、近代米国思想史の授業を（ほとんどたまたま）とったことにより発見しました。当時の私は、W・E・B・デュボイスやウォルター・リップマンやハンナ・アーレントを読んでいないどころか彼らの名前を聞いたことさえありませんでした（いわんやトマス・カーライル、マックス・ヴェーバー、ジュリアン・バンダをや――彼らはみな、舞台の外〔off stage〕ではあるにせよ肝要な役割を担った人物です）。こうした思想家たちをブレンドした一杯は、やはり不思議な味がしましたが、大いに酔わせてくれもしました。彼らの著作が私を彼らの観念の世界へ導き、その世界はやがて私を、大学図書館のなかの、E169・1で始まる請求記号（〔米国の〕議会図書館がアメリカ思想史研究に割りあてている記号）の本を配架した区画へ導きました。そこで私が接した新しい過去観は歴史を、出来事がただ一方向に連なっているだけのものとしてではなくむしろ、過去の人びとが――自分自身を、お互いを、彼らのアメリカを、彼らの世界を理解しようとするなかで――交わした複雑で交響的な会話《カンヴァセーション》として提示していました。

私が当時学んだのは、そして本書において示したいと私が思っているのは、この会話への参加がこんにちの私たちに対して持ちうる意義です。思想の歴史は、私たちがいま直面している道徳的、政治的、経済的、さらには実存的な諸問題は私たちの時代にはじめて現れたという非歴史的で知性に乏しい考えから、私たちを救い出すことができます。それどころか私たちは〔思想史をとおして〕、こんにちの私たちを悩ませている諸問題の多くに歴史上の思想家たちも取り組んでいたという次第を見てとることができ、私たちの道徳的諸世界を過去と断絶したものとしてではなく、ながらく進行中の討論の一部として理解しはじめることができます。思想史は少なくとも、私たちの時代のような御しがたくて不安定な歴史的瞬間において、私たちと過去の思想家たちとの継続的な交際を提供することができます。すなわち、私たちの広義の現在〔our long now〕の条件をいっそう明確にしてくれたり私たちが想像さえしていなかった──その可能性を夢想だにしなかった──解決策を検討させてくれたりする言語を、私たちにもたらすかもしれない思想家たちとの交際を。

いまから確かめていただくように、主な変曲点に差しかかったときにアメリカ史を駆動してきた強力な諸観念の多く──人間の自由に関する観念であったり、真理に関する、民主主義と資本主義との矛盾の円滑化に関する、アメリカ人であることの意味に関する観念であったり──は、着想の面でも表現の面でも完璧とはとても言えないものでした。しかしそもそもアメリカはつねに、本書が語る歴史が示すとおり、諸理想を多元的社会における生きられた現実の厄介さと結びつけようとする不完全な実験でしかなかったのです。もっとも多くの大学で使われている米国史の教科書が『未完の旅』〔*The Unfinished Journey*〕

とか『未完の国家《ネイション》』とか『アメリカの実験』とか『アメリカの約束』と題されている理由もここにあります。これらが暗に指し示しているのは、ウォルト・ホイットマンが『民主主義の展望』に記した、こんにちにおいても――一八七一年の発表当時と同じくらい――読者をはっとさせる挑発的な洞察です。「我々は民主主義という語を頻繁に印刷してきた。しかし、これが〔…〕自らの真髄をまだ眠らせている語であること、真髄をまったく目覚めさせていない語であることは、何度再言してもしたりない。これは偉大な語であり、私の見るところ、その歴史はまだ書かれていない。なぜならその歴史は起こってすらいないからである」。「民主主義」は本書が語る歴史を活気づけている多くの理想のひとつにすぎませんが、それでもホイットマンの言葉は、あなたがいまから読もうとしている諸観念の歴史が未完のままであることを私たちに警告してくれています。

ジェニファー・ラトナー゠ローゼンハーゲン

序論

本書は、アメリカ思想史〔American intellectual history〕におけるもっとも力強いエピソード、あるいはもっとも持続的な関心のうちいくつかを俎上に載せる手短な概説である。アメリカ思想〔American thought〕の歴史を論じる一冊の本が、単刀直入でありかつ手に取りやすいものであることを私は夢想しているけれども、この主題を十分に長く教えてきた私は、そう都合よくはなかなか行かないことを知っている。学生たちはしばしば、興味と懐疑を相半ばさせながら私にこう尋ねる。「そもそもアメリカ思想史って何なんですか」。公式のアメリカ思想史はこんなふうに進む。それはアメリカの過去を、諸観念をとおして、またそれらを作ったりそれらに動かされたりした人びとをとおして理解するためのひとつのアプローチである。思想史は、アメリカ思想にながらく取り憑いてきたいくつかの観念がどこから来たのかを理解しようとし、過去においては重要であったいくつかの観念がなぜ視界から去ってしまったのかを理解しようとする。それは、まさしく特定のものに焦点を据えることもできる。たとえばひとつの概念（「自由」とか「正義」とか）や、より大きな一塊の思想（「民主主義理論」とか「反奴隷制」とか）に。また思想の歴史〔histories of thought〕は、哲学や心理学や社会学といった特定の知の領域を研究したり、それらの分野が時とともにどう変わったかを調べたりもできる。アメリカ人たちの思考様式をまなざすこうした視角のすべては、時間と場所に対する綿密な注意とともに用いられる。なぜ彼らはあのような結論に至ったのか？　なぜあのとき？　なぜあそこで？　思想史家にとって、観念の文脈は観念それ自体と同じくらい重要である。加えて思想史は、思想が生産される場であるような無数の制度（大学、出版社、シンクタンクなど）にも、また観念と渡りあうために人びとが取り組んできたさまざまな実践（読むこと、書くこと、議論すること、実験することなど）にも関心を払う。

　観念や知識人や思想運動を自らの焦点とするアメリカ思想の歴史は、しかしやはり、何よりもまず、政治史家や経済史家や環境史家にとってはおなじみの心的習慣〔habits of mind〕をすべて駆使するような歴史的探究である。思想史は政治や経済や環境にさえ焦点を据えうる。とはいえ、特定の時空におけるアメリカ史を理解すべく政党や経済不況や気象パターンを引きあいに出すかわりに、それはたとえば政治論文や大統領演説のなかの観念を調べることによって政治史にアプローチするだろう。経済史に対しては、下向きの金融市場の原因を経済学者がどう解釈したかとか、職を失った労働者たちが自らの厳しい状況をどう理解していたかといった問いをとおしてアプローチするかもしれない。環境史へのアプローチは、絶滅危惧種を保護しようとする環境運動家たちが掲げた議論を検討したり、詩人がもろもろのシンボルを自然から自らの詩へ取り込む方法を考察したりする。公式のアメリカ思想史はだいたいこんな感じであり、その企ての記述としては正確であると私も思う。しかしかりに、この主題に関する何らかの知識を得るまえの私がこうした記述に接したとしたら、これを自らのライフワークとして私が選んだかどうか自分でも明言できない。

なぜ私はアメリカ思想史に興味を抱いたのか。なぜこれがいまなお私の注意をつかんでいるのか。なぜこれを教えることを私は愛しているのか。アメリカ思想史のスリルを私の学生たちも共有しているらしいのはなぜか。答えは、これが過去を立ち聞きする〔eaves-drop〕ためのひとつの方法だからである。疑いを抱かぬ死者たちの内なる思想を覗き見るということを言いたいのではない。この営みはむしろ、精神の記録が遺されていなければ我々が知ることもなかったはずの興味深い人びとと接点を持ちたいという欲望に駆動されている。こうした歴史的感性は、立ち聞きに使えるあらゆる史料《ソース》を喜んで迎え入れる——法的書類、小説、私信、日記、写真、絵画など。いかなるソースも、たとえば浩瀚な神学論争の書であっても、物々しすぎるということはない。そしていかなるソースも、たとえばテクストの余白への書き込みや雑誌の広告であっても、瑣末すぎるということはない。本書は、思想史のより伝統的なソース（哲学、政治理論、社会理論、文学、文化批評の著作）に依拠しがちではあるけれども、これらが一部にすぎないことを示したいとも思っている。すなわちこれらのほかにも、自らの現実を構築したり自らの生に意味を見出したりする際にアメリカ人たちが用いたあらゆる方法へと我々の眼を開かせるソースはいろいろあるということを。

過去の人びとの精神的ないし道徳的な諸世界にアクセスしようとするなかで、本書はこの営みの可能性と限界について問うている。提起されるのは次のような問いである。歴史上の行為者《アクター》たちの思想的な動機を十全に理解することは可能なのか。ある特定の問題に関するアメリカ人たちの考えを変えたり、それに対する行動を彼らに起こさせたりする力を観念がなぜ、いかにして持ったのかを我々は把握できるのだろうか。社会的、政治的、経済的条件に対して歴史上のアクターたちの観念が及ぼした影響（あるいは逆向きの影響）を我々はどのようにして測れるのか。これらの問いを課すことによって、本書は思考をめぐる思考へと読者を誘う。しかしより重要なのは、思考とはかくも多くの歴史的行為が宿る場だということを本書が示そうとしていることである。

本書のストーリーは、一五世紀末におけるヨーロッパの探検者たちとアメリカ先住民とのファースト・コンタクトから始まり、こんにちのアメリカの思想的生まで語られてゆく。プロフェッショナルの思想家たちや洗練された議論や思想史上の古典が本書に登場するけれども、のみならず、キリスト教の平信徒たちや過度に単純化された議論や時事的な印刷物も登場する。これらはすべて、アメリカ人たちの知性の実に多種多様な源泉および表現を反映しているがゆえに本書で扱われるのである。本書の各章は、観念をとおしてアメリカ史にアクセスすることの興奮をいくばくか描き出そうとしており、歴史上のアメリカ人たちが自らを、自らの国を、そして自らの世界をどんなふうに理解してきたかを解釈しようとしている。

　本書は、アメリカの思想的生における発展のストーリーを、あらゆる変種のあいだ――たとえば、ふたつの文化的環境のあいだ、テクストとコンテクストとのあいだ、世俗的な分析と宗教的な信念とのあいだ、形式的な論証と感情的な確言とのあいだ――での「横断〔crossings〕」の歴史として語っている。本書が焦点を据えるさまざまな思想的移転のなかでも特に、次の三つのタイプがもっとも重要である。

　国境を越えた観念の移動。アメリカ思想史は国籍離脱者や亡命者や外国のテクストで満ちあふれているため、まずは、アメリカ人たちの思想的ないし道徳的な諸世界がながらく国際的横断の産物であったという次第を理解することに重きが置かれる。したがってこの歴史には「舞台の外〔off stage〕」で起こる事柄も含まれる。「舞台の外」とはたとえば近世《アーリー・モダン》の、つまりヨーロッパ人たちが新世界の先住民とはじめて接した時代のヨーロッパや、若きチャールズ・ダーウィンをしてそこに住むフィンチ〔鳥の一種〕の奇妙な点に気づかしめた一九世紀のガラパゴス諸島などである。加えて重要なのは、アメリカという舞台に出入りする知識人たちであり、一例として鈴木大拙を挙げておこう。彼は二〇世紀初めの一時期、アメリカの宗教および文化について学べるかぎりのことを学ぶべく、イリノイ州に住んで哲学者ポール・ケーラスのもとで働いていた。そして二〇世紀半ばに、禅宗を西洋へ伝道する大使として合衆国に戻ってきたのであった。

時間の境界を越えた観念の移動。観念は特定の時空の産物であるが、未来の思想運動に影響を及ぼしつづけることにもなる。たとえば、二〇世紀末におけるポストコロニアリズムの思想は、一九世紀末から二〇世紀初めにかけての汎アフリカ主義者たちの言説に依拠していたし、第二波フェミニズムは一九世紀アメリカの先駆者たちからインスピレーションを得ていたし、その先駆者たち自身も古典古代からインスピレーションを得ていた。さらに言えば、主要なテクストは死後の生を持つものである。たとえばジョン・エリオットは一七世紀に聖書――編まれてから優に一〇〇〇年以上は経っているテクスト――をアルゴンキン語系インディアンのために作りなおし、エリザベス・キャディ・スタントンは一八四八年に、一七七六年の独立宣言を所感宣言〔the Declaration of Sentiments〕へと変貌させた。カリール・ジブラーンの『預言者』は、一九二三年のアメリカに暮らす一移民の不安のみならず、第二次世界大戦中に外国で戦った(そして軍隊文庫版でこの本を読んだ)アメリカ軍兵士たちの不安をも明らかにしている。

アメリカ文化内の境界を越えた観念の移動。観念や思考パターンや厳密な探究様式は、

「ハイブロウ」な思想家たちにのみ由来するわけではない。それらは「大衆的」な文化にも見出されうる。たしかに、プロフェッショナルの知識人たちのなかには、些細な論理的区別を気にかけたり自らの探究の結果を高度に専門的な言葉遣いで詳述したりする者もいた。しかし彼らのまわりには、思想に携わっている以上、思想的地平を拡大しなくてはならず、自らの発見を広汎な公衆へより力強い方法で伝えなくてはならないと言って彼らを批判する者たちもいた。アメリカの思想的生を十全に評価するには、エリートたちのあいだでの論争のみならず、我々の文化の——二〇世紀の偉大な作家ラルフ・エリソンが呼ぶところの——「低周波帯〔lower frequencies〕」から表明される懸念にも注意を払う必要がある。[*1]

こう述べると、ひどくたくさん動きまわらなくてはならないように思われるかもしれないが、これはアメリカを作った諸観念の忠実な描像を得るために欠かせないことである。思想史とはつねに、他のもろもろの時間およびもろもろの場所の歴史である。なぜなら歴史上のアクターたちは、自らが属する瞬間においてだけ、あるいは地球上で占めるごくわずかな場所のなかでだけ思考するわけではないからである。彼らは、よそで生まれた思想家ないし道徳的世界と対話できるような観念的領域〔ideational realm〕にも住んでいる。マーティン・ルーサー・キング・ジュニアの場合を考えてみよう。彼はマハトマ・ガンディーからインスピレーションを得ており、ガンディーはヘンリー・デイヴィッド・ソローの熱心な読者であり、ソローは一四世紀の仏典に深い関心を抱いていたといったことを知るのは大事である。とすると我々は、キングの神学を理解するために、古代の仏教に詳しくならないといけないのか。詳しくなって困ることはないだろうけれども、それが必要というわけではない。ここでの要点はただ、過去の思想家たちの想像力をつかまえようとするなら、彼らがおこなったのと同じくらいの思想的逍遥を我々もおこなわねばならないということにある。

観念は、自らの時空のなかで冷凍されているわけでは決してないし、蒸気となって世俗を離れた何らかの超越的領域を漂うわけでもない。観念はむしろ、ある発話者から別の発話者へ、ある場所から別の場所へ、さらにはある時期から別の時期へ移動するような、そして移動によって変化をもたらすような、歴史的な力《フォース》である。もちろん我々の歴史においては、多くのアメリカ人たちが民主主義や自由や平等といった観念を称揚してきたけれども、彼らのかたわらには、これらを挑発的な言葉として――つまり、かかる諸観念の恩恵を分け与えることを拒む者たちが使う言葉として――経験した者たちがいた。しかしかかる諸観念が力《パワー》を得たのは、それらの意味が絶対的だからではなく、可能性の条件が更新された際にはしばしば再定義されるくらい流動的かつ多義的だからにほかならない。アメリカ思想の活発さは諸観念の移動に存している。なにしろそれらは、アメリカの過去をとおして、異なる人びとに対して異なる事柄を意味するよう求められてきたのだから。

過去をめぐる本書の語りは全般的に、現在が視界から遠く離れたところにあるような印象を生じさせるかもしれない。思想史は、こんにちのアメリカをも大いに論じている。しかし思想史が理解するのは、現在の我々の政治的論争や経済的執着《フェティッシュ》や道徳的コミットメントにはすべて歴史があるということである。ゆえに、ひとつの結果として存在するこんにちのアメリカは、自然な結果でもなければ必然的な結果でもない。それは、歴史的な状況や運や偶然や人間の愚かさや知恵が創造したものであり、場合によっては、これらすべてが一緒になって創造したものである。こんにちの我々がもっとも気にかけているものを、我々の先祖はばかばかしく思うかもしれない。そして、我々の先祖が焦眉の急と感じた事柄は、我々との関わりが薄いものになってしまっているかもしれない。なぜだろうか。これこそ、思想史が解こうとする問いである。答えを探すうちに我々は、いくばくかの認識的謙虚さを身につける。それはたしかに我々をへりくだらせるが、しかし不思議なことに、我々を賦活したり我々の気品を高めたりもする。

第1章　諸帝国の世界――コンタクト以前から一七四〇年まで

はじめに言葉があった。その言葉は「アメリカ」であった。時は一五〇七年、場所は現在のフランスの北西部にあるサン゠ディエ゠デ゠ヴォージュ。『世界誌入門』〔*Cosmographiae Introductio*〕と略称される本（正式なタイトルは四八語に及ぶ）のなかにそれははじめて現れた。匿名の著者は既知の世界を、プトレマイオスの時代には知られておらずその後アメリゴ・ヴェスプッチによって新たに発見された土地も含めて、カヴァーしようとしていた。同書の大部分は、一六世紀初めの読者にはよく知られた情報を取り上げていた。たとえば、月と太陽と惑星はすべて地球のまわりを回っているという知識などを。おなじみの枠組みのなかに新しい情報を入れ込むべく著者は、アジアやアフリカやヨーロッパが「いっそう広汎に探検された」当時においてそれらに関する議論をいかにアップデートすべきかを説いてもいた。しかしそこで彼は、まだほとんど知られていない、「アメリゴ・ヴェスプッチによって発見された第四の部分」に言及している。[*1]彼はこう示唆する。「ヨーロッパとアジアがともに女性の名前を授けられている以上、この部分を発見者の偉才アメリゴにちなんで「アメリゲ」、すなわちアメリゴの土地と呼ぶことに、あるいは「アメリカ」と呼ぶことに対して、正当な異論を寄せる者がいるとはとても思われない」[*2]。同書に付属する折りたたまれた〔マルティン・ヴァルトゼーミュラーの手になる〕巨大な地図――広げると縦四・五フィート〔一・四メートル弱〕、横八フィート〔二・四メートル強〕になる――は、おなじみの諸大陸を呈示するばかりでなく、新しい大陸をはじめて呈示した。細長い形状が印象的なその陸塊（アフリカの北端から南端までとだいたい同じ長さ）は、男性にちなむ「アメリカ」という呼称を南側に掲げていた〔"America"は、ヴェスプッチのラテン語化されたファーストネーム"Americus"の女性形である〕。

一七―一八世紀の英領植民地の思想家たちがこのわかりにくい地図になじんでいた様子は見受けられないけれども、彼らはヴェスプッチのことは知っていた。しかしヴェスプッチの意義は、彼らが自分たちの歴史を理解しようとする際にはたいして重視されなかった。彼らはアメリカ史を、帝国の全史を視野に収めるレンズをとおして眺めたのであって、諸帝国が世界へ送り出した探検者たちに焦点が据えられたわけではなかった。トランスラティオ・インペリイ〔translatio imperii〕（帝権移譲論）という中世の概念――帝国史の偉大な系譜が、アレクサンドロス大王からローマへ、ローマ人たちからカール大帝麾下のフランク人たちへというふうに引き継がれているというヴィジョン――が彼らのアメリカ観を、世界史のより大きな流れのなかに嵌め込んでいた。彼らの視点からは、この系譜が行きつ

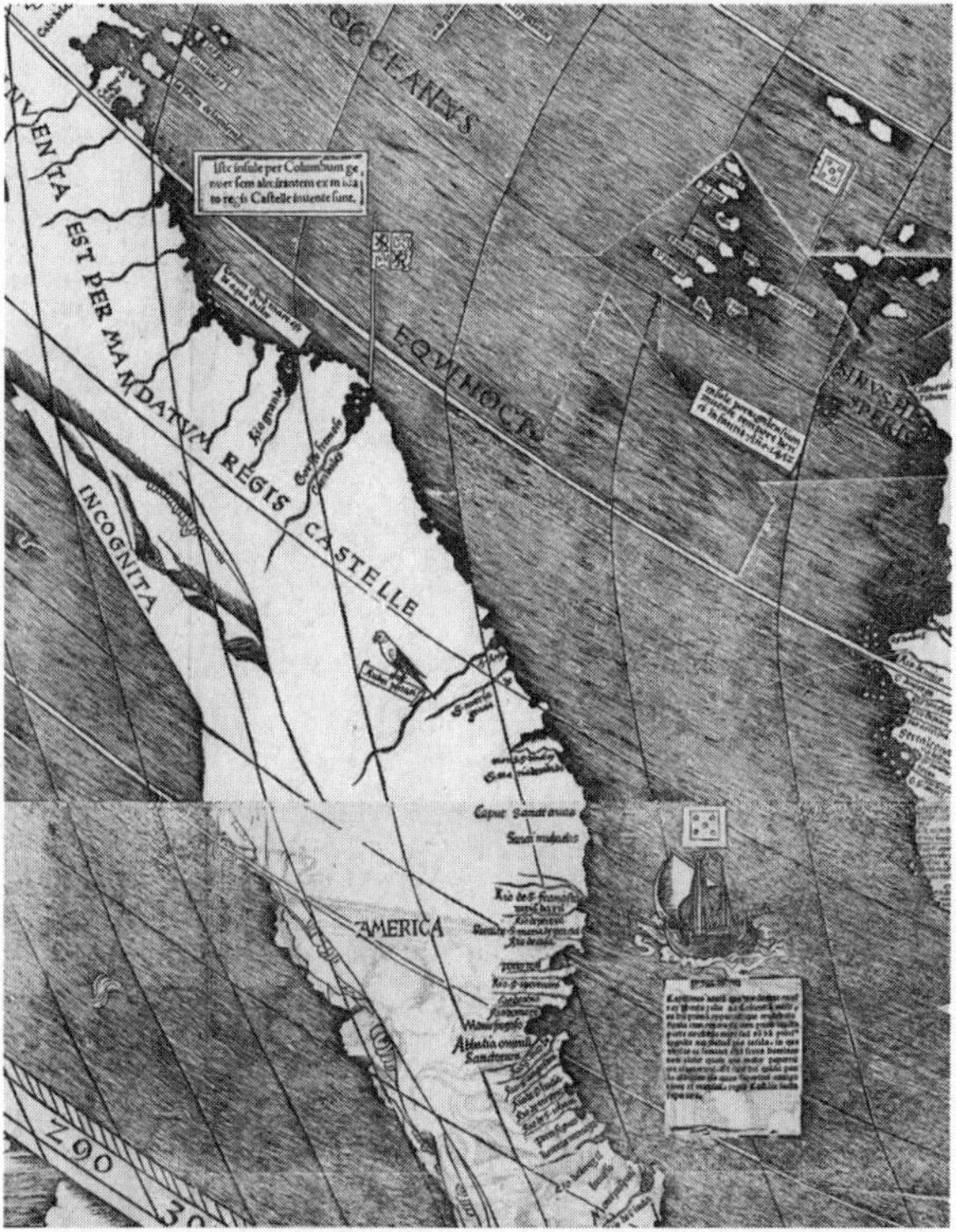

図1　マルティン・ヴァルトゼーミュラーによる1507年の世界地図は、「アメリカ」という名の最初の用例であった（地図のもっとも西側〔上図だと下部中央〕で見つけられる）。Detail, Universalis Cosmographia Secundum Ptholomaei Traditionem et Americi Vespucii Alioru[m]que Lustrationes, [St. Dié], Geography and Map Division, Library of Congress.

くところがアメリカであるように見えた。

初期のヨーロッパ系アメリカ人たちが抱いていた、帝国史の偉大な系譜の利益に与《あずか》っているという自己評価は、彼らのかなり偏向した歴史観を前提としていた。すなわち、初期アメリカ〔と呼ばれる時期〕の大部分においてはこの大陸に対してスペインとフランスも帝国としての権利を主張していたという事実――そして、大陸の一部では実際に、英国を差し置いて強固な地盤を築いていたという事実――を見おとすような歴史観を、である。一六世紀から一七世紀初めにかけての北米でヨーロッパ列強が携わった植民地建設の企てはいずれも、当初は緩慢かつ断続的であった。恒久的な植民地を確立しようという意図とともに始められた企てはひとつもなかった。植民地化はつまるところ、費用が嵩むしリスクも大きい事業であった。彼らはたんに、探検や物流管理の拠点となりうる居留地を欲していた。一部の信心深い者たちにとってそれは、キリスト教へ改宗させるべき魂をいくつか見つけるための拠点でもあった。

しかし明らかに、トランスラティオ・インペリイという観念の魅力は、この地にイングランド帝国（〔イングランドとスコットランドが合同した〕一七〇七年以降は英帝国）を築くことの厳しい現実を凌駕していた。探検の過程にもっとも遅れて参入した英国人たちは、そこでのもっとも困難な仕事やもっとも壮大な失敗をも分担した。彼らは他に先駆けて、一六〇七年にジェイムズタウンに植民地を建設したけれども、この実験の滑り出しは順調とは言えなかった（推定五〇〇人の入植者のうち四四〇人が、病ないし飢餓により亡くなった）。一六〇八年にフランス人たちがケベックに、一六一〇年にスペイン人たちがサンタフェに根を下ろしたあとだいぶ経ってからようやく、イングランドで迫害されていたピューリタンやクエーカーが新世界に、思いどおりに生き思いどおりに信仰することができるかもしれない場所という期待をかけるようになった。彼らが大西洋横断に伴う危険を冒し、見知らぬ土地での不確かな未来に立ちむかったのは、英帝国の拡大という使命を先導するためではなく、宗教的迫害から逃れるためであった。

トランスラティオ・インペリイという概念が効力を持つうえで求められるのは、北米の大部分に対してスペインおよびフランスが強固に主張した帝国としての権利をやりすごすことばかりではない。ヨーロッパの諸帝国に奉仕する探検者たちがこの大陸に到達したときすでに、そこでは先住民の諸帝国——ヴァージニアのポウハタン連合や、ミシシッピ川東岸のイロクォイ連合や、五大湖をとりまくアルゴンキン語系諸族の同盟——が広がりつつあったという、より顕著な事実をも見なかったことにしなければならない。こうした先住民の諸帝国を率いた者たちは、きっとトランスラティオ・インペリイという概念については何も知らなかっただろうが、その反証が彼らにとっての重大事であったことは確かである。

かくして、この大陸に一万年ものあいだ暮らしてきた人びとの末裔である数千万人の先住民の存在は、アメリカ思想史のストーリーにはまったく異なる始まりが必要かもしれないと示唆している……。

はじめにもろもろの言葉があった。それらは優に数千はあり、おそらく数万、あるいはそれ以上だったかもしれない。もろもろの言葉とはすなわち、ヨーロッパ人たちの入植が始まったころのアメリカ大陸に住んでいた約五〇〇〇万人（一億人と言う研究者もいる）の先住民が、一〇〇〇ないし二〇〇〇に分かれると推定される言語的コミュニティにおいて話していた言葉である。これらの言葉の大多数は歴史のなかで失われた。我々が高い確度で認識しうるのは、そこに「アメリカ」という語は、ヨーロッパから探検者たちや移住者たちがやってくるまでのあいだ含まれていなかったということである。

ヨーロッパとの接触《コンタクト》の時点で数千万人のアメリカ先住民が話していた言葉のみならず、彼らがかつて表明したもろもろの観念および世界観に関しても、歴史家は知識を欠いている。現存する史料は少なく、その貴重な史料も、言葉を発していない〔mute〕——あるいは言葉が聞きとれない〔inaudible〕——か、先住民自身ではなく宣教師ないし探検者の手になるため信頼しがたいかのどちらかである。だからと言って、彼らの生活様式や実践について我々が何も知らないわけではない。むしろ逆である。考古学者や民族学者は一〇〇〇年以上にわたって、現存する絵文字、数珠状の装飾品、石を削って作られた武器、儀礼用の器具、墳墓などが伝える豊富な――そしてときには実に詳細な――情報をまとめてきた。近年は、古民族植物学者（考古遺跡での発見に焦点を据える植物学者）が石化した種子や植物遺体の研究をとおして、先住民のさまざまなコミュニティにおける農業と食事のありさまをより十全に描き出しているし、疫学者は遺された骨や歯の研究をとおして、病と死亡率に関して学べるかぎりのことを学んできた。加えて、多様な領域の学者たちが、のちの時代の文字資料および口承伝説を、先立つ時代の細部を埋めあわせるものとして利用してきた。しかしこれらの成果のいずれも、ヨーロッパ人たちの到来を先住民がどう理解していたのかはほとんど明らかにしておらず、ましてヨーロッパとのコンタクト以前の先住民が自分自身や自らの世界をどう理解していたのかについては何も語っていない。

かりに、アメリカの思想的生の小史をアメリカ先住民の視点から語りはじめるための条件がより好適であったなら、アメリカを作った諸観念の物語をこうしたもうひとつの始まりから開始することが、またヨーロッパ人たちの到来に先立つ時代から説きおこすことが理想となっただろう。このヴァージョンにおいてアメリカ先住民は、ヨーロッパ人たちの分析や精査の対象としてではなく、歴史的主体として登場するだろう。しかし思想史とは、信頼できる証拠をなるべくつねに足がかりとしながら諸観念を回復しようとしたり解釈しようとしたりする営みであり、ゆえに本書は、史料体系がはるかに頑丈でより広汎なほうの始まりを優先することになる。

ただし、いま述べた状況から引き出すべきひとつの肝要な洞察がある。歴史においてはときに、人びとの諸観念やもろもろの理解様式が、それらの不十分さをより良い観念ないし理解様式が証明したからではなく、合理的な論証や筋道立った討論以外の手段によって沈黙させられたという理由で、力を失ったり完全に消滅したりする――これである。ここで我々は「観念の戦争〔war of ideas〕」を語ることもできるだろうが、このフレーズは、的はずれではないにせよ、あくまでもメタファーでしかない。ヨーロッパとのコンタクト後一世紀間におけるアメリカ先住民の諸観念の場合に問題となるのはむしろ、実際の物理的戦争――暴力と流血を伴う戦争行為――であり、病であり、土地の損失であった。すなわちそれらが、アメリカ先住民のもろもろの理解様式を歴史的記憶から徐々に消し去ったのである。

本書が語る歴史のふたつの始まりはかくも異なっているが、しかしいずれも、あらゆるアメリカ思想史は近世《アーリー・モダン》の諸帝国の世界から始まらねばならないことを告げている。そう告げながら両者は、アメリカの思想的生の出発点が、ヨーロッパ人たちの精神に内在するばかりでなく、険悪な競争に従事している諸帝国のアリーナに外在してもいることを、複数のコンタクト・ゾーン[☆1]――それらはぎざぎざしていて、しかもたえず移動している――を生み出しつつ進んでゆくそれぞれの歴史でもって、またそれぞれの未来の不確実性でもって証明している。

とはいえやはり、この時代における「アメリカの思想的生」なるものを語るのはばかげたことである。最初期の移住者たちおよび入植者たちの心中では、自分が「アメリカ」に属するとは考えられておらず、むしろ自らの母国と、ごく小さな居住地〔enclaves〕でともに暮らす仲間たちとに対して彼らは帰属意識を抱いていた。また彼らは、彼らが「インディアン」と呼ぶ先住民が自分たちの居住地を包囲していることも、先住民の数が自分たちをはるかに上回っていることも認識していた。「アメリカ」と呼ばれる何かとの深い繋がりが彼らになかったのとまったく同様に、共有された一群の諸観念ないし諸信念も、共有された忠誠心も、彼らのあいだには存在しなかった。なぜなら彼らは共通の国籍、宗教、歴史的記憶を持たなかったからである。歴史家の知るかぎりでは、彼らの共通の思想的プロジェクトとして挙げうるのは、自分たちの道徳的コミュニティの周囲に新しい境界線を引いたり、古いアイデンティティに固執したり、かくも多様な隣人たちや予測不能な未来に直面した際に新しいアイデンティティと折りあいをつけたりすることだけである。

☆1　コンタクト・ゾーン（contact zone）
スペイン語文学および比較文学の研究者であるメアリ・ルイーズ・プラットが一九九〇年代初めに提唱した概念。複数の異なる――そしてしばしば非対称的な関係にある――文化が出会ったり衝突したり相互交渉したりする場を指す。

アメリカ大陸がヨーロッパに及ぼした思想的影響

ヴァルトゼーミュラーの地図以後の数世紀間においては、手紙、個人的証言、旅行記、地図学的情報などが、ヨーロッパ人たちによるアメリカのイメージの輪郭を完成させる手助けとなった。しかしめまいがするほどの情報過多は、もたらされる答えよりもはるかに多い問いを提起し、ヨーロッパ人の観察者たちに、自然界や歴史や神や神による創造に関する自らの思想的慣習について再考せよと迫った。サー・ウォルター・ローリーやトマス・ハリオットやリチャード・ハクルートによる通信、報告、宣伝活動は、驚異と恐怖に満ちた世界の開示に寄与した。やがて彼らの説明は、より多くの、奇妙な人びとやエキゾティックな土地を取り上げるよりきてれつなヴァージョンの説明に後追いされ、そこには珍奇な標本や図も付随していた。これらは、ヨーロッパの学識ある平信徒たちおよび政府関係者たちのあくなき好奇心を、教会の権威によっては抑えがたいほど強力に煽りたてた。

ヨーロッパ人たちはアメリカからの情報を、既存の図式《シェーマ》に当てはめながら解釈した。しかし両者を合致させようとする努力さえもが、政治思想、社会思想、宗教思想、科学思想のそれまでなじんでいた輪郭をひずませた。異教徒で溢れた大陸をさらなるキリスト教伝道の機会と捉えることはヨーロッパ人の観察者たちにとってふつうのことであったけれども、その異教徒の視点が、聖書と以後の古典的伝統とをさまざまな面から再評価せよと自分に迫っていると感じた者は少なくなかった。

ひとつの大きな問題は、時空間をどう認識するかに関わっていた。フランス生まれのマラーノ〔キリスト教に改宗したユダヤ人〕である神学者イザーク・ラ・ペレールからすれば、新世界の先住民に関する情報は「創世記」の正確さに対して十分な異議を唱えていた。この情報に後押しされて彼は、著書『アダム以前』〔*Prae-Adamitae*〕（一六五五）のなかで、人間の生が地球の裏側でも営まれているという事実は、アダム以前に人間が存在していたことを意味するはずだと結論づけた。ドミニコ会士の哲学者トマソ・カンパネッラにとってコロンブスによる報告は、地獄が地球の反対側に位置するわけではないことを明示するものであり、ゆえに彼は、地獄は地球の中心にあるはずだというアウグスティヌスの見解に従った。一六世紀後半のイタリアで活躍した著名な学者であり、ユリウス周期――これは太陽章〔日付と曜日が一致する二八年ごとの周期〕と太陰章〔日付と月相が一致する一九年ごと周期〕とインディクティオ〔古代ローマで課税のために用いられた一五年ごとの周期〕との帳尻を合わせ、キリストの誕生を紀元前四七一三年に再設定した[☆2]――の考案者でもあるヨセフ・ユストゥス・スカリゲルは、探検者たちから収集したアメリカ先住民の時間認識

☆2　スカリゲルにとって紀元前四七一三年はあくまでも、太陽章、太陰章、インディクティオという三つの周期が共有する始点として数学的に定められた年であり、この年自体が神学的な意義を有すると彼が考えていたわけではない。したがって本文の「キリストの誕生を紀元前四七一三年に再設定した」という記述は誤りである。

に関する情報を一五八三年の著書『時間修正論』〔*Opus de emendatione temporum*〕に組み込んだ。そしてイエズス会士の探検者ホセ・デ・アコスタは、ヨーロッパの諸大学でなおも教えられていたアリストテレスの『気象論』を「笑う」こととなった。というのも、「インド諸島〔Indies〕」(つまり南米)への道中に赤道を通過した彼の一行は、アリストテレスの理論によれば「灼熱」を経験するはずなのに、かわりに骨の髄まで冷やされたからである。[*3]

アメリカ先住民に関する知識がヨーロッパ人たちの人間観にどう影響するかというのも問題であった。もっともありふれていたのは、アメリカ先住民を、ヨーロッパ人たちの神、文化、言語、身体的諸属性がより優れていることの証拠として用立てるという戦略である。しかしこの戦略に誰もが満足したわけではない。妥協しない少数者は、先住民とその諸文化が多様であることを認めつつ、真理へ収束したはずの事柄を蒸しかえすことを要求した。彼らからすれば、懐疑論——さらにはいくばくかの相対主義——だけが適切な応答であった。

近世の哲学者のなかでは、フランスの哲学者兼エッセイストのミシェル・ド・モンテーニュがもっとも熱心に、先住民に関する報告を自らの社会の批判的評価に利用した。彼は、新世界を旅することはついぞなかったけれども、王命を受けた探検隊によってフランスへ連れてこられた先住民たちや、ブラジルで一〇年間暮らした経験を持つ自らの従者との会話をとおして新世界について学んだ。こうした情報提供者たちに助けられながらモンテーニュは、「高貴な未開人〔noble savage〕」という観念の最初期の例をかたちづくった。彼の「レーモン・スボンの弁護」は、アメリカ先住民の道徳的観点および文化的実践の多様性を強調しており、これを足がかりにして書かれた「人食い人種について」（一五八〇）は、ヨーロッパ人たちの自文化中心主義《エスノセントリズム》を激しく非難するエッセイである。モンテーニュの見るところ、噂されている新世界のカニバリズムは、旧世界で日常茶飯事となっている蛮行よりも理解しやすかった。なにしろ旧世界では、物質的な獲得へと駆りたてられている腐敗したヨーロッパ人たちが、必要性も権利もないのに、土地を奪うための戦争に従事しているのだから。このようにして彼は、ヨーロッパ文化の限界およびショーヴィニスム〔熱烈かつ盲目的な自文化礼讃〕を問題化するために先住民を引きあいに出し、他の人びとの美や尊厳を理解する必要性を強調した。

英仏海峡の対岸にいたトマス・ホッブズの先住民に対する見方はずっと非友好的であったが、しかし彼も同様に、近世ヨーロッパの統治観の諸問題を検討するために先住民を利用した。ホッブズが著した古典『リヴァイアサン』（一六五一）においてインディアンというシンボルは、「たんなる自然〔という〕悪い状態」に置かれた社会の危険性の立証に使われている。かかる状況下では——と、ホッブズは警告する——「勤労のための余地はない。なぜなら勤労の果実が確実ではないからであり、したがって土地の耕作はなく、航海もなく［…］、地表についての知識もなく、時間の計算もなく、技芸も文芸もなく［…］、人間の生活は孤独で貧しく、つらく残忍で短い」。そんな社会がはたして存在するのかと疑うヨーロッパの読者にホッブズは、アメリカ・インディアンについて考えることを勧めた。曰く、「アメリカの多くの地方における未開人は［…］統治をいっさい欠いている」。彼はこうした不穏な社会像が過去の事柄ではないことも強調した。なにしろアメリカの未開人は「こんにちでも、かかる残忍な仕方で生活している」のだから。[*4]

新世界の植物相に関する情報の流通もまた、一六―一七世紀のヨーロッパの自然哲学者たちに、自らの――いくらかは古代から受け継いできた――生物学的分類法の大部分を改訂するよう促した。植生に関する目撃証言やそのドローイングは、自然哲学者としての資格を欠いた人びとによるものも含んでいたけれども、にもかかわらずそれらのゆえに主流派の権威者たちは、新世界の駆け出しの学者たちが科学の前進にある程度貢献していることを認めざるをえなかった。他方で近世ヨーロッパの哲学者たちおよび神学者たちには、彼ら自身の思想的権威以上に心配な事柄があった。彼らは、新情報の奔流に呑み込まれているという感覚を克服せねばならなかったし、落伍しないようにするにはどうすればいいかも考えなくてはならなかった（新発見の広汎さは、既知の植物種の数が一七世紀初めから一八世紀半ばまでのあいだに四〇倍に増えたという事実からも推しはかれよう）。新世界の豊かな植物相に関しても彼らは、こうした新発見に説明を与えねばならないと感じており、それは植物がきれいだったり美味だったり薬効あらたかだったりするからではなく、自然界とそこでの人間の地位とに関する包括的な知の図式《シェーマ》への糸口を新発見のなかに見出せたからである。

裕福なヨーロッパ人たちが巨大な宝の山への取っかかりとして考案したひとつの方法は、自宅の珍品用キャビネットをたくさんのエキゾチックな苗木や石化した花で（あるいは斑《まだら》模様の貝殻や箱入りの昆虫標本や由来不肖の歯で）飾りたてることであった。しかし、アメリカの珍品を展示することがヨーロッパ人たちのあいだで流行したからと言って、既知の世界の新しいディテールを熟知するための長期的戦略がかたちづくられるわけではなかったし、自己理解に関する安心感が彼らにもたらされる――珍品の出どころである奇妙な新世界の存在が、宇宙的機構〔cosmic scheme〕のなかで自分たちはどういう地位を占めるのかという彼らの自己理解に影響を及ぼすことはないと保証される――わけでもなかった。

先住民とヨーロッパ人との思想的交流

「アメリカ」は一七世紀をとおして、また一八世紀においても、安定感や親近感や愛着を喚起する語というよりむしろ、解かれるべき思想的問題を表象する語であった。植民地人たちは土地の所有権を主張した一方で、彼らのうちの多く――先祖代々アメリカに住んできた者でさえも――は、よその土地にいるため自らの実存を根づかせられないという持続的感覚を表明した。アメリカ先住民とのあいだで維持された直接的コンタクトには、ヨーロッパからの移住者たちの心を乱す力のみならず、彼らにとっての新世界でうまくやっていくために必要な知識が得られるという期待も宿っていた。

先住民の言語や文化的実践に対してヨーロッパ人たちが抱いた関心はたいてい、別の何かのための手段であったり自らの利益を図るものであったりしたけれども、植民地人たちはそれらを、自らの故郷として選んだ土地に関する知識に繋がる重要な入口と認識していた。植民地人たちにとってもっとも貴重であり、カボチャの種やビーヴァーの生皮や天然の金塊と同等の価値を有していたのは、それらがどこで見つかるのか、それらをどうやって取り出すのか、それらにはどういう利用法があるのかという情報である。なかでも宣教師や聖職者は、こうした散文的な事柄が先住民の道徳的諸世界への窓口でもあることを理解していた。先住民の諸信念についての知識が、彼らをキリスト教へ改宗させるうえで梃《て》子《こ》入れすべき点を見つけやすくするかもしれなかった。そして彼らをキリスト教へ改宗させることは、彼らの魂の救済に繋がるばかりでなく、敵かもしれない者たちを味方に変える手助けともなりえた。

スペイン人のフランシスコ会宣教師やフランス人のイエズス会宣教師が、改宗させるべき魂を求めてインディアンの国へと赴いたのに対して、ピューリタンたちは先住民を自分たちのもとへ連れてきた。こうした違いは、彼らのあいだにある信仰への帰属意識の違いにも由来していた。カトリックにとってもっとも重要なのは、秘蹟《サクラメント》に与《あずか》ること、日々祈ること、権威を重んじ聖職者の導きに従うことであり、聖書を読む能力が第一位を占めたわけではなかった。他方で英国教会員《アングリカン》以外のプロテスタントにとって、聖書を読み御言葉を直接受けとる能力は、信仰への帰属のアルファにしてオメガであった。ゆえに、先住民に読み方を教えることが彼らを改宗させるための手段となった。

この戦略のもっとも顕著な例は、ピューリタンの牧師ジョン・エリオットによる、最初の「祈りの町」を建てようとする努力のうちに見出されうる。すなわち、地元のアルゴンキン語系インディアンはその入口で自らの慣習を検《あらた》めるよう求められ、ひとたび中に入ったら、近隣のキリスト教徒の生き方を自らの生の模範とするよう求められるような「祈りの町」を、である。エリオットは、イスラエルの失われた一〇部族のうち新世界に辿り着いた一部がアメリカ先住民なのだという、当時においては珍しくない見解を抱いていた(これに関して彼はその後、ナンティコーク族の言語および文化をいっそう学んだことで考えを変えた)。神のもとへ彼らを連れもどすための唯一の方法は、独力で聖書を読めるように彼らを訓練することだとエリオットは信じていた。かくして彼は、改宗の見込みのある先住民の母語へ聖書を——ひいては他の宗教的テクストも——翻訳するために、アルゴンキン語派の言語をアルファベット化した。彼の周囲のピューリタン神学者たちはおおむね、この努力を懐疑の目で眺めた。神の御言葉は——普遍的であるにしても——かくも原始的な

図2（上)、3（左） もろもろの視覚的表現は、新世界の住人をめぐるヨーロッパ人たちの想像の形成に与って力があったけれども、誤訳や改変をこうむりがちでもあった。イングランドの芸術家ジョン・ホワイトは、のちにノースカロライナとなる土地で2年間暮らすあいだセコタン・インディアンとのコンタクトを維持し、《祝祭の踊り》(1585頃［図2]）において彼らを忠実に記録しようと努めた。しかしながら、インディアンの平和な祭りを描いた彼の絵がイングランドに届くと、それは当地の版画家ロバート・ヴォーンによって再想像された。すなわちそれは、〔先住民に〕捕らわれたジョン・スミスの周囲を巡る行軍めいた練り歩きの図へと生まれかわり、「彼をとりまく彼らの凱旋」という挿絵（図3）としてスミスの『ヴァージニア、ニューイングランド、およびサマー諸島総史』(1627) に掲載された。Library of Congress, F229.S59 1907; British Museum, 1906, 0509.1.10.

C: S
Their
triumph about him
C: Smith bound to a tree to be shott to death
1607

言語によっては表現しえないと彼らが信じていたためである。エリオットは、ふたりのアメリカ先住民教師や印刷工に助けられながら、聖書をマサチューセット語〔アルゴンキン語派に含まれる〕に翻訳するというタスクに着手し、一六六三年に完遂した。これはアメリカで最初に印刷された聖書であった。

聖書とは自存する言葉《ロゴス》〔a Logos unto itself〕のサインであり、したがって聖書に書かれていることを正しく理解するには特定の心的態度《マインドセット》が必要であった。先住民が秩序立った精神を身につけられるよう訓練するためにエリオットは、訳業ののち『論理入門』〔*The Logick Primer*〕(一六七二)に取り組んだ。これは新世界で最初に著された哲学書である。英語の行とマサチューセット語の行が交互に配されているこの本は、自らの思考をヨーロッパ流の概念や推論様式と連携させる方法をアルゴンキン語系インディアンに教えることを目指しており、「論理」(マサチューセット語の行には"Anomayag"とある)、すなわち「そのもとですべての事物とすべての発話《スピーチ》がかたちづくられ、分析され、知へと開かれる規則」の教授を約束していた。先住民の推論様式を自分たちの側に寄せるべく聖書を翻訳するというエリオットの着眼は、無秩序な発話に対するピューリタンたちの持続的懸念を反映している。なにしろピューリタンたちにとって御言葉は、霊《スピリチュアル》的な知識に繋がる唯一の入口であり、ゆえに書き言葉および話し言葉は厳密な規則に従わねばならず、さもないとコミュニティが荒廃してしまいかねなかった。彼らは、骨を折りうる棒や石のことはさほど気にかけず、むしろ言葉がどのように彼らを傷つけうるかを心配していた〔"Sticks and stones may break my bones, but words can never hurt me"（棒や石だったら骨を折るかもしれないけど、言葉なら痛くも痒くもない）という子供の喧嘩文句に基づく表現〕。ピューリタンたちのあいだでよく使われていた言いまわしは、「舌は骨をも砕く〔the Tongue breaketh the Bone〕」であった。

エリオットの関心はピューリタニズムの諸信念を伝えることにのみあったわけではない。彼は先住民の諸見解にも関心を抱いていたし、それらを史的記録に残そうと努めてもいた。しかし彼がこのタスクに取りかかったのはあくまでも、当の先住民が改宗したあとでのことであった。『インディアンたちの最期の言葉』（一六八五）においてエリオットは、ピアンボフという名の男性が死の間際に発した言葉をこう記録している。「私は、イエス・キリストを信じる者すべてを永遠にお救いになるという神の約束を信じます。おお主イエスよ、私のために流されたあなたご自身の血によって私をお助けください、私をお救いくださいさい、私の魂を地獄から救い出してください」。また、猟の同行者による攻撃が原因で死の床に臥していたネヘミアという青年の言葉はこう記録されている。「いま私は、イエスよ、私の受難と苦痛を辛抱強く引き受けたいと思っています。〔…〕おおキリストよ、イエスよ、私をお助けください。あなたは私の贖《あがな》い主であり、私の救い主であり、私の解放者です。私は自分が罪人であることを告白します[*5]」。これらの言葉は、ニューイングランドのインデ

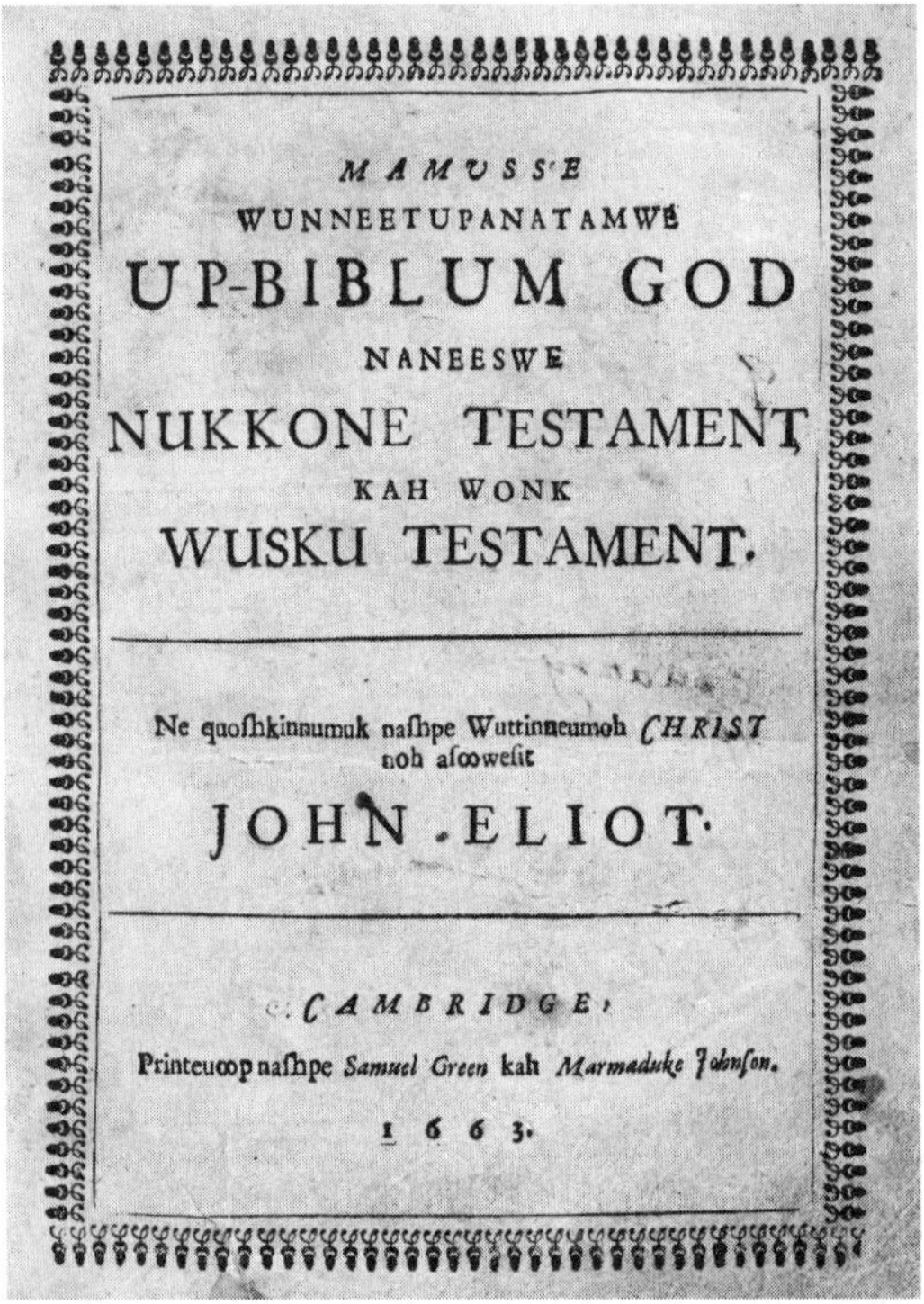
MAMUSSE

WUNNEETUPANATAMWE

UP-BIBLUM GOD

NANEESWE

NUKKONE TESTAMENT

KAH WONK

WUSKU TESTAMENT.

Ne quoshkinnumuk nashpe Wuttinneumoh CHRIST
noh asoowesit

JOHN ELIOT.

CAMBRIDGE:

Printeuoop nashpe *Samuel Green* kah *Marmaduke Johnson.*

1663.

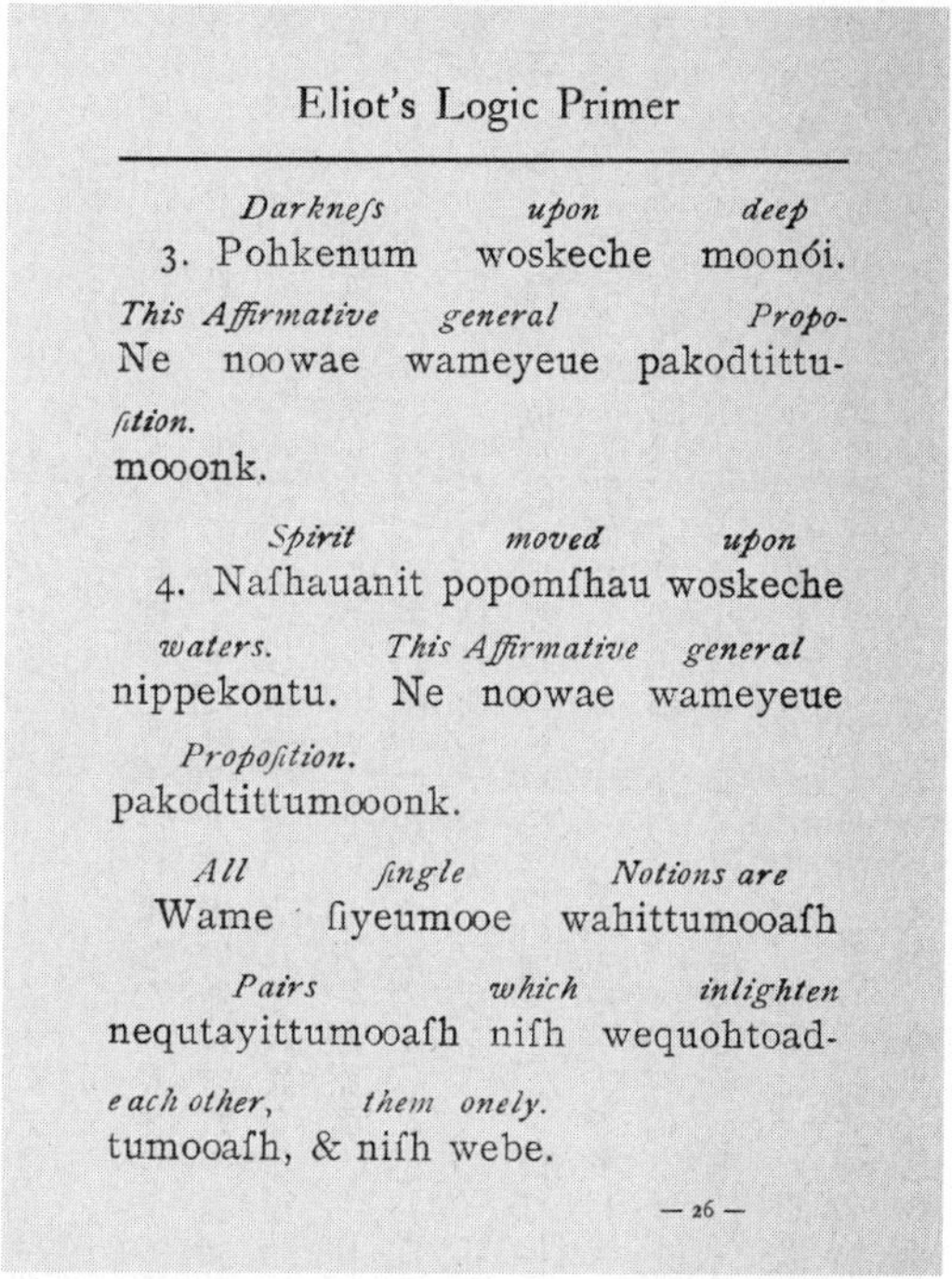

Eliot's Logic Primer

Darkneſs *upon* *deep*
3. Pohkenum woskeche moonói.

This Affirmative *general* *Propo-*
Ne noowae wameyeue pakodtittu-

ſition.
mooonk.

Spirit *moved* *upon*
4. Naſhauanit popomſhau woskeche

waters. *This Affirmative* *general*
nippekontu. Ne noowae wameyeue

Propoſition.
pakodtittumooonk.

All *ſingle* *Notions are*
Wame ſiyeumooe wahittumooaſh

Pairs *which* *inlighten*
nequtayittumooaſh niſh wequohtoad-

each other, *them* *onely.*
tumooaſh, & niſh webe.

— 26 —

図4（右）、5（上）　旧世界のピューリタンのような信念および思考を抱けるように新世界の先住民を訓練すべく、宣教師ジョン・エリオットは1663年に聖書をマサチューセット語へ翻訳し（図4）、続いて、英語の行とマサチューセット語の行が交互に配された『論理入門』（1672）を著した（図5は1904年版から）。エリオットが目指していたのはキリストにより多くの魂を得させることであって、母国イングランドにより多くの臣民を得させることではなかったけれども、彼のもろもろの翻訳は言語がヨーロッパの帝国主義にとってどれほど枢要な道具であったかを証している。AC6.El452.663m, Houghton Library, Harvard University; Bible Collection, Rare Book and Special Collections Division, Library of Congress, 6796462.

イアンたちの諸世界観《ヴェルトアンシャウウンゲン》〔Weltanschauungen〕を反映しているかもしれないししていないかもしれないが、いずれにせよ、ピューリタンたちの思想的諸世界を経由させられるという改変をこうむってはいた。

結局はほかの人びとも、相互理解と改宗を目指したエリオットの努力の再現を試みるようになったけれども、彼らの行く手には、大陸内の並はずれた言語的多様性という巨大な障壁が立ちはだかっていた。なにしろ先住民のそれぞれ異なる言語は一〇〇〇ないし二〇〇〇あると推定されているのだから、ヨーロッパ人の観察者たちが、威容を誇示していてとても登れそうにないバベルの塔が眼前に現れたかのように感じたのも無理からぬことである。これはつねにいらだちの種となっており、フランス人のイエズス会士たちさえも業を煮やしていた――彼らは（世界各地にいる彼らの同志たちと同様に）先住民の母語を学ぶことにプロテスタント宣教師たちよりもずっと大きな努力を傾けていたにもかかわらず。あるイエズス会宣教師は、イリノイ郡に住むインディアンのグループとのコミュニケーションを試みたもののうまくいかなかったという挫折感を、上役にこうこぼしている。「私は彼らに六つの異なる言語で話しかけたのですが、彼らはどれひとつとして理解しませんでした[*6]」。先住民の諸言語を学ぼうとする同様の努力は、英国から来たプロテスタントの移住者たちには認められず、間違いなくそのことが、混沌にとりまかれているという彼らの慢性的恐怖に寄与していた。言語的障壁の大きさおよび性質は、ヨーロッパ人と先住民との遭遇が節度のある討論ではなく武力闘争に帰結してしまったことの小さからぬ要因にもなった。

しかしながら、先住民の母語の耳慣れなさ〔cacophony〕から生じるもろもろの困難は、会話が妨げられるという水準よりもずっと深いところにまで達していた。つまり、その耳慣れなさはヨーロッパの思想家たちにとって、人間の本性と自然の法則とに深刻かつ厄介な思想的諸問題を投げかけるものであった。それまでの数千年《ミレニア》間は、聖書の「創世記」第一一章第一節〔聖書協会共同訳は「全地は、一つの言語、同じ言葉であった」であり、このあとバベルの塔の話が語られる〕にある説明が、地球上の相異なる諸言語をめぐる謎を十分に晴らしていた。ノアの子孫はかつて単一の言語を話していたけれども、彼らの傲慢さが神の憤怒を招くこととなり、神は彼らの共通の母語を奪うことによって、また互いの言葉がわからない状態のまま彼らを地上へ散らすことによって彼らを罰した。しかし、新世界における言語的多様性のとてつもないスケールは、「創世記」の説明の信憑性を毀損すると同時に、人間の諸言語間の差異がいかなる起源および含意を持つのかに関する新理論の構想を思想家たちに促した。

オランダの哲学者であり自然法論の創始者でもあるフーゴー・グロティウスは、「アメリカの諸部族の起源について」〔初出は一六四二年、英訳は一八八四年〕のなかでこう思弁している。〔アメリカ大陸では〕「出自の異なる者たちが混淆した」けれども彼らは「共通の政府」を欠いていたため、「各親族はそれぞれ独自の語彙を形成」し、かくしてさまざまな言語へ分岐したのだ、と。[*7] かかる見解は、多様性を説明すると同時に統一的かつ基底的な一群の大義をも明示するような自然法を志向するグロティウスの探求に反映している。ピューリタンの非国教派《ディセンター》〔英国教会に異議を唱える者〕であるロジャー・ウィリアムズは、ナラガンセット・インディアンとともに暮らした経験を活かして『アメリカの言語へのひとつの鍵』(一六四三)を著した。八年前にマサチューセッツ湾植民地から追放されたものの、ナラガンセット湾の先住民が迎えてくれたため当地に住まいを構えていたウィリアムズは、言語を論じたり人間の条件を一般化したりするための普遍的図式を組み立てることに関心を抱いていたわけではなかった。彼の関心はむしろ、先住民の言語がその話し手たちについて、すなわち特定の時空間に属する特定の人びとについて何を教えてくれるのかを知ることにあった。ウィリアムズによる概説が早くも提供したのは、ナラガンセット族の日常生活、慣習、社会組織、倫理、そして生来の気品――として彼が描写したもの――に関する民族誌《エスノグラフィー》である。彼の本が、どの文化がより「文明化」されているのかという問いに貫かれているのは、ピューリタンの仲間たちよりも先住民のほうがいっそう温かく、いっそうの思いやりをもって彼を遇してくれたという事実のゆえでもあった。

ヨーロッパからの移住者とアメリカ先住民とは、一七世紀における最初期のコンタクトから、一八世紀において――緊張を孕みつつも――維持された関係までをとおして、自らの生存を確実にするために、相手から情報を引き出したり相手についての情報を得たりする術《すべ》を見つけなくてはならなかった。しかしこうした交流のもっともドラマティックな思想的帰結のひとつは次の事実に存している。すなわち、ヨーロッパからの移住者たちが、新しい環境のもとで暮らすうちに、先住民から区別される人びと〔a people〕として自分たちを理解するようになったという事実にである。自らを「アメリカ人」と見なしているときにも彼らは、このアイデンティティを実質的なものというよりはむしろ対比的〔oppositional〕なものと捉えていた。彼らがアメリカ人になるまでの遅くて断続的なプロセスが意味するのは、自分たちが何者でないかだけを知っている時期がながらく続いたあとでようやく彼らは、自分たちが何者かに関する明確な観念を何かしら形成するに至ったということである。

秩序なきアメリカ世界におけるピューリタニズムの思想的秩序

一七世紀から一八世紀初めにかけての植民地人たちをとりまく文化および地域的条件のまったき多様性は、単一の思想的枠組みに内在することを彼らに許さなかった。そもそも彼らは、統一された宗教的グループの成員として来たわけではなく、ピューリタンとして、クエーカーとして、ユグノーとして、カトリックとして、英国教会員《アングリカン》として、オランダ改革派として、そして他のさまざまな宗教的非主流派《ディセンター》として来たのである。アフリカから連れてこられた奴隷たちは、各自の出身地に特有の伝統的信仰を持ち込んだ。それは多神論的であったり、ある至高の力を信じていたり、アニミズム的であったり、よりマイナーな信仰であったりした。奴隷たちのなかには、イスラム教ないしキリスト教への改宗者として来た者もいた。東海岸における先住民諸部族の著しい数および多様性は、相異なる諸部族間の信仰上の差異がプロテスタントとカトリックとの差異よりも大きいことを意味していた。ヨーロッパからの移住者たちにとっては、母国も自らの宗教的伝統と同じくらい重要であった。彼らのアイデンティティとしては、イングランド人、スコットランド人、オランダ人、ドイツ人、フランス人などがありえたし、母国のより小さな地域区分が帰属として挙げられることもあった。加えて、東海岸の北から南まで分布する諸植民地は気候も環境もさまざまであり、地域特有のローカルな知識がそれぞれにおいて求められた。人口統計上の振れ幅も実に大きい。一七世紀ニューイングランドの諸タウンへの植民は家族単位でなされた一方で、ヴァージニア以南では独身男性が大多数を占めていた。学校教育や識字率には天と地ほどの差があり、大半のアメリカ先住民、年季奉公の使用人、アフリカ系の奴隷は——そして奴隷の監督を担う白人たちの一部も——読み書きがほとんどあるいはまったくできなかったのに対して、ピューリタンたちの学識および文章生産力は地球上でもっとも高い部類に属していた。

しかしかりに彼らがひとつのものを共有していたのだとすれば、それは、諸帝国の新世界のなかで自分たちの道徳的コミュニティの境界を再画定することへの深遠かつ堅固な熱望である。ヨーロッパ系植民地人たちにとって、母なる文化の遠隔前哨地で暮らすということは、注意を多焦点化する習慣を身につけることを意味した。彼らは知的産物や文化的商品を求めて東方かなたの大西洋対岸に目を向け、植民地内の地元コミュニティの需要や期待に焦点を据え、先住民ないし奴隷(あるいは両方)のやり方を嘲笑することによって自分たちと他の者たちとの差異をしるしづけようとしていた。同時に彼らは自己理解のために、また彼らの神を——彼らの想像力に神が課したかかる諸要求を踏まえつつ——愛するために、自らの精神的ないし道徳的な座標を再設定していた。ヨーロッパ系植民地人たちの近隣に住んでいたアメリカ先住民にとって、そこで暮らすということは、敵対的な侵略者たちの現存により——あるいは彼らの奇妙な慣習や言語、彼らが続けている戦争行為、自分たちのコミュニティに病や悪疫や死をはびこらせるような不可視の力の現存により——もたらされる心理的断裂に対処することを意味した。アフリカ系の奴隷にとって、奴隷として暮らすことは、なぜ宇宙《コスモス》は自分をこうした運命へ導いたのかという形而上学的な問いと、生きのびるための隠された規則をめぐる日常的かつ実用《プラグマティック》的な問いとのあいだを行き来することを意味した。

これらのコミュニティはそれぞれ、かかる精神的ないし道徳的な葛藤の記録をいくらか残した。しかしニューイングランドのピューリタンたちがおこなったほどにまで、読みごたえのある多様かつ多量のテクスト〔歴史や詩や慨嘆歌〔jeremiads〕〕を続々と生産したり、諸制度を創設したり〔諸植民地における最初の高等教育機関として一六三六年に設立されたハーヴァード・カレッジなど〕、こんにちなら「知識人」と呼ばれるであろう人びとを生み出したりした者はほかにいなかった。ジョン・コットン、インクリース・マザー、コットン・マザー、ジョナサン・エドワーズ、アン・ハッチンソンといった名前が並ぶ、精神の——読者を怖じ気づかせる——記録を残した思想家たちのリストは、余人をへりくだらせるものである。文章上ないし口述記録上の彼らの主張は決まって神学的であった。なぜなら彼らの信仰が彼らが考えることすべてを構造化していたからである。このことは、自らの「判断」および「良心」は「直接の啓示によって」、「私の魂に向けられた神ご自身の聖霊の御声によって」鍛造されたと訴えたハッチンソン[☆3]の場合にさえも当てはまる。[*8]

ピューリタンたちは「ピューリタン的〔puritanical〕」ではなかった。なぜならこの形容詞はいまや、性的に潔癖であったりきまじめであったりやたらと他人を非難したりするひねくれ者を指すために使われているからである。実のところ「ピューリタン的」のこうした意味は、二〇世紀初めの文学界の知識人たちが、しぶといヴィクトリアニズム〔一六三頁以下参照〕——彼らはこれを自分たちの思想的実験にとっての脅威と見なした——を批判するための言葉を探すなかでひねり出したものであった。もっとも、エドワーズによる一七四一年の説教「怒れる神の御手のうちにある罪人たち」のような資料を念頭に置けば、彼らがどうしてかかる印象を抱いたのかも理解しやすくなる。

奈落の上であなたを支えておられる神は、人が蜘蛛や厭わしい虫を火にかざしているときのように、あなたを忌み嫌っておられますし、恐ろしく憤慨しておられます。神のあなたに対する憤怒は火のように燃えさかっています。神はあなたを、火中に投げ入れるほかには何にも値しない存在と見ておられます。神の眼はあなたを視野に収めることにも耐えられないほど清らかで、そこに映るあなたは、もっとも不快な毒蛇が我々にとってそうであるより一万倍も忌まわしいのです。[*9]

しかしエドワーズの言葉遣いおよび比喩的表現《イメジャリー》の魅惑的な力を踏まえるとこんどは、二〇世紀初めの若い知識人たちがなぜ、エドワーズのうちに自分たちのまばゆい文学的範例を見出しえなかったのかが理解しがたく思われてくる。

ピューリタンたちはまた、初期アメリカの植民地人たちのなかで最初に、哲学を体系的

☆3　ここで引かれているのは一六三七年の、マサチューセッツ湾植民地の総会議における審問でのハッチンソンの発言である。同植民地では当時、いわゆるアンチノミアン論争（the Antinomian Controversy）が起こっており、律法の遵守よりも啓示という直接的経験を重視するハッチンソンの教えがその一因となっていた。審問の結果彼女は有罪を宣告され、翌年同植民地から追放された。

思想の正式な一実践として発展させた。彼らは、世界の超自然的理解にどっぷりつかってはいたものの、彼らの宗教的世界観と科学的探究とのあいだに解消しえない緊張があるとは考えなかった。それどころか、ときには彼らの神学が知識の獲得を義務として強調した。なぜならピューリタニズムの宗教的想像力が、全知全能の神の強烈な臨在に人類はまるごと包まれているというヴィジョンを描いていたからである。論理学と数学と自然哲学はすべて、彼らをとりまく世界における神の意志の顕現にアクセスしやすくしてくれた。神による統治と人間の理性とを折りあわせていた「契約」神学へのコミットメントは、インクリース・マザーと彼の息子コットン・マザーとの思想的関心において際立っている。父マザーの『論理問答』〔*Catechismus Logicus*〕（一六七五）は、ハーヴァード・カレッジでの牧師養成における論理学および修辞学の役割の大きさを証しており、半世紀後には子マザーの『キリスト教哲学者』（一七二一）が、世界の超自然的秩序を崇めることへの協力を論理学および科学から取りつけようとするピューリタン神学者たちの粘り強い努力を明示した。

ジョナサン・エドワーズは哲学をまったく新しいレヴェルへ引き上げ、存在論と認識論と倫理学を結合し、革命前のアメリカにおいてもっとも包括的かつ驚異的な思想体系を創造した。たしかに、地獄の責め苦を熱心に説き、喜んで未再生のカルヴィニストたちを恐慌させた第一次大覚醒のニューライツ指導者という彼の評判は、「怒れる神の御手のうちにある罪人たち」という説教が示すとおり謂《いわ》れのないものではない。[☆4] しかし彼は同時に、アメリカの思弁的思想に深甚かつ持続的な影響を及ぼした厳格なプラトニストでもあった。エドワーズはアイザック・ニュートンおよびジョン・ロックからの影響を大いに受けていた。彼はニュートンの『プリンキピア』(一六八七)から、カルヴィニスト神学に供しうる経験的な自然神学を引き出した。また〔ニュートンの〕『光学』(一七〇四)からは、光を放射することによって事物を可視化している不可視者〔the Invisible〕という神の捉え方を、ロックの『人間知性論』(一六九〇)における感覚経験の概念からは、エドワーズが「心の感性〔sense of the heart〕」と呼ぶ霊《スピリチュアル》的な認識の新様式を引き出した。エドワーズは、心と頭のあいだでたえず模索しながら、聖化された理性における勢力均衡を構想していた。ピューリタンたちのあらゆるテクストのなかでも、輝かしい言葉遣いは広く記憶されて

☆4　この一文にある「未再生」(unregenerate)は、神から恩恵(grace)を受領し回心するという経験をいまだ持てていないことを表す。エドワーズの「怒れる神の御手のうちにある罪人たち」は、未再生の聴衆の不安を煽った結果、「リヴァイヴァル」(revival)と呼ばれる宗教心の集団的かつ劇的な高揚を引き起こした。同文中の「第一次大覚醒」(the First Great Awakening)は、一八世紀半ばの北米で広がっていったリヴァイヴァルの波の総称であり、そのさなか会衆派は、大覚醒の推進に賛成するニューライツ(New Lights)と反対するオールドライツ(Old Lights)とに分裂していた。

いるのに巧妙な議論のほうはながらく忘れられているという点において、ジョン・ウィンスロップによる説教「キリスト教的慈愛の雛形」は群を抜いている。ウィンスロップは一六三〇年に、仲間の亡命ピューリタンたちにこう語っていた。

> というのも、我々は丘の上の町となることを考えねばならないからです。すべての人びとの眼が我々に向けられています。したがってかりに、我々が携わっているこの事業において神をないがしろにし、ゆえに神がいま我々に差しのべてくださっている援助の手が引っ込められれば、我々は世界中の噂や物笑いの種となるでしょう。そして我々は、敵の口を開かせて、神の御《み》業《わざ》と、神のために信仰を告白したすべての者たちとに対する悪口を言わせることとなるでしょう。我々は、神の多くの立派なしもべたちの顔に泥を塗ることとなり、すると彼らの祈りは、我々がいまから向かう良き大地から我々が消滅するまで続く我々への呪いに変わってしまうでしょう。[*10]

これを、新しい土地での新生活を始めようとしているピューリタンたちによる道徳的使命感および例外主義の表明として読むことは間違いではない。しかしながら、これをアメリカの道徳的使命および例外主義に関する声明として読むことには問題がある（こうした解釈は、一九八〇年代にロナルド・レーガンがアメリカを「丘の上の輝ける町」と称揚したことで人びとに知られ、おなじみのものとなった)。ウィンスロップがこのテクストを書いたのは、ひとりのアメリカ人としてではなくひとりのピューリタンとしてである。彼が何らかの例外主義をほのめかしているのだとすれば、それはつまり、例外的なまでに多くのものがこの企てに賭けられているため、かりに失敗したら彼と仲間の亡命ピューリタンたちとは「世界中の噂や物笑いの種」として辱められ、「彼らの祈り」が「我々への呪いに変わ」るさまを見させられるだろうということである。そして、彼が何らかの例外主義を明言しているのだとすれば、それは「柔和さ、優しさ、辛抱強さ、気前の良さ」を礎《いしずえ》とするコミュニティという彼のヴィジョンに基づいている。かかるコミュニティでは、彼らが何かを為すたびに、法を設けるたびに、経済的な取り決めをまとめあげるたびに、「みながより緊密に結ばれる」こととなるだろう。[*11] ウィンスロップが構想していたのは、偉大さよりも善に、個性よりもコミュニティにいっそうの価値を置くような社会組織の一形態である。

ピューリタンたちの特別な責任をウィンスロップが概念化してから、その概念がアメリカの例外主義として仕立てなおされるまでのあいだに、二〇〇年以上の時間が横たわっている。しかし他の初期思想家たちの歩みにももろもろの定式化が伴っており、それらは、母国から遠く離れた土地にいて未来もほとんど見とおせていない英系アメリカ人たち——なにしろ彼らは、帝国的諸世界のあいだで覇権や生存を求めて繰り広げられる策動の駒《ポーン》にしてプレイヤーなのだから——が、自分たちのアイデンティティをつかみとるうえでの助けとなった。コットン・マザーはアメリカの特別な使命の一ヴァージョンを用立てながら、権威ある著書『アメリカにおけるキリストの大いなる御業——あるいは、最初の入植の年である一六二〇年から我らの主の年である一六九八年までのニューイングランド教会史』(一七〇二)を執筆した。同書は世界史にアメリカを、ヨーロッパにおけるキリスト教の頽廃から避難できる場所として、あるいはやりなおしのチャンスとして差し出した。かかるイメージは、一七七六年にトマス・ペインが、革命期のアメリカ人たちをして「我々には世界を新たに始めなおす力がある」という可能性に気づかせるべく『コモン・センス』を著していた際に彼の意識に上っていたものでもあった。[*12] これらはすべて、アメリカ思想の発展をとおして何度も再登場するひとつのテーマの変奏である。そのテーマとは、アメリカにおける、アメリカ人としての——多様性ゆえに生じるもろもろの溝を架橋できるような、またより広い世界に位置づけられたアメリカの自画像を提供できるような——道徳的アイデンティティを得るための奮闘である。

初期アメリカにいた英国民たちはしばしば、彼らの新しい土地の世界史的本性に関して、その野心的な次元と現実的な次元とを区別することに難儀していた。彼らはしばしば、母国から持ち込んだシンボリックなアメリカと、日常生活のなかで直面する諸事実とを相手に苦闘した。しかし彼らは、彼らの諸観念と新世界での直接的経験との境界を画することにはたいてい失敗したけれども、別の種類の思想的区別を設けることには著しく成功した。

すなわち、新世界と旧世界との、再生の約束と頽廃の脅威との、神の御言葉と「未開人たち」の喧噪《バベル》との区別である。

第2章　アメリカと環大西洋啓蒙——一七四一年から一八〇〇年まで

アメリカには世界史的使命があるのかもしれないというアイデアはおのずから、よその土地で独力で新生活を成り立たせようと奮闘していた植民地人たちの心に訴えた。しかしそれはまた、一八世紀のヨーロッパで、母国の暴虐な君主制や不品行な貴族制や威圧的な教会や凝り固まった慣習に憤慨していた観察者たちにとっても、抗いがたい魅力を備えていた。彼らのなかに、資源の豊富なアメリカの土地をエリュシオン〔ギリシア神話に登場する死後の楽土〕と混同する者はほとんどいなかったけれども、彼らはこうは考えていた。万が一そうした崇高なものが存在しうる場所が世界にあるとすればそれはアメリカだ、と。かかる摂理的〔providential〕なアメリカ概念は、『統治二論』（一六八九）におけるジョン・ロックの想像力を捉えた。「このように、始まりにおいては全世界がアメリカであった」と宣言するロックは、新世界にイングランドの第二の創始《ジェネシス》を担わせている。[*1]

ロックによる「全世界がアメリカであった」という確言はふたつの務めを果たした。それは第一に、一八世紀アメリカの生に彼の諸観念が与えることとなる甚大な影響を予示していた。植民地における彼の読者たちは彼の希望に満ちた経験論を採用したため、経験は人間の向上の道しるべになりうるという彼の確言はアメリカ思想の公理のひとつとなった。ロックは彼らに、彼らのキリスト教は合理的であり、したがって新しい土地で彼らが対処せねばならなかったたぐいの宗教的差異を許容しうることを請けあった。また、彼らは自然権を授かっており、したがって彼らの政府の役割は単純明快である――つまり、彼らの自然権の保護こそが政府の役割である――ことも彼らに納得させた。しかし「全世界がア､､､メリカであった」は、彼の諸観念がアメリカ人たちの精神に及ぼすこととなる劇的なインパクトの前兆となったばかりではない。それは同時に、アメリカがヨーロッパ人たちの精神に及ぼしたインパクトを明示してもいる。

アメリカは、啓蒙を探求していた一八世紀ヨーロッパの思想家たちの想像力において――理念のうえでも生活実感のうえでも――重要な役割を担った。それは、自然界とそこに棲まう生き物たちとの新奇かつ驚異的な描像をもたらした。それは、魅惑的でもあり不穏でもある証拠を提供したため、ある努力を促進することとなった。すなわち、確立された知識とされてきたあらゆる正典《キャノン》を破壊しようとし、既存の正典を世界史において未聞の諸観念に取り替えようとする努力を。

英系アメリカ人たちは啓蒙主義に対して、人間の本性や自然界や歴史や統治に関する新しい諸観念を発明することによってというよりはむしろ、一八世紀のヨーロッパにおいては理論化することしかできなかった諸観念をテストしたり仕立てなおしたりすることによって貢献した。アメリカはヨーロッパの諸観念の実験場にすぎなかったと言いたいわけではない。アメリカはそれをはるかに超えるものとなった――とりわけ、アメリカ革命のさなかと以後の年月とにおいて。世襲の権利〔claims〕ではなくもろもろの理念を礎《いしずえ》とするひとつの国家《ネイション》としてアメリカが存在するという、まさにその事実がアメリカを、啓蒙として知られる西洋思想上の劇的な変化の一参加者たらしめ、同時に変化の一因たらしめたのである。

環大西洋文芸共和国

観念は非物質的であるが、人びとに気づいてもらうには物質的な構造が必要である。不規則に広がっていてざわめきに満ち雑然としている環大西洋「文芸共和国」[☆1]が、そうした構造、というよりインフラストラクチャーを、前例のないほどグローバルな諸観念の交通のために供給した。文芸共和国とは、熱意溢れる思想的活動の広大なネットワークであ

☆1 文芸共和国(republic of letters)
このフレーズの由来であるラテン語の"respublica litteraria"はもともと、ルネサンスさなかの一五世紀にヨーロッパの人文主義者たちが、国や宗派の違いを越えた彼らのネットワークを指すために用いていた。

る――それは人間性ないし世界の新しい理解の数々を、理論化し、収集し、吟味し、テストし、生産し、流布し、そして受け入れたり修正したりこきおろしたりしていた。それは学者、独立思想家、理論家、経験論者、出版社、サロン、アカデミー、大学によって棲まわれた。文芸共和国の曲がりくねったルートの数々をとおして、テクストや標本や芸術作品や発明品が、地球のあちこちの首都や地方《プロヴィンス》や僻地を経めぐった。この思想的コミュニティの驚くべき新形態は、〔ヴァージニアの〕モントピリアにいるジェイムズ・マディソンを〔スウェーデンの〕ルンドにいるザムエル・フォン・プーフェンドルフと繋げ、フィラデルフィアのベンジャミン・ラッシュをロンドンのメアリ・ウルストンクラフトと、〔マサチューセッツの〕グロスターのジュディス・サージェント・マレーをパリのニコラ・ド・コンドルセと、そしてヴォルテールを、ブリュッセルや〔フランスの〕シレ＝シュル＝ブレーズやポツダムやジュネーヴにあった彼のさまざまな――とはいえ一時しのぎの――避難所と繋げた。しかし文芸共和国は、地理的ネットワーク以上のものであった。それは時間的なものでもあり、一八世紀の欧米の哲学者たち、政治理論家たち、詩人たちの心象風景に古代ギリシア人たちや古代ローマ人たちが登場するうえでの助けとなった。

にもかかわらず、啓蒙主義の諸観念の流通がグローバルで円滑な一様性を生み出すことはなかった。もろもろの――ほとんどは国ごとの――差異が存在したために啓蒙主義は、フランス、ドイツ、イタリア、イングランド、スコットランド、英領植民地においてそれぞれ異なる仕方で屈曲した。そしてさらなる特殊性が、環大西洋文芸共和国を越えたところまで、すなわちグローバルな貿易のより広いネットワークの数々までを視野に収めることで見えてくる。なにしろそれらのネットワークは、もろもろの「啓蒙された」観念ないし思想体系を、中国やインドやスペイン語圏などへ持ち込んだりそこから持ち出したりしていたのだから。

アメリカにおける啓蒙主義の諸観念が独特の――とりわけ、フランスにおける啓蒙とは著しく異なる――形態をまとったのは、アメリカの主要な思想家たちが宗教に敵対的ではなかったという事実のゆえである。それどころか多くは、深遠な宗教心を備えていたわけではなかったにせよ、宗教に対して友好的であった。一七四〇年代の大覚醒〔第1章訳註4参照〕が霊《スピリチュアル》的コミュニティの更新の手筈を整えてくれていたし、〔アメリカ合衆国の〕建国者たちも、大覚醒の伝道熱は共有しなかったけれども、頭と心を折りあわせようと試みてはいた。これらふたつのブレンドを表す「感性〔sensibility〕」や「道徳感覚〔moral sense〕」は、彼らのキーワードであった。実のところ彼らが「道徳感覚」の概念を取ってきたのは、アメリカの読者に強力な影響を及ぼしたスコットランド常識《コモン・センス》学派の哲学者たちの著作から、なかでも特にトマス・リードの著作からであった。スコットランドの哲学者たちは帝国の地方《プロヴィンス》に住んでおり、キリスト教の改革派の伝統が彼らの出自であったため、彼らのパースペクティヴはアメリカ人たちの経験とよく調和したのである。

この点に関して異なる世界が、ジョン・アダムズ、ベンジャミン・ラッシュ、ジュディス・サージェント・マレー、そしてドニ・ディドロのような思想家たちのあいだで形成されていた。ディドロは彼の『百科全書』（一七五一―七二）に、「例外も手心もなしに、すべてを吟味せねばならず、すべてを揺り動かさねばならない」と記しており、彼の役割をアメリカで担った者たちもこれに同意した。[*2] ただし彼らは、その実行におけるあらゆる形態の宗教の揺さぶりが、宗教の背骨が折れるという帰結、あるいはより悪ければ、ギロチンの刃が宗教の頭を体から切り離すという帰結を伴うほどにまで激しくなければならないということには同意しなかった。

トマス・ジェファソンでさえも、合理的キリスト教に関しては心中に弱点を抱えていた。彼は「教会と国家とのあいだに立つ分離の壁」を提案していたし、政敵の連邦派は彼のことを「とんでもない無神論者〔howling Atheist〕」と酷評したけれども、他方で彼は宗教への関心を生涯にわたって維持し、信教の自由を新国家の基礎的原理として確立しようと努めていた。[*3] ジェファソンからすると問題は、人びとが道徳性ではなく奇蹟や神秘主義を拠りどころとしていることにあり、宗教ないしキリスト教それ自体にあったわけではない。イエスの生涯および教えのうち、啓蒙された近代人にとってもまだ無関係ではない面はどれかを考えることへのジェファソンの関心は、次のようなタスクに彼を従事させるほど強かった。すなわち、新約聖書を再読して、その存在を彼が信じられるような人間イエス

（神的なイエスではなく）に再入門するというタスクである。彼は、ペンナイフないし剃刀と糊を用意したうえで新約聖書を繙《ひもと》き、異議の余地があると彼が感じたすべての箇所を切り捨て、イエスを偉大な道徳的範例として描く首尾一貫した像を作り出すべく福音書の諸部分を並べ替え、成果を『ナザレのイエスの生涯と道徳』（一八二〇）と題した。

文芸共和国のせわしない交通のなかを流れたのは、人間の知性や行為者性《エージェンシー》や自己主権に関する新しい諸観念、政府の理想形態、歴史的発展、そして、未知の世界にも知識は大いに進出しうるという信念であった。多くの観察者たちはこうした楽観論に後押しされて、アメリカの独立は帝国がこうむった事故などではなく摂理の成就なのだと想像するほど大胆になった。かかる摂理主義をジョージ・ワシントンは、一七八三年の「諸邦への回状」[☆2]において明かした。彼の主張はこうである。

☆2　諸邦（states）
北米のいわゆる一三植民地が一七七六年に採択した独立宣言には「ユナイテッド・ステイツ・オブ・アメリカ」と書かれているけれども、当初は各ステイトの独自性がより強かったため、アメリカ合衆国憲法が発効する一七八八年までに関しては"state"が「州」ではなく「邦」と、"the United States"が「合衆国」ではなく「連合諸邦」（ないし「諸邦連合」）と訳されることが多い。本訳書もこの慣例に従う。

図6　トマス・ジェファソンは新約聖書から、啓蒙された精神の法廷に立ちうると彼が信じた諸部分だけを切り抜き、それらを組み立てなおすことで彼自身の聖書を創造した。その成果である『ナザレのイエスの生涯と道徳――ギリシア語、ラテン語、フランス語、英語の福音書からの抜粋』(1820) は、新しくて強力な諸観念は古い諸観念の選択的消去というかたちで到来しうることを証している。Division of Political History, National Museum of American History, Smithsonian Institution.

我々の帝国の礎《いしずえ》は、無知と迷信との暗い時代に据えられているのではなく、人類の諸権利が――先立つあらゆる時期と較べて――よりよく理解されより明確に規定される時代に据えられています。すなわち、社会の幸福を求めてなされる人間精神の研究がかなりの程度まで進展し、哲学者たちや賢人たちや立法者たちの長年の労により獲得された知識の宝が開放されて我々の用に供され、集められた知恵が我々の統治形態の確立にうまく適用されるような時代に、です。[*4]

この回状は、同郷人たちに宛てたラブレターのように読めるかもしれないが、実際のところは一五〇年前のジョン・ウィンスロップを髣髴とさせる厳しい警告であった。「かくも幸先の良い時期に、連合《ユナイテッド》諸邦《ステイツ》はひとつの国家《ネイション》として誕生しました。ゆえに万が一、諸邦の市民の自由および幸福が完全なものとならなければ、その失敗はひとえに諸邦の責任です」[*5]。

啓蒙された眼とその盲点

啓蒙思想家たちは眼に高い価値を置いていた。彼らは視覚を洞察〔insight〕、明察〔discernment〕、知性〔understanding〕、さらには全知と結びつけた。スコットランドの哲学者トマス・リードは「五感と呼ばれる能力すべてのなかで、視覚が疑いなくもっとも高貴である」と信じ、ロックは視覚が「我々の全感官のうちもっとも包括的」だと主張した。[*6] イングランドの社会理論家であるジェレミー・ベンサムは、こうした啓蒙による眼の頌栄を新しい高みへ引き上げた——彼の「パノプティコン」を、刑務所や学校や精神病院の建設計画として発展させることによって。建物の中心に円形の構造を置く彼の設計は、円周上のすべての部屋を〔中心にいる〕管理者が見られるように、しかし各部屋からは管理者が見えないようになっている。かくして、恒常的監視の恐怖〔specter〕により収容者を規律訓練《ディシプリン》するわけである。闇の力に対する啓蒙された眼の勝利であるところのパノプティコンはベンサムにとって、「精神の精神に対する力を、これまでに例のないほど多量に得る新方式」であった。[*7]

誤った偏見に曇らされていない世界観を志向する啓蒙主義の探求に後押しされるかたちで、一八世紀半ばから後半にかけてのアメリカでは、知識の獲得および普及を促進するための学術機関の新設が紛れもないブームとなった。ベンジャミン・フランクリンは一七三一年に、彼と彼の友人たちとがより容易に本を共有できるよう、フィラデルフィア図書館会社を設立した。一二年後の一七四三に彼は、諸植民地における最初の学術団体であるアメリカ哲学協会をフィラデルフィアに創設することに貢献した。ジョン・アダムズとサミュエル・アダムズとジョン・ハンコックは一七八〇年にアメリカ芸術科学アカデミーを創設しており、そのときの誓いは「自由であり独立している有徳人士の利益、名誉、尊厳、

図7　ファンタスマゴリアは、パノプティコンと同じく啓蒙の時代の発明品である。エンターテインメントの一形態として人気が高かったファンタスマゴリアは、立ちのぼる煙に幽霊や骸骨や悪魔のイメージを投写するため特別に設計され、人目につかない場所に置かれた「幻」灯機〔“magic” lanterns〕と鏡とに依拠していた（“smoke and mirrors”〔「人を欺くもの」の意〕という表現はここに由来する）。観客は恐ろしいお化けを目にして悲鳴を上げたり叫んだり拍手したりしたけれども、こうしたショーの目的は、霊界に対する大衆の信念を神秘化ないし魔術化することにではなく、むしろそのまやかしを暴くことにあった。Frontispiece, *Mémoires récréatifs, scientifiques et anecdotiques du physicien-aéronaute*, vol. 1, E. G. Robertson (Paris, 1831), University of Wisconsin–Madison, Special Collections.

幸福の向上に寄与しうるすべての技芸《アート》および科学を涵養する」であった。一七五〇年代には、科学団体、文芸サロン、社交クラブ、会費制図書館、勉強会などから成る波が、アメリカ各地の都心に届きはじめていた。こうした知的な創設ブームを駆りたてたのは、開かれた探究や合理的な討論や注意深い実験や社交性こそが啓蒙された社会のしるしだという信念である。「啓蒙された」が意味したのはもちろん、精神の自由な活動《プレイ》を重視することである。しかしそれはまた、「理性の眼」――とフランクリンのジャントー〔フランクリンが一七二七年にフィラデルフィアに創設したクラブ〕が呼んだもの――を涵養するための知的な構造物および訓練の重要性を認識していることも意味した。*8

学識あるアメリカ人たちの目標には、啓蒙の追求に心血を注ぐことばかりでなく、啓蒙を未来の世代に受け継がせることも含まれていた。かかる衝動に焚きつけられて、教育者たちはいくつものカレッジを矢継ぎ早に設立した。たとえば、一七四〇年にカレッジ・オブ・フィラデルフィア（のちにペンシルヴェニア大学へ改称）が、一七四六年にカレッジ・オブ・ニュージャージー（のちにプリンストン大学へ改称）が、一七五四年にキングズ・カレッジ（のちにコロンビア大学へ改称）が、一七六九年にダートマス・カレッジが、一七八五年にジョージア大学が、一七八九年にノースカロライナ大学が、一八〇一年にサウスカロライナ大学が設立された。一六三六年に設立されたハーヴァードは、アメリカにおける最初の高等教育機関であり、一六四三年にある単語を校章に採用したことによって未来のライヴァルたちをことごとく負かした。自校の校章にぜひとも欲しかったとライヴァルたちに思わせたはずの語とはすなわち、"Veritas"（真理）である。これらの教育機関はすべて、同じような仕方で若者たちに、彼らは理性、徳、さらには知恵を自分に染み込ませることができるのだと告げようとしていた。カレッジ・オブ・フィラデルフィアは"Leges sine moribus vanae"（道徳なき法は無益である）〔ホラティウス『カルミナ』の詩句〕を自らのものとし、サウスカロライナ大学は"Emollit Mores Nec Sinit Esse Feros"（〔学芸の修得は〕人格を情け深くするのであり、残酷さを許すのではない）〔オウィディウス『黒海からの手紙』の詩句〕と約束し、キングズ・カレッジは、〔旧約聖書の〕「詩篇」の言葉を用いることで啓蒙の誇り高き視覚中心主義と相携えるという妙案を得た。その言葉とは、"In lumine Tuo videbimus lumen"（あなたの光のなかに我々は光を見るだろう）である。

イマヌエル・カントは、啓蒙のこうした探究的衝動の正体は"Sapere aude!"（あえて知ろうとせよ！）〔ホラティウス『書簡詩』の詩句〕だと確認した。[*9] かくも大胆な知的渇望ないし知的動因は、ホモソーシャル〔homosocial：同性間（特に男性同士）の社会的な絆を表す〕な学びの砦のすべてから締め出されていた若いアメリカ人女性たちの多くをも鼓舞した。ペンシルヴェニアのベスレヘムに一七四二年に設立されたモラヴィアン・カレッジという例外はあったものの、女性のための高等教育機関が現れはじめたのは一九世紀半ばになってからのことであった。しかし女性の啓蒙を目指した努力は、一七八〇年から一八三〇年までにおける四〇〇近い女子学院《アカデミー》ないし女子神学校の開校に繋がった。ミルカ・マーサ・ムーアがフィラデルフィアで開いた女子校もそのひとつであり、同校の生徒には、教育用に彼女が編んだ抜粋集〔commonplace book〕が支給された。タイトルは『道徳的かつ教育的な散文および韻文の雑録——学校での使用のために、そして両性の若者たちの向上のためにさまざまな著者から収集されている』（一七八七）である。キリスト教的な推論および瞑想が彼女の生徒たちの「心中に帝国を」打ち立てうる次第を伝える——彼女から見て説得力のある——例を確かめやすくするために彼女は、ジェファソンの聖書と同様に、男性が大多数を占める書き手たちから知恵の断片を切りとり、貼りつけねばならなかった。彼女もまた啓蒙を、よく訓練された眼で新たに見ることになぞらえている。曰く、「活発な思考が私の眼を開封する」[*10]。

包括的視覚に対する啓蒙思想家たちの情熱とは裏腹に、彼らの思想的ないし道徳的視点の多くは、相当奥深いいくつかの盲点によって遮られていた。時代を考慮したとしてもやはりそう言える。女性たちは厳格な教育へのアクセスを得るためにずいぶん骨を折らねばならなかったという事実は、啓蒙思想の視野がどんなふうに狭められていたかを部分的に明かしている。男性たちはカレッジに通うことができ、たくさんある知的団体のどれかに参加でき、彼らの教育には聖職、法曹、医業、あるいは広義の公共的生といった出口が用意されていた。女性たちの場合はそうではなかった。また、かかる機会をつかもうとしているときに手を差しのべてくれるような男性の啓蒙思想家が彼女たちのまわりにたくさんいたわけでもなかった。スコットランドの哲学者であるケイムズ卿は、新しい社会秩序を想像できた一方で、そこに属する女性たちの新しい可能性は想像できなかった。「女性の精神の涵養は、共和国においてはさほど重要ではない」とのことである。[*11] モンテスキューとコンドルセは、啓蒙された市民政府は女性たちの私的生活に有益な効果を及ぼしうると推測できたけれども、女性たちの活動は公共圏にまで拡張しうるとか拡張すべきだといったことは決して想像しなかった。例外は皆無ではなく、ジョン・ロックのように女性読者にかすかな希望の光をもたらした者もいた。女性たちはロックの『統治二論』を読みながら、元気づけられて身が引き締まったように、まるで高山からの風が自分の精神を吹き抜けているかのごとく感じることができた。ロックの主張によれば、結婚とは主《あるじ》による臣下の支配ではなくむしろ「男性と女性とのあいだの自発的な契約」である。[*12] しかし他の者たちからはなおも、女性が概して啓蒙的探究への補足として扱われていることが見てとれた。〔ボストンの弁護士の〕ジェイムズ・オーティスは、女性の独立を支持しようと努めているさなかにおいてさえ「女性は男性と同じほど自由に生まれてはいないのではないか」と問うており、これによって皮肉にも、啓蒙思想家たちは実のところ男たち〔*men*〕を念頭に置きながら「人間《マン》」を称揚していたのだということを告白している。[*13]

啓蒙主義による「人間《マン》」の一般化が人口統計上の特定項目のみをカヴァーしていること

を良しとしなかったアメリカ人女性たちは、ジェンダーに関する啓蒙思想の視野狭窄を解消しようとする試みに尽力せねばならなかった。詩人であり劇作家であり評論家でもあったジュディス・サージェント・マレーは、「性の平等について」（一七九〇）と題する論文によって公共の（男性たちの）舞台に登場し、啓蒙主義の男性特権に挑戦した。男女間のあらゆる差異は、人間としての条件の結果ではなく、西洋文化が女性たちに強いた条件の結果だと彼女は論じた。ロックの経験論を敷衍しながらマレーは、我々をして我々であらしめるために経験が為すあらゆることは、男性の知性と女性の知性とのあいだに実在する――あるいは知覚される――あらゆる相違も含めて、新しい経験によって取り消されうると主張した。マレーは、古代のテクストのなかから女性の知能や力の例を探した。アテナとミネルヴァ――前者はギリシアの、後者はローマの知恵の女神――が彼女のお気に入りであった。しかし彼女は、女神たちが女性の道徳的ないし知的な模範でありつづけられるようにすることにも同じくらいの努力を注がねばならなかった。つまり、当の女性の父や夫が女神たちを自らのカレッジないしクラブのマスコットにしているのを黙って見ているわけにはいかなかったのである。女性たちの独立の拒否は真に啓蒙された共和国にあるまじきことだとマレーは説いた。そして、環大西洋文芸共和国をとおして彼女と繋がっていた男性思想家たちが、彼らの啓蒙主義の光が投げかける暗い影からようやく踏み出そうとしていたかもしれないときに、彼女はあえて未来の「女ワシントン」を夢想しさえした。[*14]

啓蒙思想の普遍主義が見かけ倒しであることが明らかになるのは、女性に話が及んだときであり、またとりわけ、人種に話が及んだときである。啓蒙主義の諸観念が辿ったふつうの道は、クエーカーによる社会的正義へのコミットメントや、自由主義化しつつあるプロテスタンティズムの諸動向と合流することとなり、かくして北大西洋世界に反奴隷制運動の盛り上がりが生まれた。

しかし啓蒙主義の諸観念は別の道も辿っており、そこでは諸観念は、もろもろの社会的世界を眺めたりそれらを新たに正当化したりするおなじみのやり方へと連れ戻された。この第二の道を通った思想家たちにとって、最新の啓蒙的科学は、諸人種間の差異が黒と白との差異と同じくらい明瞭であることを証明してくれるものであった。啓蒙されたアメリカ人たちは、北部と南部のどちらに住んでいるかによって、啓蒙主義の人種観を吸収する仕方が大きく異なりがちであった――決定的にまで異なることはなかったにせよ。北部および中部大西洋岸の諸邦に住む非奴隷所有者たち、さらには多くの奴隷所有者たちは、啓蒙的人種学の諸発見を奴隷制とは相容れないものと捉えた。対して南部や英領西インド諸島にいる者たちは、啓蒙的人種学が諸人種間の永久かつ不変の差異を確証したと考えた。

ジェファソンの啓蒙された人類学は、非白人に話が及ぶと、共通の人間性に訴える彼の主張の免除条項を探しはじめる――その次第は彼の『ヴァージニア覚え書き』(一七八五)において明らかである。ジェファソンはこう考えていた。アフリカ人ないしアフリカ

図8　サミュエル・ジェニングズの絵画《諸学芸を呈示する自由の女神、あるいは黒人の解放を促すアメリカの天才》（1792）は、擬人化された自由のまわりに啓蒙的知識の装具の数々を配しており、彼女の足許に描かれる鎖は、解放された黒人たちから切り離されたものである。これはアメリカの芸術家による、知られているなかで最初の、奴隷制廃止を唱道する絵画である。Library Company of Philadelphia.

系アメリカ人の体毛の量は白人のアメリカ人よりも少ない。彼らは嫌な臭いの体臭を放っている。白人と較べて彼らは、暑さへの耐性で勝り寒さへの耐性で劣る。彼らはより少ない睡眠時間で事足りる。かかる諸主張のなかに、啓蒙された反奴隷制運動家たちがことさら不愉快に感じたものはなかっただろう。しかしジェファソンの論点が黒人たちの知能および彼らの自由への適応力《キャパシティ》に移ると、奴隷制廃止論者たちは彼とのあいだに一線を画した。「記憶力の点で彼ら〔黒人たち〕は白人と同等である〔…〕。理性においてはずっと劣っており、ユークリッドの研究を追ったり理解したりすることのできる者はほとんど見つからないと思われる」。ジェファソンの（彼が所有しともに暮らしたアフリカ系アメリカ人の数が六〇〇人に上るだけあって）入念な調査は、彼らの想像力が「鈍く、品がなく、変則的である」と証明した。しかし、合理的で公正な造物主——彼がかろうじて存在を信じられたのはそのたぐいのものだけであった——の視点に立って自らの人種的区別を検討しているときに彼は、奴隷を動産として扱う制度〔chattel slavery〕の彼なりの科学的擁護に関する、また歴史が自分たちの味方なのか否かに関する、払拭しがたい疑念を告白した。「神が正大であること、神の正義が永遠に眠るなどありえないこと、〔奴隷たちの〕数や本性や〔彼らが用いうる〕自然の手段だけから考えても、運命を逆転させる革命の可能性、すなわち立場の交替の可能性は皆無ではないこと、しかもその可能性は超自然的な干渉によって高まるかもしれないこと！——これらのことに思いを馳せるとき、私は我が国を案じて戦慄する」[15]。

歴史家たちは数世代にわたって、この主張を理解しようと努めてきた。それは、彼の啓蒙主義の枠組みを粉砕しかねない深い亀裂を露呈しているのだろうか。あるいは、彼の枠組をしっかり支えている思想の、そのときたまたま表出された一部なのだろうか。ジェファソンは奴隷制を擁護しなかったが、彼は亡くなるまで奴隷所有者でありつづけた。ゆえに新世代の歴史家たちもこれらの問いを尋ねつづけるだろう。しかしどう結論づけるにせよ、彼らはきっと次のことには同意するだろう。すなわち、人種的差異をしるしづけるための権威ある枠組みと概念的な言葉遣いとをジェファソンは供給したのであり、それらはやがて、彼が不運なものと感じまた矯正可能なものであることを願った諸悪を正当化してゆくということに。

ジェファソンがこれらの言葉を執筆しているあいだ、奴隷たちの一団が彼のあらゆる物理的要求に応じていた。ここから窺えるのは、人種的抑圧は一八世紀後半の知的探究の主題であるのみならず、その物質的基盤を提供してもいるということである。人種的抑圧と知的生産とのこうした繋がりは、初期アメリカの大学およびカレッジにおいてこそ、ほかのどこよりも顕著であった。奴隷という労働力を抱えながら自由讃歌をしたためていたジェファソンとまったく同様に、初期アメリカの諸大学は啓蒙的人種学の拠点であったばかりでなく、人種的抑圧の受益者でもあった。アメリカのあらゆるカレッジは、例外なく、アメリカ先住民が所有権を放棄させられた土地に建てられた。諸大学と奴隷制との繋がりは規模や種類がまちまちであったけれども、繋がりを持たずに済んだところはひとつもなかった。奴隷身分のアフリカ系アメリカ人たちは多くのカレッジのキャンパス建設に携わったし、ヴァージニア大学の場合には彼らが唯一の労働力であった。多くのカレッジは、奴隷商人たちから受けとった多額の寄付金で、大学のキャンパスを新たに建てるための土地を買ったり教授のポストを設けたりした。ほかにも、合衆国初のカトリックの司教であるジョン・キャロルが一七八九年に設立したジョージタウン大学などは、奴隷経済から調達された資金を入学金の無料化というかたちで学生に渡した。また、裕福な奴隷所有者の子供を、未来の理事へと育ってくれる可能性を見込んで重点的に勧誘するところもいくつかあった。

しかしながら、奴隷制は大学の知識生産の背景としてのみ存在したわけではない。それは、初期アメリカのカレッジのキャンパスにはっきり現前してもいた。ほとんどのカレッジでは、学長の報酬は年俸と奴隷の供給とによって支払われた。学長たちのなかには私設奴隷を持ち込む者さえいた。ハーヴァードのインクリース・マザー学長（在任は一六九二―一七〇一年）は、息子のコットンから日常の雑務の担い手として与えられたひとりの奴隷男性を持ち込んだ。したがって、ハーヴァードの学長となるにあたり自らの奴隷タイタスを持ち込むことと新たにひとり「ニグロの娘」を買い足すことを決めたベンジャミン・

いうことになる。[*16]ワズワース（在任は一七二五―三七年）は、たんにハーヴァードの伝統を守っていたのだと

多くのカレッジが、構内の整備をしたり教授と学生の双方に仕えたりする奴隷たちを所有した。学生もしばしば私設奴隷を持ち込んだ。一七五四年においては、カレッジ・オブ・ウィリアム・アンド・メアリの相当数の学生が、自らの人的動産を持ち込めるようにすべく追加の寮費を払った。彼らが勉強しているあいだ奴隷たちがかわりに雑務をこなすわけである。死をもってしても、アフリカ系アメリカ人たちは大学への奉仕から解放されなかった。解剖は、身体の理解に対する啓蒙主義の欲望を発見させてくれる一通路だったのであり、人体解剖実習を提供できる医科大学が威信を高めたのもそれゆえである。もっとも容易に、もっとも安く入手できる死体は、黒人と貧しい白人の死体であった。やがて反奴隷制運動がアメリカのカレッジのキャンパスに浸透しはじめたけれども、ほとんどのカレッジと奴隷制との繫がりが完全に断たれるほどにまで意識が高まったのは南北戦争後のことであった。

人間のポテンシャルに対する啓蒙主義の情熱の偏光する輝きをもっともありありと見てとれる範例は、ベンジャミン・フランクリンである。フランクリンは、後世の読者にインスピレーションを与えられるような諸特徴をかくも多く体現したため、アメリカにおける啓蒙の巨頭として記憶されている。フランクリンは画家であり大使であり作家であり慈善

家であり実験科学者であり、まるで、彼があれほど讃美した人間の能力の幅広さを自ら立証しようとしたかのごとくである。出版者でありかつ思想家であった彼は、観念の非物質的な次元と物質的な次元との双方に注意を払っていた。彼は思弁的探究にも経験的分析にも精通しており、周囲の世界に対する快活な好奇心が彼のなかから湧きつづけていた。そして、あると便利なものが周囲の世界に欠けていると気づいたら、彼はそれを構想し、それに具体的な形を与えた。フランクリンは一七一七年、一一歳のときに、手足につける水泳用のひれを発明し、一七五二年に避雷針と改良版の尿道カテーテルとを発明した。一七六二年に彼は世界初の走行距離計《オドメーター》を生み出しており、一七六八―六九年の業績としてはメキシコ湾流の発見および命名がある。加えて、啓蒙主義による眼の称揚に貢献するためとでも言わんばかりに、フランクリンは一七八四年に遠近両用眼鏡（彼自身は「二重眼鏡〔double spectacles〕」と呼んだ）を発明した。寄る年波を彼は克服したかったのであり、ゆえに自らの「眼をかつてと同じくらい私の役に立つものに」したのである。[*17]

しかしフランクリンのあらゆる思想的プロジェクトのうち、彼がもっとも完成度を高めたのは彼自身であった。フランクリンは、人間の柔軟性と向上とに啓蒙が置いた高い価値を擁護しかつ体現した。石鹸や蠟燭を作っていた裕福ならざる家庭に生まれた彼は、高次の力が幸運をもたらすなり質素な暮らしを運命づけるなりするまで待ちたいとは思わなかった。かくして彼は命がけの冒険をした〔he took his life into his own hands〕。彼は『自伝』（一七九一）のなかで彼の「道徳的完成に到達しようという大胆不敵なプロジェクト」を説明しており、自己《セルフ》に関するもろもろのテクノロジーがそこで――あらゆる読者が採用しうることを示唆する仕方で――取り上げられている。*18 完成が意味するのは、彼が涵養したいと思っている一二の徳目を自らの第二の天性とすることであり、一二の徳目とはすなわち、節制、沈黙、規律、決断、節約、勤勉、誠実、正義、中庸、清潔、平静、純潔である。クエーカーの友人が親切心から、いくらか利用できそうな徳目がひとつ欠けていることを、つまり謙遜がないことを彼に思い出させると、フランクリンはそれを認め、リストに追加して項目数を一三とした。

フランクリンは自己完成と完成可能な世界との燦爛たるヴィジョンを持っており、遠い未来における偉大な達成の数々とそれらが実現されるまでの実践的な歩みとを拡大して見るための遠近両用眼鏡も持っていた。しかし、究極の啓蒙家であった彼にも、社会的な盲点がいくつかあった。やるべきことを厳しく管理し勤勉に実行するうえでのこつを彼は身につけていたが、加えて彼のまわりには、まず内縁の妻であるデボラがいて、彼女が夫婦のふたりの子供とフランクリンの非嫡出子とを世話していた。また献身的な妹のジェーンもいて、彼女は一二人の子供を抱え困窮していたにもかかわらず、兄の筆記者ないし家族の記録係として奉仕し、私的な石鹼作りによっても奉仕した。さらに、家庭内でフランクリンの現世的な諸要求に対処し、彼が自らの諸徳の涵養に専心できるようにしてくれている奴隷たちもいた（彼はのちに自らの奴隷たちを解放し、晩年には奴隷制廃止論者となった）。独立を言祝《ことほ》いでいるときの彼は、彼が自己信頼を涵養するのを助けてくれる家族および従者を事実上のスタッフとして控えさせていた。環大西洋啓蒙の華麗なる、しかしあまりに人間的な哲学者《フィロゾーフ》たちの大多数がそうであったように、フランクリンもまた、啓蒙の探求を可能にしている社会的ないし経済的諸条件に対しては盲目であった。

革命的共和主義

啓蒙主義の諸観念は、一八世紀末に英領植民地とフランスとハイチで起こった政治的革命の三幅対《トリニティ》を鼓舞した。各々の状況下で、かつて君主制や封建制や帝国に対して嘆願していた者たちは、自国の政治的、経済的、法的な輪郭をまるごと破壊し、作りなおし、それによって世界史の流れを変えた。多大の人命を犠牲とせずに済んだ例はなく、次のような証拠を伴わない例もなかった。すなわち、人間の創意工夫と集合的意志が、独立宣言（一七七六）のようなイノヴェーションに繋がりうる一方で、（一七八九年のフランスに現れた）ギロチンのような物騒な発明品をも生み出しうるという証拠を、である。アメリカ革命だけが啓蒙主義の諸観念を実践へ応用していたとは言えないけれども、それを試みた最初の例がアメリカ革命だとは言える。近代国家は共有された一群の諸観念に——共通の一民族《フォルク》〔Volk〕や共有されたひとつの歴史、言語、宗教など（いずれもアメリカには欠けていた）にではなく——基礎づけられうるという見込みは、当時の多くの観察者たちにとって、さらにはアメリカの革命家たちの一部にとって、実現も維持もまったくできそうにないと思われるものであった。したがって、諸植民地の未来を賭けた恐ろしい戦争を遂行するまえにまず、劇的な思想的変化が起こらねばならなかった。ジョン・アダムズはのちにこう述べている。「革命は戦争が始まるまえから実行されていました。革命は人民の精神と心のなかにありました」[*19]。

啓蒙的思考は、環大西洋文芸共和国のすべてのハイウェイおよび脇道を通って流通し、進歩する宇宙という根本的に新しい見方を促進し、それによって、人類の未来は過去よりも良さそうなものとなりうるという見込みをも促進した。啓蒙的思考は革命期の学識あるアメリカ人たちにとって不可欠であり、しかし同時に、その諸理想を政府および人民の現実的なモデルへ落とし込むには別の知的概念が必要であった。「自由《リバティ》」はキーワードであったが、そこには曖昧さがあった。植民地人たちの怒りに満ちた苦情と漠然とした熱望とが根本的《ラディカル》な形式を得るうえで、「共和主義的《リパブリカン》」という語の召喚が助けとなった（"republican"には「共和国の」や「共和主義者」などの意もある）。「共和主義的」によって彼らが意味したものは、現代の基準からするとわかりやすく、疑問の余地はないようにさえ思える。しかし当時それは、すなわちレス・プブリカ〔res publica〕のための政府は、法外であるともユートピア的であるとも思われていた（レス・プブリカは文字どおりには「公共の事物」や「公共の事柄」を意味し、一八世紀の政治思想においては「公共善」と同一視されていた）。公共善を育んだり擁護したりするのはいかなるたぐいの政府か。「共和主義的」な答えは、世襲の王を戴く政府ではなく、市民たちによって運営される政府であった。

共和主義は広汎な旅路を辿ったすえにようやく、出版市場に入り込み、そしてアメリカの革命家たちの精神に入り込んだ。彼らはイングランドの非国教派《ディセンター》の伝統からそれを拾い上げ、仕立てなおした。その伝統はかつて、ルネサンスの政治思想からそれを拾い上げ、仕立てなおしていた。その政治思想がそれを拾い上げたのは古代からであった（というよりむしろ、古代のそれがいかなるものだったのかをルネサンスの政治思想は想像していた）。アメリカの革命家たちが共和主義的な言説に接しはじめたとき、数世紀にわたる思想的な翻案ないし添加ないし削除に自分たちが参与しているとは彼らは想像しなかった。むしろ彼らは、アリストテレスやポリュビオスやキケロやタキトゥスの世界に直接――そして力強く――踏み込んでいると思っていた。彼らは古典古代を、未来のアメリカへの道しるべとして想像しており、そこでは参加型統治の力および安定性が、独立していて有徳で平等な市民たちに由来していることになっていた。生来の特権や階級のしるしは、かかる政体に居場所を持たなかった。区別は歓迎されていたが、功績に基づく区別に限ってのことであった。

共和主義的なレトリックが召喚する古典の世界は、植民地人たちの日常的なやりとりのなかに生きており、彼らの政治的な懸念ないし大望を然るべく枠づけた。ジョン・アダムズはのちに、「彼ら〔トゥキュディデスとタキトゥス〕の本を読むとき私は、私自身の時代と私自身の人生との歴史を読んでいるにすぎないかのごとく感じます」と記している。[20] 女性たちは、共和主義を転用して自分たちの当座の要求に適合させる資質《リソース》にとりわけ富んでいた。彼女たちが棲まったのは共和国の母〔republican mother〕の新しい世界であり、共和国の母は、自らの夫および子供の徳を私的に洗練させたり保護したりすることによってレス・プブリカへの公的義務を果たすとされていた。革命期の学識あるアメリカ人たちは英帝国の腐敗した行政官たちを、見知っていたというよりはむしろ、〔ジョン・トレンチャードおよびトマス・ゴードンの〕『カトーの手紙』（一七二〇―二三）に描かれる極端な例として経験していた。堕落することや私的利益を集団の福祉よりも優先することの誘惑が、革命家たちの内なるキケロを、すなわち、良心に直接ささやいて徳には人を気高くする力があることを思い出させてくれる存在を目覚めさせた。新聞で自らの意見を表明する際にサルスティウスやタキトゥスが求められたのは、共和主義的説得の平明なスタイルの模範としてであり、また〔記事の執筆者とするのに〕適切な偽名を提供してくれる古代人としてであった。植民地人たちは、自分たちの嘆願をまったく気にしていない様子をジョージ三世が現したときには決まって、混合政体の必要性をポリュビオスに確言させた。古典の世界は、善なる統治のテンプレートと、もし公共的な徳が衰えたら何が起こるかという警告とをもたらした。政治思想家のハンナ・アーレントはこう述べている。「古典の例がかりになければ、大西洋の両側で革命に従事した者たちは誰ひとりとして、前例のない行為だとやがて明らかになることをおこなえるだけの勇気を持ちあわせなかっただろう」[*21]。

トマス・ペインと観念の戦争

啓蒙主義の諸観念は明らかに、人間の意志や創意工夫や自己統治能力に対する新しい信仰を活気づけた。では革命は？　もっとも有望な観念でさえも、歴史上の行為者《アクター》たちの想像力を、正当な諸条件が現場に揃っていないのに彼らを戦争へ衝き動かしてしまうほど強く掌握することはできない。一八世紀のアメリカにおいても事情は同じであった。継起するもろもろの進展——いくつかは運ないし偶然の結果であり、いくつかは短見がもたらした結果であった——が、人民主権の概念や自然権に従う立憲主義という概念を、妥当と思われるものにしたのである。

一八世紀をとおして、社会経済上および人口統計上の諸変化が、英帝国の辺縁に位置した植民地人たちの自己理解の仕方を変えた。移民の増加は、定住しうる新しい土地の要求を強めた。経済的な力によって諸植民地の富がいっそう少ない者たちの手に集中し、ゆえに白人たちのあいだで社会経済的な階層化が劇的に進んだ。人口統計上の多様性が増し階層も多様化すると、さまざまな形態の社会分化〔social differentiation〕が起こり、植民地人たちの世界理解の伝統的様式と彼らをとりまく目まぐるしい諸変化とのあいだにギャップが生まれた。フレンチ・インディアン戦争は諸植民地の激変を加速したけれども、諸植民地にとってより悪かったのは、英国がそれに応えたことである。戦争と帝国の拡大とのコストを埋めあわせるために英国は、植民地人たちとの緊張を高める数々の法案を成立させた。最初は一七六三年の国王宣言線であり、これに一七六四年の通貨法、同年の砂糖法、一七六五年の印紙法が続き、いずれも先のものよりいっそう懲罰的であった。一七七〇年のボストン虐殺事件は危機の引き金となったが、動揺する植民地人たちを狂乱させたのは一七七三年の茶法と一七七四年の強圧的諸法であった。突如として、自己主権にまつわる革命的諸観念——それらは何年もまえから、本や広告〔broadsides〕や新聞に行きわたっていた——が新しい切迫性を帯びた。共和主義が植民地人たちを駆りたてて、自分たちは英国の帝国主義の受益者ではなく犠牲者なのだという認識に至らせた。

植民地人たちを刺激する印刷物は奔流を成した。しかしそのうち一冊のパンフレットが、彼らを真に覚醒させ、いまこそが独立を主張すべき時だという予期を彼らに抱かせた。それはトマス・ペインの『コモン・センス』(一七七六)である。世界を変えるテクストはその効力を、著者の力強い諸観念とそれらを表現するのにふさわしい言葉遣いと歴史的状況という三者のコラボレーションをとおして発揮する。一七七六年一月、すなわち『コモン・センス』が世に出たとき、興奮した植民地人たちは共和主義的正義感に燃えていたけれども、かかる結果をトマス・ペインはいかにしてもたらしたのか、そしてこのパンフレットはなぜ同年中だけで二四回も版を重ねなくてはならなかったのか——これらの問いは、先述のコラボレーションを念頭に置くことで答えやすくなる。イングランド出身のペインがアメリカに辿り着いたのはほんの一三カ月前であり、そのときの彼は借金を抱えたコルセット職人で、彼の二度目の結婚生活は破綻していた。寄る辺を本質的に欠いていた彼の、当時の世界に下ろされた唯一の錨《いかり》は、君主制は諸悪を宿しておりふつうの人間《コモン・マン》には自由および平等が約束されているという彼の情熱的信念であった。

『コモン・センス』を「啓蒙」のテクストと呼ぶと、その修辞的ないし思想的なイノヴェーションの数々を十全には評価できなくなってしまう。それらは、あのときあの場所に現れたこのテクストがなぜ、歴史を二分する激震を引き起こすほどの力を備えていたのかを説明しやすくしてくれる。彼は『コモン・センス』を匿名で出版した。これは当時において珍しいことではなく、しかしほとんどの書き手は匿名よりも偽名を好んだ。(ジョン・アダムズが秘密の著者の正体ではないかと、彼の何人かの友人たちは考えたけれども、このことは『コモン・センス』の諸観念のまったき力ゆえにアダムズをいくらか得意がらせ、それらがかくも野卑な言葉で表現されていたために彼をいくらか不愉快にした。なにしろペインはジョージ三世を「英国王室の野獣」と呼んでおり、しかものちに、「野獣でさえ自らの子をむさぼり食おうとはしない」以上この呼び方は褒めすぎだと気づいたのだから。[*22])

ペインはラテン語の語句を聖書からの引用と交換し、虚飾を惜しみない率直さおよび誠実さと、学識あるエリートの言葉遣いをふつうの人びとの表現および修辞的形式と交換した。高みからの声によって聴衆に語りかける――啓蒙の時代の書き手たちはたいていそうしていた――かわりに、彼は自らの主張を低位の足場から表明し、暴君の踵によって地面に釘づけにされることがいかなる経験なのかを表現した。彼は、典型的な啓蒙の流儀で君主制の「罪深さ」に関するもろもろの一般論を配列したが、そののち、各々の議論をアメリカの状況に合わせてもれなく個別化し、そしてふたたび一般化して、独立を求める戦いに世界史的な壮大さを付与した。「アメリカの大義はほとんど全人類の大義である」[*23]。彼は相争う諸集団のなかから、彼のレトリックを読者が咀嚼する以前には存在しなかった――むしろそのプロセスをとおして実例が生まれた――「世論」の声を聞きとった。彼は読者に、行動すべき時はいまだと、歴史の諸力が読者から離れてしまうまえに必死に訴えかけた。「我々には世界を新たに始めなおす力がある」は正しい時に発せられた正しい言葉であった。この言葉は英系植民地人たちに対して、彼らが――古代の共和主義者たちが思い描いたとおりの――独立していて有徳で平等なコミュニティであることを、そして神の摂理は植民地人たちに味方していることを確証した。概して言えば、ペインの散文の魅惑的な明快さと彼の諸観念の力とが、独立という夢の可能性を際立たせたのである。

アメリカ革命を思想史のレンズをとおして眺めることは、武器を取る動機や勝ちとるべき新しい生き方のヴィジョンを植民地人たちが得るうえで観念がどれほど重要であったかを見てとりやすくしてくれる。ドラマの中心を占めるのは、「啓蒙され」た「共和主義的」な諸観念である。なぜならそれらが、植民地人たちがそれまでとってきたものとは別の進路を想像するのを助け、進路変更の実行へと彼らを動機づけ、戦いのさなかおよび以後に彼らに起こったことの説明を提供したからである。観念の因果的な力を主張することはつねにいくらかのリスクを伴う。しかしアメリカ革命に関して言えば、その主張に論争の余地はない。英系アメリカ人たちは、彼らに「世界を新たに始めなおす力がある」と、実現のための努力に——巨大なリスクを負ってまで——従事するまえにまず信じなければならなかった。もちろん、あらゆる戦争には衝動的行動と少なからぬ非合理性が関与しているだろうし、それがこの戦争のように内戦であればなおさらだろう。しかしアメリカ革命の場合には、戦争の諸原因と戦後に新国家が辿った進路とにおいて主たる働きを示したのは、諸観念の力であった。初期アメリカの人びとは、世界を新たに作りなおすことを試みるまえにまず、自分たちにそれができると考えなければならなかった。

第3章　リパブリカンからロマンティックへ——一八〇〇年から一八五〇年まで

　共和国初期、すなわちアメリカ人たちが新国家を建設していた時期において、啓蒙主義による公約が完全に実現されることはなかったが、それらが忘れ去られることもなかった。「理性」と「徳」は、アメリカの政治家たち、聖職者たち、作家たち、および公衆の想像力をなおも掌握していた。しかし、急速な人口増加、西への領土拡大、都市化、産業化は、諸外国における民主主義の政治的実験（そして失敗）とあいまって、アメリカ的啓蒙の諸観念に大きなプレッシャーをかけることとなった。独立した土地所有者たちによる政府という、啓蒙的な共和主義的《リパブリカン》ヴィジョンを志向する欲望によって確かめられたのは、黒人から搾取したり、アメリカ先住民に先祖伝来の土地と自らの生活様式とを手放させたりすることが白人の自由の前提に据えられつづけているという事実であった。

　神の精神を読めるとまで公言する者はほとんどいなかったけれども、西への領土拡大を声高に支持した者たちの多くは、白人のキリスト教世界が大陸全土に広がるという運命の成就を神が望んでいることは明白《マニフェスト》だと確信していた。技術改良や市場革命は、新国家が枢要なインフラストラクチャーを備えるうえでの助けとなったが、多くの観察者たちに、技術や経済の進展は人間の発展を凌駕しており個人の自律を脅かしているのではないかという懸念を抱かせもした。にもかかわらずそうした批判者たちは、ほかならぬコミュニケーション革命の成果を、別の道筋を示そうとする自らのロマン主義的《ロマンティック》ヴィジョンを広めるために利用していた。共和主義の諸観念は、共和国初期をとおして変化した政治的および社会的条件と対応するうちに、もろもろの新しいロマン主義的感性と融合した。

かかる劇的な諸変化のすべてが、アメリカ人たちの考え方を変容させた。新しい世界を作ることから南北戦争前〔antebellum〕のアメリカ人たちが学んだのは、そもそも人間の前途には新しい世界があるということであり、それは世界を作ったり作りなおしたりさらには破壊したりする力によって開かれるということであった。そこでは精神のある枠組みが存続しており、それは人間の行為者性《エージェンシー》や力に対する強気の感覚を備えていた一方で、自らの新国家が永続的ではなく安定してもいないことへの認識と恐怖とを抱いてもいた。世界を作りなおそうとする欲望は、〔一九世紀初めの〕第二次大覚醒における福音主義的なリヴァイヴァル旋風〔第1章訳註4参照〕にも、ブルックファームやオナイダやセレスコ[☆1]といったユートピア的実験にも、反奴隷制や監獄改革や禁酒や女性の権利などを掲げる改革運動にも見出されうる。しかし、それらの影響力の限界は、そしてときにはそれらの失敗も、慣習的な生活様式にとってあまりに劇的な変化への不満によってある程度説明できる。

ある時期に対して加えられた論評のうちもっとも信頼が置けるのは、多くの場合、その時期の諸変化を自ら生き抜いた者のそれである。論評者がラルフ・ウォルド・エマソンならなおさらであり、エマソンはまるで、南北戦争前のアメリカ人たちの「現代精神」に内在する憧れや心配や矛盾へと〔我々を〕向かわせる鞭を持っているかのごとくであった。この「現代精神」は、彼によれば、「国家は個人のために存在すると信じた。〔…〕この考えは、もろもろの革命や国民的運動のうちに素描されており、哲学者の精神のうちにより正確に書き込まれていた」。「自覚を抱くようにな」り「知性と情感」の相争う諸衝動にも敏感になった「精神」をアメリカは生み出した。一九世紀前半のアメリカという、痩せぎすな思春期を過ごした若き共和国は、「生まれたときから脳内にナイフを携え、内向したり自己分析したりもろもろの動機を解剖したりする傾向を備え」た「青年たち」を一世代分生み出した。[*1] かりに十分な数のアメリカ人たちが自らの精神に備わる刃物類を、建国時の理想と合致する新世界を作るために使いはじめたなら、いったい何が可能になり何がな

☆1　ブルックファーム（Brook Farm）、オナイダ（Oneida）、セレスコ（Ceresco）それぞれ一八四一年、一八四八年、一八四四年に設立された生活共同体の名。ボストン近郊のブルックファームには後出のトランセンデンタリストたちが、ニューヨーク州中部のオナイダ・コミュニティには完全主義（perfectionism）という宗教思想を信奉する者たちが、ウィスコンシン州中部のセレスコにはシャルル・フーリエの社会思想の実践を志す者たちが集った。

らないのか――これを、エマソンや、彼と志を同じくするトランセンデンタリストたちや、同時代を生きた他の多くの批判的思想家たちは示したのであった。

メイド・イン・アメリカ1.0

自ら選んだ理想に基づく新国家という観念は、フランス生まれのアメリカ人作家J・ヘクター・セント・ジョン・ド・クレヴクールが『アメリカ人農夫の手紙』(一七八二)を書く契機となった。彼はそこで、「アメリカ人、この新しい人間はいったい何者でしょうか」という忘れがたい問いを発した。その答えは明瞭であると同時に複雑だとクレヴクールは考えた。「彼はひとりのアメリカ人として、昔からの偏見や風習をすべて捨て去り、かわりに新しいものを、自分が選びとった新しい生活様式から、自分が従う新しい政府から、自分が就く新しい地位から受けとります」[*2]。アメリカの論者たちはしかし、来《きた》る数十年間に、ヨーロッパから受け継いだものもヨーロッパとの思想的提携もすべて捨て去るということが何を意味するのかをめぐって煩悶し、「アメリカ人」であることがそもそも何を意味するのかとさえ問いつづけることとなった。

一九世紀へと入りゆくにつれて、革命戦争が断ったのはアメリカと英国王との政治的紐帯であり、アメリカとイングランドおよび大陸ヨーロッパとの文化的な絆ではないことが明らかになった。共和国初期には国内の製造業が著しく成長したけれども、輸入された消費財を買う余裕のあったアメリカ人たちはおおむね、そちらのほうを国産の消費財よりも好んだ。フランス産の懐中時計や枝つき燭台、デルフト産の青ないし白の陶器、バイエルン産の装飾的な捺染布、イングランド産の更紗や焼き物や化粧品が大流行した。多くの場合、文化財それ自体よりもその産地のほうがいっそう、洗練を示す記号となっていた。アメリカのエリートの子供たちは、ウィーンから輸入したフォルテピアノでモーツァルトやハイドンの曲を弾き、アメリカの定期刊行物に載っているコールリッジやバイロンからの引用の書きとりをとおして書写を練習した。しかし流通していたあらゆる外国製品のなかで、飛び抜けて珍重されたのは本である。たとえばサウスカロライナの人びとは、フリードリヒ・シラーの戯曲『ヴィルヘルム・テル』(一八〇四)が描く、ハプスブルク帝国からの独立を求めて戦うスイス人の物語を、アメリカ革命の寓話として読んでおり、その人気ぶりは地元〔サウスカロライナ〕出身のデイヴィッド・ラムジーが書いた『アメリカ革命の歴史』(一七八九)を凌駕していた。共和国初期に教育を受けたアメリカ人たちのなかに、教養〔cultivation〕(一八四〇年代までは「カルチャー」が教養を意味していた)はヨーロッパからもたらされるという公理を疑った者はほとんどいなかった。まして、ヨーロッパの頽廃および堕落に対する自らの批判と、ヨーロッパ文化ないしヨーロッパ思想の所産に対する自らの著しい依存とのあいだの不調和に気づいた者はいっそう少なかった。

自国の文化を持たないという自覚がアメリカ人たちに与えた驚愕は、共和国初期をとおして、政治的に解放された人びとに資する開放的な知性および習慣を涵養できるような新しい思想的諸制度を建設するための努力を促した。先駆的な事業としてもっとも重要なもののひとつは、コネティカットの教育者ノア・ウェブスターによって率いられた。一七七八年に学校の教師としてキャリアを開始した彼は、共和国市民の教育を妨げるもろもろの障害を直接目にしていた。彼は自らの経験から、生まれたての民主主義を支えるうえで言語能力《リテラシー》が不可欠であり、加えて言語そのものが、アメリカの確固たるアイデンティティの形成にとって本質的だと結論づけた。アメリカ人たちの言語が全面的に、英国で話されたり書かれたりしている英語から派生していることを憂えたウェブスターは、アメリカ人たちに彼ら自身の英語を与えるべく企てた。彼はこう宣言した。「言語は政府と同じく国民的《ナショナル》なものである。[…]アメリカは、全世界とは別個の、それ自身のものを持つべきである[*3]」。彼は英国の英語を、衰亡しつつある文明の、「年老いて愚かさや腐敗や暴政へと至った」ヨーロッパの産物と見なし、ゆえにもうひとつの国民的言語をどうしても見つけなければならないと考えた[*4]。

　こうした切迫感を心中に宿したウェブスターは、「青本」と呼ばれる『スペリング・ブック』を一七八三年に上梓した。それは綴りを、発音に即して単純化したうえで標準化しており、すぐさまアメリカ英語に関する権威となった。彼は、綴り字教本の成功（それは、一七八三年から一八〇一年までだけでも一五〇〇万部売れ、五〇回増刷された）を受けて、自らの大義をさらに推し進めるべく、アメリカ英語の最初の辞書である『アメリカ英語辞典』（一八二八）の編纂に着手した。そこでは、日常語に新しい権威を付与することと、新国家の言語の境界を定めることがもくろまれていた。アメリカ「文明」（“civilisation”ではなく“civilization”）への奉仕という「労働」（“labour”ではなく“labor”）は自分にとって「名誉」（“honour”ではなく“honor”）であるとウェブスターは感じており、また、“chowder”〔チャウダー〕や“squash”〔カボチャ〕などをアメリカの新語に含めるための「免許」（“licence”ではなく“license”）を彼は自分自身に与えていた。彼は明らかに、アメリカの新共和国の健全さおよび活力と、それが置き去りにしてきたヨーロッパの衰亡との差異を強調したがっており、そのために彼は新語を造りさえした。“demoralize”が一例であり、語義は「……の道徳を腐らせ掘り崩す。道徳的原理が……に及ぼす効果を消失させたり弱めたりする。道徳上の腐敗をもたらす」であった。[*5]

議会図書館の設立も、アメリカ独特の知性および文化を涵養しようとする初期の努力の例に含まれる。一八〇〇年に創設されたこの図書館は、国政の議員に資料を提供していた。当初は合衆国議会議事堂の北翼にあり、蔵書は七四〇冊および地図三枚というささやかな規模であった。しかし図書館は急速に拡大し、そこにはトマス・ジェファソンのヴィジョンもいくらか寄与していた。「本なしに生きる」ことなど自分にはできないと確信していたジェファソンは、新国家も同様だと信じた。[*6] 彼は、合衆国大統領を務めた一八〇一年から一八〇九年までのあいだ、この図書館が国民的図書館《ナショナル》へ、すなわち全アメリカ人のための財産へ拡大してゆく過程を促進した。一八一二年戦争時にワシントンDCが英国軍に占領され、議事堂が焼かれてしまったあと、ジェファソンは六〇〇〇冊以上もの自らの蔵書――当時のアメリカにおける最大規模のコレクション――を議会図書館に売った。それらの本の主題は、法律、経済、自然科学から文学、芸術まで幅広く、英語の本のみならずフランス語、ドイツ語、ラテン語、ギリシア語の本も数多く含まれていた。かくして議会図書館は、ジェファソンのコレクションに助けられながら、自らの若き国家のなかで――そしてより広い世界のなかで――果たすべき役割について市民に想像させるような施設へと、またアメリカの思想的大望のモニュメントとして屹立する施設へと変貌していった。

共和国初期をとおして、さらに一九世紀に入ってからしばらくのあいだ、民主主義にいっそうふさわしくしかもアメリカ独自のアイデンティティの境界を定めてくれるような国民的文化を育む努力が続けられた。この喫緊の仕事は、プロイセンからの亡命者フランシス・リーバーの場合がそうであったように、時代が下ってからアメリカへ渡った移民によって担われることさえあった。プロイセンにおいて自由主義の運動に荷担したかどで迫害されたのち、一八二七年にボストンに辿り着いたリーバーは、アメリカ人たちが彼ら自身の思想的記録を手にするための助けとなることこそが、リベラルな自由《フリーダム》という大義への自らの忠誠を証明する最善の方法だと考えた。かくして彼は、彼が新たに選んだ故国に

『アメリカーナ百科事典』(一八二九―三三)をもたらした。それは、のちに『ブロックハウス百科事典』〔*Brockhaus Enzyklopädie*〕と呼ばれる『百科事典』〔*Conversations-Lexicon*〕(一七九六―一八〇八)を、全国民に必要な知識を記録しカタログ化する方法の模範としていた。ドイツの学問の豊かな伝統に棹さす彼は、自らの知識および専門技術を、既知の(アメリカの)世界に関するすべてをカタログ化し分類し系統立てようとするこの啓蒙的事業へ応用した。要するにリーバーは、彼の前後にアメリカへ渡った移民たちの多くと同じく、「アメリカの」国民的文化を作るうえで枢要な役割を果たしたわけである。

こうしたもろもろの尽力があったにもかかわらず、学識あるアメリカ人たちはなおも、ヨーロッパでの思想的発展に遅れないよう努めていた。かかる発展にはドイツのロマン主義も含まれており、やがて明らかになるように、それは影響力のみならず面倒の種をも蔵していた。というのも、ドイツのロマン主義による民族《フォルク》の観念の称揚は、学識あるアメリカ人たちをして、自分たちは〔ヨーロッパからの〕お下がりの文化に頼って暮らしているという事実に狼狽せしめることともなったからである。こうした考え方のもっとも力強いヴァージョンを、哲学者ヨハン・ゴットフリート・フォン・ヘルダーは、文化《クルトゥーア》の観念と精神《ガイスト》の観念とを――共通の歴史、言語、伝統、感性によって結ばれるひとつの人民〔a people〕を想像するために――混ぜあわせながら練り上げた。ヘルダーのロマン主義的衝動は、フランスとアメリカで具体化しつつあったふたつの萌芽的国家に駆りたてられてこう強調した。社会契約でも法でもリーダーでもなく、ひとつの有機的な民族精神《フォルクスガイスト》だけが、真の祖国《ファーターラント》――ヘルダーはこの語を近代的「国民国家〔nation-state〕」よりも好んだ――の基礎となりうるのだ、と。

ヘルダーのロマン主義的ナショナリズムは、大いに酔わせてくれる一杯であった。アメリカのヘルダー読者たちにとっての唯一の問題は、彼らのアメリカには、単一の精神《ガイスト》の表現でもあるような共通の文化《クルトゥーア》によって育まれたひとつの民族《フォルク》などいないということであった。彼らのアメリカは祖国《ファーターラント》などでは決してなく、それは契約に基づく取り決め〔a contractual arrangement〕でしかなかった。アメリカに住むのはひとつの人民ではなく諸人民〔peoples〕であり、彼らのうちインディアンたちを除く全員はヨーロッパの異なる諸地域から移り住んでおり、各々が自らの母語や信仰上の伝統や文化的感性を持っていた。実際のところ、「アメリカ人」などという実質は、その名のもとに結束させられる国民《ネイション》が独立宣言や初期の諸法や正式な憲法の起草をとおして創造される以前にはいっさい存在しなかった。さらに言えばまさしくこの事実こそが、ほんの数十年前におけるアメリカの実験をかくも並はずれたものに、かくも約束に満ちたものに見せていたのであった。

人は国家《ネイション》へ属するようになるのではなくむしろ国家への帰属を相続するのだという考え方は、流入してきた初期ロマン主義の諸観念とあいまって、一九世紀初めのアメリカにおけるヘルダー読者たちの一部を立ち止まらせた。集団的記憶に根を下ろしているわけではなく、特定の人びとを互いに結びつけ故国とも結びつけるような部族的絆を欠いているのに、ひとつの国民であるということがそもそも可能なのだろうか。かりに可能なのだとして、国民の集団的な想像力ないし情感の基礎として正当に使えるものとはいったい何か。これらは、来《きた》る数十年間に多くのアメリカ人思想家たちを悩ませもし活気づけもした問いの一部であった。

聖書科学とリベラル・プロテスタンティズム

トマス・ペインの『コモン・センス』は、それまでの短いアメリカ出版史におけるあらゆる記録を更新した。二〇〇〇部以上刷られる本はほとんどなくパンフレットならだいたい一〇〇〇部という時代に、『コモン・センス』は最初の一年間だけで一二万部以上売れた。かくも成功した理由のひとつは、植民地人たちがながらくなじんでいた聖書からの引用の数々を彼が巧みにちりばめ、かつそれらを君主制に反対する議論へと仕立てなおしたことにあった。彼は旧約聖書から自由に引いて、「天国の王」だけがイスラエルに「ふさわしい主権」でありうることを示そうとした。[*7] 聖書がアメリカ人たちに君主政体が神を汚していることを示したという考えは、ペインからすればたんなる常識《コモン・センス》であった。

しかし革命後にペインは、制度化されたキリスト教が新共和国において自由への力となりうるのかを疑うようになり、その道徳的権威を剝ぎとることを『理性の時代――真なるすばらしい神学の研究』（一七九四―九五）の狙いとした。「人間が残酷さや掠奪や殺人を学ぶのは聖書からです。なにしろ、残酷な神の聖書は残酷な人間を作りますから」[*8]。〔友人への手紙で〕こう説く彼には、かつて聖書を自由という大義のために使っていたころと同じ熱情があった。かくして彼は〔『理性の時代』で〕、聖書は「神の御言葉というよりむしろ悪魔の言葉」だと結論づけ、自らの良心を、良心それ自体が備える最善の道徳的資質《リソース》に委ねた。「私自身の精神が私自身の教会である」。「純粋かつ簡素な理神論」が生まれたての共和国にとって最善の宗教だという彼の所感を、フランクリンとジェファソンは私的になら共有したかもしれないが、しかしふたりは、敬虔なキリスト教国であるアメリカでかくも煽動的な主張を公表することをペインに思いとどまらせようとした[*9]。『コモン・センス』と同様に『理性の時代』も商業的な成功を収めた〔規模は前著に及ばなかったにせよ〕が、以前の支持者たちからは酷評され〔アダムズは、この本は「悪意に満ちた心」の産物だと記した〕、ペインは残りの人生のあいだ疎まれつづけた[*10]。

『理性の時代』は、聖書がアメリカ精神をつかむ力を緩めたどころか、ペインの熱情をもかすませるほどの宗教的反撃の引き金となった。革命期の弁護士兼政治家であるイライアス・ブーディノット〔彼は第一次大覚醒さなかの一七四〇年に、英国教会の牧師ジョージ・ホイットフィールドから洗礼を受けた〕は、ペインによる瀆神に青ざめ、断固たる非難を『啓示の時代、あるいは不信心の時代であることが示された理性の時代』（一八〇一）として著した。それは商業的には失敗したが、神の御言葉をして議論に勝たしめる〔let the Word get the last word〕ことをブーディノットは決心していた。一八一六年に彼は、全国の小さな聖書協会の代表者たちと協力してアメリカ聖書協会（ABS）を結成した。ABSの目的は、聖書を全アメリカ人の手に（そして心に）届けることであった。ABSは、かくも大胆な野心に製造部門を対応させるべく最新の印刷技術を用い、定住者のいないフロンティア地域にまで伸びる流通網を構築した。これにより福音の、西部への移住者たちのあらゆる足跡に沿った拡大が確実になった。ABSの努力は大きな成果を上げた。聖書は、共和国初期から南北戦争までのあいだ、アメリカ社会においてもっとも刷られ、もっとも流通し、もっとも読まれた（量的な意味でも質的な意味でも）無二のテクストとなった。

しかし南北戦争前のアメリカの生において聖書が無二の最重要テクストであったということは、必ずしも、聖書を手にしたアメリカ人たち全員が自分が読んでいる内容に同意したことを意味しない。聖書の解釈は教派や地域に応じて幅広く――さらに言えば途方もなく――変化した。そして、こうした解釈を詳しく検討しようとする強烈な力のなかには、ペインのような教会外の批判者たちからではなく教会内の改革者たちから発せられるものもあった。

おおむねドイツとイングランドに由来する「聖書批評」ないし「上層批評」[☆2]は、一九世紀初めの信念を作りなおそうとする力のひとつであった。それは釈義〔exegesis〕の新しいメソッドであり、文献学や歴史学や考古学の最新の知見を引きあいに出して、聖書を新しい諸科学の観点から再評価しようとしていた。啓蒙主義の申し子である聖書批評は、宗教的な信念および実践を改善するための助けを合理論という権威に求めた。当時現れたもっとも強力な衝動に含まれていたのは、ヘブライ語聖書やキリスト教の聖典を歴史的テクストとして学びたいという欲望、聖書〔というテクスト〕がその誕生時の社会的文脈に関する知識とどう合致するのかを確かめたいという欲望、聖書が生まれる過程から人間の痕跡を読みとりたいという欲望であった。聖書批評の目的は、聖書の権威を損なうことにではなく、ユニテリアン〔後出のウィリアム・エラリー・チャニングなどに率いられ、一九世紀初めのボストン周辺で勃興したキリスト教教派〕の牧師シオドア・パーカーが一八四一年に述べたところの「キリスト教における過ぎゆくものと永遠なるもの」を科学の利用によって区別することにあった。*11

アメリカの多くのカレッジおよび神学校がこの新しい方法論を教えはじめたのとちょうど同じころ、もろもろの神学雑誌が、このアプローチによって暴かれた諸発見を売りにしていた。そこには、聖書内の日付が不正確であることを示す強力な証拠や、さまざまな翻訳のあいだの食い違いや、神の言葉と考えられてきたストーリーの複数の出どころが含まれていた。

こうした聖書解釈のメソッドはとりわけ、リベラルな会衆派のあいだでもっとも歓迎された。自らの信仰のより深い真理を得て教派の違いを超えたいと考えていた彼らは、厳粛な形態のカルヴィニズムによる統制を緩める手段として科学を利用することに関心を抱いていた。アメリカ会衆派の聖職者たちおよび神学者たちの一部はすでに、リベラルで近代的で合理論的な方向へと率先して進んでいたのであり、したがって場合によっては、聖書批評はこの傾向を強める以上のことをしなかった。かかる発展の最重要人物は、会衆派からユニテリアンへ転向したウィリアム・エラリー・チャニングである。彼は「ユニテリアンなキリスト教」（一八一九）という説教のなかで、理性を宗教的諸信念の仲裁者として使うことを強く求めた。彼の主張は次のようなものであった。「かりに堕罪が理性をひどく黒ずませたのだとすれば、ゆえに理性が宗教に対して下すもっとも決定的な判断さえ信用に値しないのだとすれば、キリスト教は、また自然神学さえも、放棄されねばなりません。と申しますのも、神の存在と正しさ、およびキリスト教の神的起源は理性の結論であり、ゆえにその命運は理性とともにあらねばならないからです」。人間理性に対する啓蒙的信仰の適用は、彼に言わせれば、怒りに満ちた神とか、三位一体《トリニティ》（彼はそれを「不合理

☆2　上層批評（higher criticism）
聖書のテクスト群を、それぞれが生まれた文脈に置きなおしたうえでその意味、意図、著者、年代、方法などについて歴史的に研究しようとする批評。本文《ほんもん》の確定を主たる任務とする「下層批評」（lower criticism）と対を成す。

で反聖書的」だと見なした）とか、人間の善性ではなく堕落の強調とかいった「神学者たちの虚構」を取り除くことを求めていた。[*12] チャニングは「カルヴィニズムに抗する道徳的論証」を数多く展開し、ジャン・カルヴァンその人でさえ、自らの名のもとに生じた陰気でいかめしくて厳粛な宗教には嫌悪感を抱くだろうと力説した。[*13]

ユニテリアニズムは啓蒙主義の論理をもっとも遠くまで推し進めたと言えるかもしれないが、宗教へのアプローチとして合理論と歴史主義とを歓迎したプロテスタント信仰はなにもユニテリアニズムだけではなかった。リベラル寄りの会衆派は、そしてやがては他のプロテスタントたちも、人間は進歩するとか人間は完成しうるといった啓蒙的な考え方を、「人間味のある〔humane〕」（つまり、優しさと思いやりのある）――こういう言葉遣いが彼らのあいだでますます顕著になった――社会的ないし法的諸制度を作るうえで、また、急成長しつつある市場経済および商業主義の世俗的追求に対する彼ら自身の順応を容易にするうえで好都合なものと捉えた。

メイキング・オブ・トランセンデンタリズム

一八三〇年代初めに生まれた双子の欲望、すなわち、アメリカ的経験をいっそう表現するような思想的生を涵養したいという欲望と、宗教を世俗的知識と合致させたいという欲望とが、ボストン周辺の思想家たちの緩やかなサークル――のちにトランセンデンタリストたちとして知られるようになる——を活性化した。自由主義《リベラル》神学者たちやロマン主義作家たちや社会改革者たちといった多様な人びとから成るこのグループには、ラルフ・ウォルド・エマソン、マーガレット・フラー、ヘンリー・デイヴィッド・ソロー、シオドア・パーカー、ジョージ・リプリー、エリザベス・パーカー・ピーボディ、ブロンソン・オールコット、およびその他大勢が属していた。彼らは活発にして破格なグループであり、成員である落ち着きを欠いた探究者たちは、新奇さに飢え、前代からの宗教的遺産という思想的拘束の打破を熱望し、各個人の魂という輝かしい特殊性を活用しようと躍起になり、個人的反抗と社会的コミットメントとのバランスを見つけるべくたえず奮闘していた。

　多くのトランセンデンタリストたちは、ユニテリアニズムという彼らの背景から生じた懸念を共有していた。彼らは、人間の善を為す能力に対するユニテリアニズムの信念を肯定した一方で、それが精神《スピリット》ではなく理性に置いた大きな力点を、世界内での「死体のように冷たい」存在様式だと捉えた。ユニテリアンの牧師として訓練されたエマソン、パーカー、リプリーは、会衆派の牧師にして一九世紀の自由主義神学の指導的知性であったホレース・ブッシュネルとは異なる方針をとった。彼らは同じ聖書を読み、みな聖書批評とヨーロッパのロマン主義とを摂取していたが、そこから思想的影響を受けたユニテリアンたちはたいてい、神学を自らの思想的活動の主領域とは見なさなくなった。対してブッシュネルは、神学を根本的に再発明するためにこうした影響を利用したことで、一方にあるトランセンデンタリストたちのロマン主義および自然主義と、他方にあるカルヴィニズム的な超自然主義や原罪の受容とを架橋する特異な人物となった。

トランセンデンタリストたちが歓迎したのは自然の超越的領域という概念であって、超自然的領域の概念ではなかった。ゆえに彼らは、自分たちのユニテリアニズムに残っていた超自然的説明の名残をも退けた。新約聖書に記されているもろもろの奇蹟はイエス・キリストの神性の証明だというユニテリアニズムの信念を彼らは拒んだ。かわりに彼らは、キリスト教の教理が真であり同意に値するのは、一八〇〇年前の神々しい隠し芸の数々によって証明されたからではなく、それが明白に、普遍的に、永久に真理であるからだと考えた。同様に、トランセンデンタリストの牧師たちはキリストに固有の神性を重視せず、万民が同等に神的だと論じた。こうした考えに触発されて、エマソンは一八三八年に、〔ハーヴァードの〕神学校の卒業生たちの前でこう主張したのであった。

歴史上のキリスト教は、宗教を伝えようとする試みをことごとく台なしにしてしまう誤りに落ち込んでしまっています。我々の見るところでは、そして長い年月のあいだ人びとの眼に映ってきたところでは、どうやら魂の教理ではなくて、個人的なもの、実証的なもの、儀式的なものの誇張になってしまっているようです。イエスの人格〔*person*〕に関する不健全な誇張にばかり執着してきましたし、いまだに執着しています。魂にとっては人格など知らぬことです。魂はすべての人間に向かって、宇宙の円周全体にくまなく届くまで拡大せよと誘いかけ、おのずから湧き出る愛だけを好み、ほかには好むものを何ひとつ持とうとしません。[*14]

これを受けて神学校は、エマソンのハーヴァードへの出入りを以後三〇年間禁じることによって彼の瀆神に報いた。ハーヴァードの聖職者たちにとって、自校の卒業生であり法衣もまとった者が教え子たちの前まで来て次のことを「説き勧める」などという光景はスキャンダルであった。「何よりもまず、独り立ちすること、立派な模範を、たとえ人びとの想像力のなかで神聖視されている模範であっても拒絶し、仲保者もヴェールもなしに敢然と神を愛すること[*15]」。

トランセンデンタリズムの中心的諸観念はユニテリアニズムから生じたが、そのインスピレーションのうち多くはヨーロッパ思想の諸潮流にも由来していた。より文芸的な書き手たちは、トマス・カーライル、ウィリアム・ワーズワス、パーシー・ビッシュ・シェリーといった英国のロマン主義者たちの詩に見出される美とさまざまな感情とに惹かれた。トランセンデンタリストの社会改革者たちは、ヴィクトール・クーザンの手になるカント以後の経験論や、フランスの社会主義者シャルル・フーリエが——社会の完成を目指す自らの科学のために——掲げた共同体主義的《コミュニタリアン》諸観念へと向かった。あまたのトランセンデンタリストたちは、ドイツ哲学のうちに彼らが見出した汎神論および主観主義の痕跡に対して批判的であり、にもかかわらず、フリードリヒ・ハインリヒ・ヤコービやフリードリヒ・シュライアマハーのうちには宗教の直観性の洞察を、フリードリヒ・ヴィルヘルム・ヨーゼフ・シェリングのうちには神の作品たる自然の哲学を、ヨハン・ヴォルフガング・フォン・ゲーテのうちには道徳的自己信頼の模範を発見していた。これはヨーロッパでも見られたことだが、トランセンデンタリストたちは、自らのうちに探していた特質を、すなわち畏れや全体性の感覚や魅惑を求めて、東洋哲学ないし東洋神秘主義の翻訳文献を漁った。ソローは『コンコード川とメリマック川での一週間』（一八四九）のなかでこう告白している。「私がもっとも愛読しているのはいくつかの国の聖典である。しかしあいにく私は、ヘブライ人のものよりも、ヒンドゥー人や中国人やペルシア人の聖典にいっそうなじんでいる。［…］これらの聖典のうちひとつを私に与えれば、あなたは私をしばらく黙らせることができる」[*16]。ソローの想像力は、トランセンデンタリストの友人たちないし同志たちの想像力と同様に、アメリカの民主主義的実験を導くような、また解放された新しいパーソナリティを触発するような新思想の源《ソース》を求めて、遠くまであちこち旅をした。

したがってアメリカのトランセンデンタリストたちはおおむね、ロマン主義的なテクスト群および諸観念の国境横断的奔流の一部であった。ただし、この奔流をヨーロッパ思想の前哨と捉えてしまうと、彼らが外国の思想的典拠《ソース》を活用した理由、方法、目的を見誤ることになる。トランセンデンタリストたちが――また以前のノア・ウェブスターやフランシス・リーバーも――求めていたのはただ、アメリカの思想的表明《ヴォイス》と新国家の経験に適合するヴィジョンとを創造することであった。彼らはみなゲーテの根強いファンであったが、このドイツの巨匠が彼らのアメリカを、薹《とう》の立った伝統を脱ぎ捨てた無垢の国として、自らの形成《メイキング》という観点から己《おのれ》と宇宙とを認識できるくらい解放された国として賞讃すると、彼らは思想的解放のヴィジョンによって鼓舞されると同時に、自分たちの文化はかかる偉業をやってのけるにはあまりに未熟かつ空疎だという怯えを抱かされもした。

アメリカの新しさおよび無垢というヴィジョンによって活気づけられかつ当惑させられたという点で、ラルフ・ウォルド・エマソンの右に出る者はいない。アメリカ独自の思想的伝統に形を与えた思想家として称えられるエマソンは、その欠点への注意を喚起することにも自らのキャリアを費やした。精神の生とは、よく生きられた生活のことであるのみならず、活発な民主主義に不可欠なものでもあると彼は断言した。にもかかわらず彼は、南北戦争前のアメリカの生における民主主義的かつ資本主義的な諸力が、共和国《コモンウェルス》の思想的な富の涵養という、この生活の幸福にとってきわめて重要な営みを阻害することを心配した。「アメリカの学者」(一八三七)は、アメリカ精神をめぐる彼のもっとも簡潔な思索であり、オリヴァー・ウェンデル・ホームズ・ジュニアは国民の「知的独立宣言」だと称揚したけれども、[*17] そこに含まれているのは、持続的かつ厳格な思想的参与に無関心であったりそれが不可能であったりするアメリカ精神を記述するエマソンのもっとも強力な言葉の一端である。エマソンが表明する懸念の宛先は、「学芸に身を入れるには忙しすぎる人民」、まるで人間が「虫」や「魚卵」や「群れ」であるかのように人間の生を十把一絡げに考える社会、そして、哲学的な探究ないし思弁がかたちづくる理性や啓示には敬意を払わず「機械的な技能の行使」ばかりを考慮する「大衆の鈍感で歪んだ精神」であった。彼が記述したのは、何が人生を生きるに値するものとするのかを忘れ、生計を立てるという緊急性に追いたてられているアメリカ人たちの姿であった。エマソンはこう警告する。「すでに現れている悲劇的な結果をご覧なさい。低位の対象を目指せと教えられたこの国の精神は、〔食べるものを失って〕いまや自分自身を食らおうとしています」。[*18]

民主主義的精神が高みを目指しうるのは、自らの形成《メイキング》の観点から己《おのれ》を表現することを学ぶことによってのみだとエマソンは信じていた。彼の見るところかかる企ては、アメリカ的経験と有機的に結びついたりそれを独自に表現できたりする新しい思考スタイルを意味した。彼は、外国の諸伝統の威張りちらした思想から自由なアメリカ的知性を待ち望んでいた。敬虔さは、他文化の思想的産物のためにではなく、自分自身の思考プロセスのために取っておかれるべきだというわけである。その成就は、アメリカ的知性が「他国の学問に師事するという長年の関係」を終わらせ、「外国での収穫の残り物」を糧とするのをやめることによってのみ可能になると彼は考えた。[*19] すべての諸真理は獲得されるのであっ

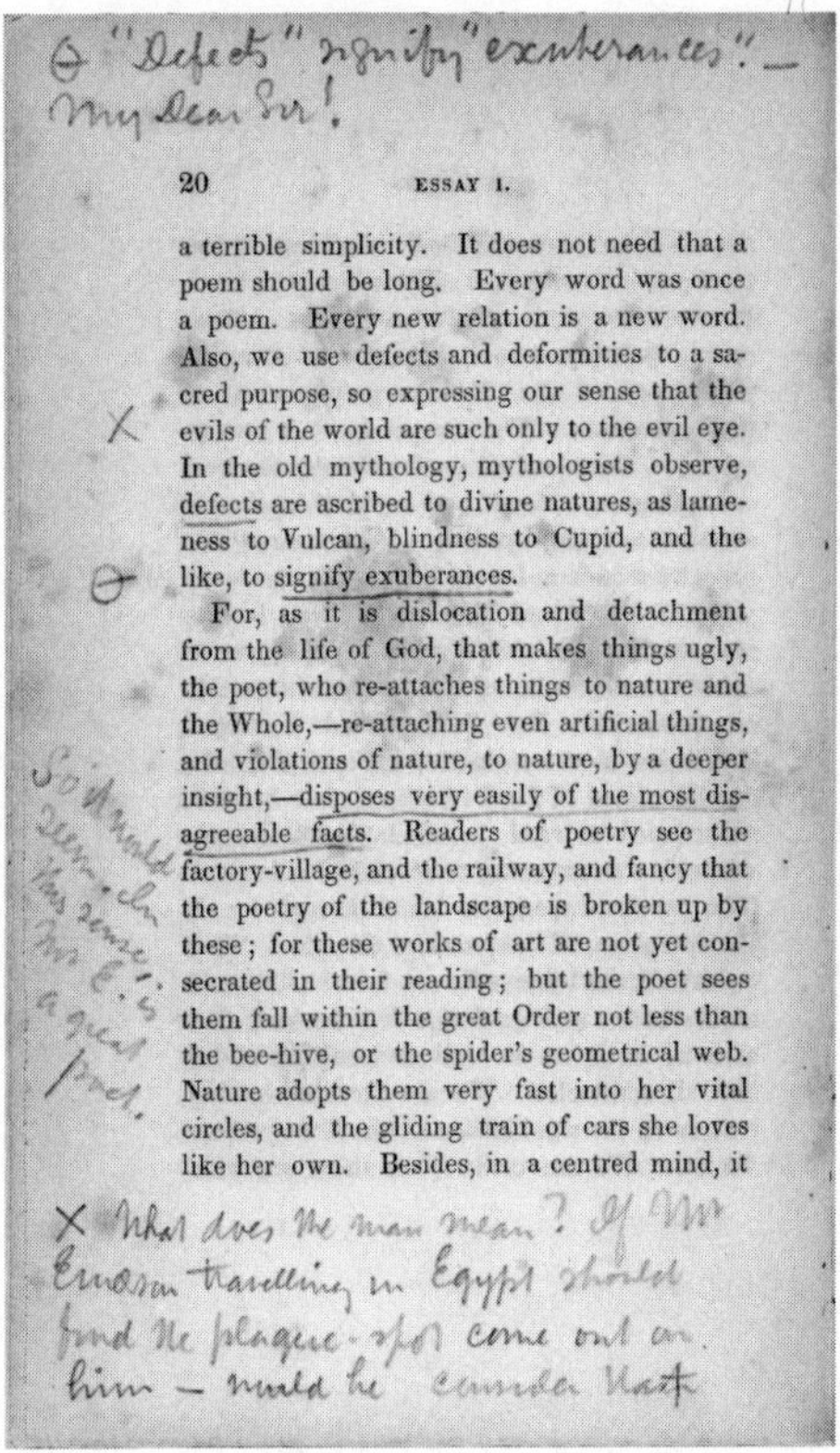
⊖ "Defects" signify "exuberances".— My Dear Sir!

20 ESSAY I.

a terrible simplicity. It does not need that a poem should be long. Every word was once a poem. Every new relation is a new word. Also, we use defects and deformities to a sacred purpose, so expressing our sense that the evils of the world are such only to the evil eye. In the old mythology, mythologists observe, defects are ascribed to divine natures, as lameness to Vulcan, blindness to Cupid, and the like, to signify exuberances.

For, as it is dislocation and detachment from the life of God, that makes things ugly, the poet, who re-attaches things to nature and the Whole,—re-attaching even artificial things, and violations of nature, to nature, by a deeper insight,—disposes very easily of the most disagreeable facts. Readers of poetry see the factory-village, and the railway, and fancy that the poetry of the landscape is broken up by these; for these works of art are not yet consecrated in their reading; but the poet sees them fall within the great Order not less than the bee-hive, or the spider's geometrical web. Nature adopts them very fast into her vital circles, and the gliding train of cars she loves like her own. Besides, in a centred mind, it

So it would seem, in this sense, Mr E. is a great poet.

X What does the man mean? If Mr Emerson travelling in Egypt should find the plague-spot come out on him — would he consider that

図9　ハーマン・メルヴィルは、自らの蔵書であるエマソン『エッセイ　第2集』の「詩人」のページにたくさん書き込んだ。しかし書かれた言葉は必ずしも肯定的ではない。彼は、このページ上部の「「欠陥」が「横溢」を表す――まったくおまえさん！」でショックを装い、下部では憤りながら「人間〔the man〕とは何を意味するのか」と問うている。AC85. M4977.Zz844e, Houghton Library, Harvard University.

て、受け継がれるのではない。それらは未来志向〔prospective〕であって、決して過去志向〔retrospective〕ではない。

「自己信頼」〔という論文〕におけるエマソンの、生を存在する〔being〕ものとしてではなくたえず創造的に生成変化する〔becoming〕ものとして捉えるヴィジョンは、こんにちにおいても一八四一年の初出時と同程度に、読者をあっと驚かせる力を保っている。「生だけが役立つのであり、これまで生きてきたことが役立つのではない。力《パワー》は、ひと息ついた途端に停止する。力が宿るのは、過去から新しい状態へ移る瞬間、深淵を乗り越えるとき、ある目標へ突き進むときである。世間が嫌悪するのはただひとつ、魂が生成変化するという事実である。というのもこれにより、過去の価値が永久に下落し、いっさいの富が貧困に、いっさいの名声が恥辱に変わり、聖者が悪漢と混同され、イエスとユダが揃って押しのけられることになるからである」[*20]。エマソンはアメリカの思想的理想を「考える人間」[☆3]と呼び、この者はかかる原始的力を体現できる人物だと考えた[*21]。この者はいかなる歴史も負っていない「ただの〔plain：原罪を犯していないことを示唆する〕年老いたアダム、単純にして本物の自己《セルフ》」であり、宇宙との原初的関係を享受している[*22]。

トランセンデンタリストたち全員が、自己が放射する直接的で無媒介的な神性を記述するための自らの言葉を練り上げた。チャニングにとってそれは「神との類似〔likeness to God〕」であり、エマソンにとっては「大霊〔Oversoul〕」であり、それをウォルト・ホイットマンは「私自身の歌〔Song of Myself〕」と称し、エリザベス・パルマー・ピーボディは「自我神論〔ego-theism〕」と、男性の仲間たちが避けたやり方で呼んだ。彼ら全員が気に入っていたものとしてほかに、「天才」と「良心」があった。こうした高次の自己へと至る彼らの道筋はそれぞれ異なっていた。リディア・マリア・チャイルドの道は、奴隷やアメリカ先住民や女性の権利を求めるキャンペーンへ続いており、この道を歩む過程で彼女は、自らの主張に複数の異なる文学的形式をまとわせるという実験をおこなった。ジョージ・リプリーが一八四〇年代の経済不況のあとに辿った道の先には、ブルック・ファームという、台頭中の資本主義経済による搾取を矯正する手段として彼が作った、有機的な集産主義化および労働ヒエラルヒーの平準化というモデルに基づく社会主義的コミュニティがあった。そしてヘンリー・デイヴィッド・ソローにとって人間の高次の自己を活用することは、ウォールデン池において、奴隷制という道徳的に忌まわしいものを是認する政府に抵抗したり、不当な戦争に抗議するためのさまざまな(たとえば人頭税を払わないといった)戦略を見つけたりしながら、原理に基づき自然とも調和した生活がどういうものか

☆3　考える人間（Man Thinking）
エマソンの「アメリカの学者」で多用される有名なフレーズ。名詞 "Man" に後置された分詞形容詞 "Thinking" が、動詞の性質を強く留めている。あらゆる「人間」がこの理想に達する可能性を宿している一方で、書物のみを盲目的にありがたがる者はこの理想からほど遠いとされる。

を確かめることを意味していた。

つまるところトランセンデンタリストたちは、着古された諸信念を自己から取り除くために、縋りつく者たちを搾取から解放するために、アメリカ文化を独自の文化にするために、さまざまな思想的、社会的、政治的道筋を進んだ。トランセンデンタリストたちは読書においても、他の諸文化ないし諸観念の鑑賞においても例外的にコスモポリタンであったが、自分たちのニューイングランド的遺産とアメリカ共和国の力強い未来とに深く肩入れしてもいた。こうしたより良い未来に繋がる道は、個人と神との、そして独立と義務との関係をめぐる新しい思考を推し進めた先に開けていると彼らは信じていた。

南部精神のスプリット・スクリーン

観念の動きが国境を遵守することはほとんどない。一八世紀には文芸共和国が、啓蒙思想の国境横断的流通を促進した。さらに一世紀前には、新世界やその住人たちに関する情報がヨーロッパ思想に巨大なインパクトを及ぼし、そこに新生活を築くべく大西洋を渡ったヨーロッパ人たちの世界観をかたちづくった。同様のことが一九世紀のロマン主義にも当てはまる。その主たる詩人たち、哲学者たち、社会理論家たちのテクスト群は、英仏海峡を横断して英国とヨーロッパ大陸諸国とを行き来し、アメリカへ渡り、また戻ってきた。しかし一九世紀の大半をとおして、出入りする思想の交通はひとつの境界線をどうにか遵守した。合衆国を貫く北緯三六度三〇分の線である。この線は一八二〇年の、北部の自由州〔奴隷制を禁止した州〕と南部の奴隷州とを画するためのミズーリ妥協によって引かれた。

これが意味するのは、境界を越えた思想的なやりとりがなかったということではなく（それどころか、南北の白人たちは同じテクストを数多く読んでいた）、各々の精神的ないし道徳的な諸世界は一九世紀前半のあいだ別個にどんどん成長したということであり、かかる事情は両者の競合する経済システムと密接に絡んでいたということである。一七七四年から一八〇四年までのあいだに、全北部州は段階的に奴隷制を廃止した。それは産業化した経済のほうへ進むためであったが、実際の奴隷解放の過程は遅く、断続的であった。対して南部では、奴隷制が指数関数的に拡大した（一七九〇年におよそ七〇万人であった奴隷人口が、南北戦争開戦時には約四〇〇万人になっていた）。イーライ・ホイットニーが一七九三年に発明した綿繰り機は忌まわしいアイロニーであった。というのも、それにより綿花が一九世紀前半のアメリカにおいてもっとも貴重な商業作物となり、アメリカ最大の輸出品ともなったため、南部プランテーションにおける人間の労働負担を減らすどころか、奴隷に対する貪欲な需要を掘り起こしたからである。

北部と南部がふたつの大きく異なる（しかし相互に依存した）経済システムを発展させるにつれて、両者が世界を眺めたり分析したり説明したりする際の方法も、大きく異なる二種類へと発展していった。北部は自由労働という問題と格闘せねばならず、北部で台頭中の賃金経済における格差の拡大に関しては、見て見ぬふりをする者もいれば正面から立ち向かう者もいた。対して南部の場合、奴隷経済について考えるというのは実に込み入った事柄であった。なぜなら南部の社会は、たんに奴隷制を伴った社会なのではなく、その政治的、社会的、道徳的諸秩序《エコノミー》の全体が、人種に基づく恒久的労働力の存在を正当化すべく組み立てられているような奴隷社会だからである。奴隷を動産として扱う制度〔chattel slavery〕は、南部で生きられた全経験と、かかる経験を南部白人たちが理解する際の心的習慣とに生命を吹き込んでいた。

南部白人たちはトランセンデンタリストたちの文学および社会批評をほとんど用立てなかったけれども、ヨーロッパのロマン主義への愛着は彼らと共有していた。しかし、北部白人たちがヨーロッパのロマン主義を、優勢な社会秩序に挑戦するために使った一方で、南部人たちはそれを、北部流の近代化および社会変化に巻き込まれることを拒まねばならないという確認として読んだ。南部人たちの読書の趣味はコスモポリタンであり、この点で北部と共通していたが、ここならぬ場所を志向する彼らの憧憬的感覚ははるかに強力で、不安や不吉な予感へずっと傾きやすかった。プランテーション所帯の女主人《ミストレス》にとってはたいてい、蜂の巣のように活気づいた自邸――なにしろ奴隷たちが、キッチンで料理をしたり子供部屋からの泣き声に対処したり洗濯かごや掃除具を持って部屋から部屋へ騒々しく移動したりしていたのだから——で、ワーズワスの「ティンターン寺院の数マイル上流で書いた詩」（一七九八）がもたらすえも言われぬ喜びを味わうというのは難しいことであった。また南部の主人《マスター》はコールリッジの「老水夫の歌」（一七九八）を読んで、綿花プランテーションという陸の孤島にいることの幸福を感じたかもしれないが、同時に、何十人もの奴隷たちに囲まれている——しかも彼らは、主人を恐れる以上に主人を憎んでいる——自分の安全のことを考えて途方に暮れたり怯えたりしたかもしれない。ここならぬ場所への、憧憬と不安の混じった志向性に促されて南部人たちは、〔ジョージア州〕アセンズ〔アテネと同じ綴り〕や〔ミシシッピ州〕オックスフォードや〔ヴァージニア州〕モントピリア〔モンペリエと同じ綴り〕や〔アラバマ州〕セルマ〔ケルト詩人オシアンの『セルマの歌』〔一七六二〕にちなんで名づけられた〕での自分たちの生活を世界史のより大きな図式に位置づけるための手立てを、遠い過去の歴史家たち〔トゥキュディデス、ヘロドトス、リウィウス〕や近過去の歴史家たち〔デイヴィッド・ヒューム、エドワード・ギボン〕に求めた。南部人たちのパースペクティヴはなるほどコスモポリタンであったが、そのなかでは、確実性がかすかな疑念を帯びていたり、根を下ろしているという感覚を求める長年の切望が文明の辺縁に足止めされているという持続的感覚によって相殺されていたりした。

ヴァージニアの弁護士にして奴隷制の擁護者であったジョージ・フィッツヒューにとって、南部における思考とは南部的生活様式をめぐる思考であり、それの北部的生活様式に対する優越をめぐる思考であった。彼は奴隷制という問題を避けるどころか、それに正面から立ち向かった。『南部のための社会学』（一八五四）のなかでフィッツヒューは、社会を組織化する方法として奴隷制のほうが自由労働よりもいっそう自然でいっそう有機的だと考え、集団間の相互依存を奴隷制のほうがよりよく保存することをその理由に挙げた。主人と奴隷の関係が、過去の封建的関係とまったく同じく認識しているのは、有力な集団が自らの従者たちを保護する能力および責任を持つということである。彼は、父子主義《パターナリズム》的な擁護論のなかで奴隷制を、北部に出現している「自由」労働システムよりもいっそう人間味のあるものとして提示した。「それ〔奴隷経済〕は〔我々の〕社会を、互いを嚙みあったり悩ませあったりする鞄いっぱいの猫たち〔a bag of cats：「気難しい人」の意もある〕とするかわりに、共通善のために働く兄弟たちの一団にする。競争的システムは、敵意と戦争のシステムである。我々のものは、平和と友愛のシステムである。前者は自由社会のシステムであり、後者は奴隷社会のシステムである」[*23]。フィッツヒューはマルキストではなかったし、カール・マルクスはいかなる形態の奴隷制も擁護しなかったけれども、資本主義に内在する搾取へのフィッツヒューの挑戦は、マルクスがほんの六年前に『共産党宣言』（一八四八）で掲げた諸批判のいくつかと共鳴していた。

南部の思想的生と「特異な制度〔peculiar institution：南部人たちの頻用フレーズ〕」の擁護とはぐるになっていたのであり、その例としてルイザ・S・マコードの著作ほど顕著なものはほかになかった。高度な教育を受け、サウスカロライナの綿花プランテーション――所属奴隷は二〇〇人以上――の女主人を務めたマコードは、南部の奴隷社会の熱烈な擁護を著した。奴隷制の必要性と道徳的優位とを彼女は多くの論文で弁じたが、そのうちのひとつ「ニグロ狂」〔"Negro-mania"〕（一八五二）ではこう言明されている。

> ニグロは奴隷制のために造られたのか。天にまします神よ！　我々が、あなたのかかるご意志の謎を理解できないのにあえて反抗すべきで、それは誤っているとか不当だとか残酷だとか言うべきなのだとすれば、その我々とはいったい何者なのか。自然の優しさは、各々の被造物による自らの運命の成就に適している。ほかならぬニグロの美徳が彼を奴隷制に適合させており、束縛の抑制を大声で求めさせているのは彼の悪徳である。[*24]

マコードは南部文化と北部文化とを、また両者が生み出した異なるパーソナリティを体系的かつ情熱的に比較した。たとえば南部の夫人〔matron〕と比較されるのはヤンキーの〔「ニューイングランドの」の意〕「ペティコートを身につけながら自らの性を蔑む者たち――男になりたがっているあの者たち」であり、「彼女たちは道徳的怪物だ」とも言われる。かりにマコードが、実際に北部よりも南部のほうが女子教育がいっそう普及していた

（ペティコートを身につけた女性が公共的生に足を踏み入れることの恐ろしさは南部においてより少なかったためである）ことを知っていたなら、彼女たちを痛がらせる辛辣な言葉がもう一撃加わっていただろう。マコードが自らの読者に明示したのは、奴隷制が自然と、また神の意志と完璧に調和していることであり、奴隷制を根絶すると脅すものは何であれ、南部人たちの生活様式の全体——それは、まさしく創造主が望んだとおりに存在している——を台なしにするだろうということであった。[*25]

アメリカの奴隷の大多数は、読むこと（そして書くこと）を学ぶことを法律で禁じられていたため、彼らの隷属や苦痛を正当化すべくフィッツヒューやマコードなどが練り上げたもろもろの思想的正当化と接することはほとんど不可能であった。しかしながら彼らは、そもそも生きのびるために必ず、主人や女主人や監督〔overseers〕の心を「読む」ことを学ばねばならなかった。文盲を強いられていたことは、自分自身の精巧な精神的生および道徳的生を彼らが持たなかったことを意味しない。かかる生を彼らは有していた。彼らの心象風景の材料となったのは、アフリカから連れてこられた際に携えていた宗教的信念、彼らが語った民話、語る過程で奴隷となった自分たちの境遇を伝えるものへと作りなおされた民話、自らの所有者から学んだ聖書の歌ないし物語、そして、彼らの人間としての経験——それは、もっとも非人間的な状況下でのものであったけれども——であった。彼らにとって最大の精神的困難は、自らの信念および観点を構築することではなく、それらを主人から用心深く守ることであった。アフリカ系アメリカ人のあるフォークソングではこう歌われている。

白人たちに心を見せているとき、
それは私が知る私とは違っている。
彼は知らない。彼は私の心を知らない。
私が笑うのを彼が見ているとき、
笑いは泣かないようにするためだけにある。[*26]

主人にとって、独力で考えられる奴隷を自分は所有していると認めること以上の脅威は存在しなかった。奴隷たちは、独力で考えることさえ罪となりえ罰を科せられうることを知っており、にもかかわらずあくまで考えつづけた。したがって、南北戦争前の南部の思想的諸世界にアクセスしようとすれば、見つかるのは白人の主人たちと黒人奴隷たちとのあいだの分割された画面《スプリット・スクリーン》であり、しかしそれだけではない。奴隷たちの精神のなかには、一方で自らのもっとも内なる思想を秘密にしておくための、他方でさらなる苦痛を——あるいは死を——招かなそうな思想なら受容可能であるかぎり何でも投影するためのスプリット・スクリーンも存在した。

読み書きを教えられるという幸運に恵まれるか、独力で読み書きを学ぶ方法を見出せるだけの才能を備えるかした元奴隷たちが語る奴隷物語《スレイヴ・ナラティヴ》においてさえも、彼らのわざと曖昧にした言葉遣い〔doublespeak〕が駆使されねばならなかった。奴隷としての実体験に関して彼らはなるべく率直であろうと努めたが、南部的生活様式にいまだ囚われている数百万人を危険に晒しかねないことをあえておこなうわけにはいかなかった。オラウダ・イクイアーノの『オラウダ・イクイアーノ、すなわちアフリカ人グスタヴス・ヴァサの人生の興味深い物語』（一七八九）、フレデリック・ダグラスの『アメリカの奴隷フレデリック・ダグラスの人生の物語』（一八四五）、ハリエット・ジェイコブズの『ある奴隷少女の人生に起こった出来事』（一八六一）の三つは、この〔スレイヴ・ナラティヴという〕形式のもっとも卓越した例である。著者たちは、宗教的断言と政治的議論とを、猛烈な論理と感情的な嘆願とを、民族誌的《エスノグラフィック》な詳細と広汎な一般化とを適宜切り替えながら、煽情的にならないぎりぎりのところまで読者を自らの痛みに近づけたのであった。

彼らひとりひとりが自分なりのやり方で表現していたのはまさしく、白人の書き手たちによって明確化されたもろもろのロマン主義的感性および共和主義的前提である。主たる違いは、白人の書き手たちが、書物や礼儀正しい会話をとおしてかかる諸観念に接するという贅沢を味わっていたことである。対してスレイヴ・ナラティヴの黒人著者たちは、日々の生存闘争のなかでこれらに触れねばならなかった。

南部人と北部人それぞれの、また黒人と白人それぞれの世界観のあいだに横たわる溝は広くて深かった。とはいえしかし、彼らはみな、自分がアメリカにおいてアメリカ人として辿る運命をどうにかコントロールしようとする奮闘と深く関わりあっていた。

考える女性

ある時代に特有の思想的関心および思考スタイルを十分に代表しうるひとりの思想家を見つける――そんな試みに心が傾くことは多い。しかしこうした努力が、問いの対象である色とりどりの思想的風景を正当に扱うことは決してないし、代表として選ばれた思想家の精神を十分に照明することもない。いかなる書き手もひとりでは時代を代表しえないのである。にもかかわらずかりに、南北戦争前のアメリカの共和主義的ロマン主義における中心的かつ持続的な諸関心の一部を確認しやすくしてくれる人物がひとりいるとすれば、それはマーガレット・フラーであろう。

たとえフラーの履歴書を半分ずつに分け、各々をもう半分ずつに分けたとしても、四つに分割された彼女の思想的記録の一片でさえ、我々を仰天させる力をまだ保っている。いったいどうすれば、かくも多くの瞠目すべき思想的達成をひとりの人間が、四〇年という短い生涯になんとかつめこめるのか。フラーは、「会話《カンヴァセーション》」と彼女が呼ぶ対話的な教育法を開拓した。彼女はトランセンデンタリストたちの機関誌である『ダイアル』の編集者を務めた。彼女は、ボストンないしコンコードを根城としていた多くの主要な書き手たちのあいだで、並はずれた対話者として、またアイデアの源泉として広く知られていた。彼女はエマソンにとって、彼が驚嘆した人びとのうち個人的に知っていた唯一の人物であった〔例外的にもうひとり、ソローを加えられるかもしれない〕――もっともエマソンの驚嘆には、彼女の精神が備える威圧的なまでの厳密さおよび博識に対する不快の念がいくばくか含まれていただろうが。フラーは、当時においてもっとも重要なフェミニズムのマニフェストである『一九世紀の女性』（一八四五）を著し、以後それはフェミニズム哲学の古典となった。彼女は〔新聞の〕海外特派員としてヨーロッパへ渡り、そこでの社会的ないし政治的進展に関する重要な特報を本国の読者のために書いた。ヨーロッパを揺るがし、北半球の環大西洋世界をも広汎に揺るがした民主主義的な諸革命の目撃者となるだけでは満足できなかった彼女は、ローマでイタリアの再興《リソルジメント》〔イタリア統一のための運動〕に参加した。彼女は一八五〇年に、イタリアから帰国すべく乗った船が、ニューヨーク州のファイア島の沖合で遭った嵐により難破したため亡くなった。そして、ここまでに述べたことはハイライトでしかない。すべてのうちもっとも注目に値するのは、彼女は眺められるべきであって〔ただし公共の場に出すぎるのもいけない〕聞かれるべきではないと考えるような文化のなかで彼女がかかる知的生産性を発揮したことである。

しかし、そもそも何がフラーを、当時においてかくも力強く我々の時代から見てもなお力強い思想家にしたのだろうか。答えは、当時の他の思想家たち大勢を悩ませていた相争う思想的ないし道徳的諸要請を彼女が——疾風怒濤《シュトゥルム・ウント・ドラング》にさほど巻き込まれることなく——調和させたことである。彼女こそが、南北戦争前における「自己修養〔self-culture〕」の模範であった。彼女の平均的な一日には、フランス語とドイツ語とイタリア語の勉強、哲学の講義への出席、ピアノと歌の練習、長い散歩、「会話」の実践、日記への記録が含まれていた。自我神論〔一二五頁参照〕は決して彼女を動機づけなかった。彼女の動機はむしろ、自らの自己を、社会を完成させる手助けになりうるくらいにまで完成させることにあった。同様に、なるべく大きな道徳および思想の準拠枠を築くというコスモポリタンな志向性を彼女が涵養したのも、物質主義のすさまじい喧噪のなかにいる読者が自らの思考に耳を傾けるうえでの助けにこの準拠枠がなりうるだろうと思ってのことであった。フラーは自らの言葉による労働を、他の形態の社会的抗議と同じくらい尊く同じくらい喫緊の仕事だと捉えた。彼女は、考えることとおこなうこととのあいだにいかなる区別も設けず、新国家を作るに際して一方を他方より優越させることを拒んだ。エマソン的な自己主権の一種を彼女もまた待望していたけれども、エマソンの「透明な眼球」〔『自然』〔一八三六〕にある有名なフレーズ〕の観点に立って待望することは彼女にはできなかったし、そこに立ちたいという欲求も彼女にはいっさいなかったようである。思想的自律と、所有権を剝奪されたアメリカ先住民たち、奴隷にさせられたアフリカ系アメリカ人たち、白人ゆえの特権があってもなお二級市民であった女性たちの限界づけられたパースペクティヴとのバランスを保つことは、彼女のよくするところであった。エマソンが読者に向かって「己《おのれ》を信ぜよ、その鉄製の弦にあらゆる心が共鳴する」とか「自分自身に固執せよ、決して模倣するな」と叫ぶかたわらで、フラーは静かに「私が自分自身に与えられるまで隠れていられる場所はどこか」と問うていた。[*27] つまるところ彼女は、自らの文化および境遇という限界の外へ踏み出したいというトランセンデンタリズムの野心をまるごと抱きつつ同時に、それを果たしうる者もいれば構造的制約ゆえに果たしえない者もいるという事実を身をもって理解していた。

一八三七年にエマソンは、アメリカが自らの「考える人間」を生み出すときのことをあえて想像していた。彼は地平を広く、遠くまで眺めわたして、「考える人間」の到来のサインを熱心に探した。この点において彼は、予見者でありかつ彼の時代の人間であった。向こう側を探していた彼は、『ダイアル』のオフィスで、しかも彼の隣で、彼の論文のひとつを編集したり彼の議論の微妙な点をめぐって彼と論争したりしている者が彼の――女性のかたちをまとった――「考える人間《マン》」であることに気づけなかった。

第4章　思想的権威をめぐる諸抗争——一八五〇年から一八九〇年まで

一八五九年に、ふたつの歴史的出来事がアメリカ思想の流れを劇的に変えた。ひとつめは一〇月一六日に（現ウェストヴァージニア州内の）ハーパーズ・フェリーで起こった。二一人の男性集団を率いる奴隷制廃止論者ジョン・ブラウンが、奴隷による反乱のための舞台を整えることを期して、連邦軍の武器庫を襲撃したのである。ふたつめの出来事は一カ月あまりあとに、イングランドのロンドンで、『自然選択の方途による、すなわち生存闘争において有利な品種《レース》が存続することによる、種の起源』の出版というかたちで起こった。多くの当時存命のアメリカ人たちにとって、これらふたつの出来事は結びあわされていた。多くの奴隷制廃止論者たちからすれば、チャールズ・ダーウィンの諸観念は、ブラウンが命を捧げたものが真理であることを証していた。すなわち、黒人は白人がそうでないのと同様に動物ではないことを、また黒人も白人も同じ起源を共有しており、いずれも自由な共和国に住む自由な人びとと同じ運命を享受するに値することを証していた。奴隷制賛成を唱える者たちから見てもこれらふたつは繋がっていたが、繋がり方は異なっていた。彼らはダーウィンの諸観念を、民主制下においてさえも「最適者生存」は国の法であることを、また低位の人種《レース》が高位の人種に従属せざるをえない理由をこの法が説明していることを証明するために使った。続く数十年間をとおして、アメリカ人たちは、ブラウンの行為とダーウィンの言葉の両方が含意するものと激しく格闘することとなった。

「南北戦争は、アメリカ精神の歴史におけるひとつの画期である」と、小説家ヘンリー・ジェイムズは一八七九年に記した。「それは国民の意識に、ある種の均整および相対性の感覚を、世界はいっそう複雑な場所なのだという感覚をもたらした。[…] 以後の日々におけるアメリカ人は、もっと自足し自信に満ちていた祖父と較べてより批判的な人物となった。彼は知恵の木の実を食べてしまったのである」[*1]。ヘンリー・ジェイムズはアメリカにおけるもっとも明敏な作家のひとりであったが、上記の点では彼は部分的にしか正しくなかった。それは、北部および南部の白人たちにならば当てはまったかもしれない。それは間違いなく、一八六三年にペンシルヴェニア州ゲティズバーグで、相争う南北の諸見解は言葉によっては調停されえないと嘆いていた――しかし戦場で血にまみれながら戦ったわけではない――神妙なエイブラハム・リンカンに当てはまった。

しかしアフリカ系アメリカ人たちは、世界が「複雑な場所」であることを印象づけられるために戦争を必要としていたわけではなかった。じじつ、一九世紀のアフリカ系アメリカ人たちのなかで随一の知識人であったフレデリック・ダグラスはながらく、白人たちが抱く自己像およびアメリカ観を複雑化することを試みており、奴隷制がそれらとどれほど相容れないかを示そうとしていた。「アメリカの奴隷にとって、あなたがたの七月四日とは何でしょうか」と、自身もかつて奴隷であったダグラスは、一八五二年にニューヨーク州ロチェスターへ集った奴隷制廃止論者たちのグループに尋ねた。聴衆が「フリーダム！」とか「リバティ！」とか叫びかえす間を与えることなく、彼は聴衆に、奴隷の視点から見た独立記念日は次のようなものだと語った。「つねにその犠牲となっているひどい不正と残酷さとを、一年のどの日にもまして突きつけられる日です。彼にとってあなたがたの祝典はまがいものです。あなたがたが大言壮語している自由《リバティ》は、不浄な放縦です。あなたがたの国家の偉大さは、膨張する虚栄です。［…］顔を背けたくなるような蛮行と恥知らずな偽善とにかけては、君臨するアメリカが他の追随を許しておりません」[*2]。

エイブラハム・リンカンは大統領としての年月を、アメリカの理想と現実との、自由な労働と自由ならざる労働との、白人の権利と不当に扱われている黒人とのあいだのギャップを埋めることに捧げており、その間ずっと、北部人たちと南部人たちとのあいだに開いた傷口を塞ごうとしていた。一八〇九年二月一二日に、チャールズ・ダーウィン誕生のほんの数時間前に生まれ、イリノイ州の弁護士から国政の政治家へと転身した彼は、この英国の博物学者《ナチユラリスト》のことを知ってはいたものの、『種の起源』を読んではいなかったしダーウィンの進化論に精通していたわけでもなかった。啓蒙的でありつつ同時代の神秘的ロマン主義の色あいも帯びた共和主義的イデオロギーに深く肩入れしていたリンカンは、しかしながら、民主主義は――ダーウィンの自然界とまったく同様に――ひとつのプロセスないし展開〔unfolding〕であり、彼自身の言葉で言えば「未決の実験」であると信じていた。[*3]一八六三年に、ゲティズバーグの戦いで戦死した北軍兵士たちの墓地でリンカンはこう主張した。建国者たちは「人はすべて平等に造られているという命題」を遺したのであり、「かくのごとく確信しているかくも献身的な国家」が永続できるか否かという「試練」は、メイソン=ディクソン線[☆1]の両側にいま立っている者たちが負う畏るべき課題である。北軍の戦歿者たちによる「未完の事業」は、アメリカの政治的基盤が民主主義的な未来を、奴隷制とともにあった自らの起源から進化をとおして脱却できるような未来を迎えることの確証を「生者」に託したのだ、と。[*4]リンカンは最期の日々まで、同時代人たちがこの命題に肯定的に答えられることを望んでいたが、しかし同時に、彼らが否定的に答えるという予想に取り憑かれてもいた。

思想史の主要な目的のひとつは、相争う複数の道徳的観点を下支えしている観念――たとえば奴隷制廃止論者たちと奴隷制への賛成を唱える者たちとのあいだや、アメリカのダーウィン支持者たちと反対者たちとのあいだにある観念――を理解することである。思想史は、歴史上の行為者《アクター》たちの眼前にあった思想的な選択肢を形成した諸要因を把握しようとする。また、彼らの道徳的地平および思考習慣が決定的な役割を果たしてゆく過程を、思想的決意の作動との内的な関係、および世界に現れた行為との外的な関係の双方に注目しながら辿ろうとする。どんな要因が思想的な同意を妨げていたのか。ある者が選びえてほかの者が選びえなかった観念ないし観点とはどのようなものだったのか。歴史上のアクターたちが思想的な世界観を作ったり壊したりする際には、必要性、欲望、恐怖、愚かさ、賢さ、展望などのあいだでいかなる勢力均衡が成り立つのか。そしてそもそも、彼らの道徳的地平はいかにして構築されたのか。思想史家の主な責任は、過去の道徳的意思決定へ評決を下すことにではなく、アクターたちが自らの世界を、そしてそこで担うべき自らの役割を理解するに至った経緯を把握することに存する。道徳的権威をめぐるこうした諸抗争、および人間的問題に対する人間的応答の幅広さは、一九世紀後半のアメリカの生という「雑踏した土手〔entangled bank〕」に余すところなく露呈している。[*5]

ダーウィンの『種の起源』の科学的受容

エクアドルの西約五〇〇マイル〔正確には五六〇マイル強ないし九〇〇キロメートル強〕の

☆1　メイソン＝ディクソン線（the Mason-Dixon line）
米国の、主にペンシルヴェニア州とメリーランド州とを分かつ境界線。この線を引くべく一七六三年から六七年まで測量をおこなったチャールズ・メイソンおよびジェレマイア・ディクソンにちなんで名づけられた。北部と南部との境界線の代名詞としてしばしば用いられる。

火山性諸島に住む数々の小さなフィンチ〔鳥の一種〕は、一八三五年に、近代思想の流れを永久に変える手助けをした。英国海軍の測量艦ビーグル号に乗り五年間の航海に出ていた、英国教会の意欲的な聖職者にして無給の博物学者である二六歳のチャールズ・ダーウィンは、何もフィンチにのみ驚かされたわけではなかった。というよりフィンチは、島をのそのそ歩きまわる五〇〇ポンド〔二三〇キログラム弱〕のゾウガメや、求愛のためにまぬけなダンスを踊る風変わりだが愛らしいアオアシカツドリと較べればずっと、視覚的な魅力に乏しかった。しかしダーウィンは、その他の点では目立たないこの小さな鳴き鳥のとても珍しい点に気づいた。フィンチの大きさや嘴の形や爪の構造が、諸島に住むものと大陸で見つかるものとでいくらか異なっており、また島々のあいだでもいくらか異なっていた。これらの変異の原因は、各島で得られる特有の食物にあるはずだとダーウィンは結論づけた。ある島に生えるサボテンをつついて花蜜を出させるには、別の島の小さな果実を咀嚼するためのものとは異なる、特定の形の嘴が必要となるに違いない。若木をつかむのにもっとも有利な爪の形は、這いまわる虫をつかまえるのにもっとも好都合な爪の形と同じではない。ダーウィンは自らの発見を敷衍して、諸島のフィンチは時間をかけて大陸の共通祖先から進化してきたのであり、特定の島での生存に最適な諸特徴を選好するような仕方で発展してきたのだと推測した。ほかならぬ偶然がもろもろの変異に関与しているというのが、彼の結論であった。しかし、自らが得た性質のおかげで生息地での競争におけるアドヴァンテージを得たフィンチは、より高い確率で生存し繁殖する。こうした進化のメカニズムにダーウィンは「自然選択」という名前を付し、地球上のあらゆる生命はおそらく単一の起源に端を発しておりそこから進化していると、いっそう広汎に一般化した。一八五九年に彼は、自らの発見を『種の起源』において公表した。

ダーウィン以前には、学識ある欧米人たちの大半は神が宇宙を創造したと信じており、神が最初に地球を作った際に各々の種もいまあるとおりに創造したのだと信じていた。ゾウガメはゾウガメであり、ゾウはゾウであり、アオアシカツドリはアオアシカツドリであった。そういうふうに神が作ったのであって、これらの種はずっとそうありつづけてきたし今後もそうあるはずであった。人間もまた造物主の意図どおりに作られたと彼らは想定した。すなわち、人間が神の似姿であるというのはアダムとイヴの時代から一九世紀現在まで変わらないことなのだ、と。彼らが暮らす土地も、彼らがその上を航海している水も、彼らの聖なる天蓋となっている空や星々も、まさしく神が創造したとおりに存在していた。彼らの宇宙は不動にして不変であった。

自然選択というダーウィンの理論はこれらすべてを変えることに手を貸したが、この変更が確かなものとなるには、ダーウィンを通俗化したアメリカ人たち——反対者であれ賛同者であれ——の努力が必要であった。当初から『種の起源』を論じた最重要人物のうちのふたりはハーヴァード大学の教授であった。ダーウィンのもっとも手強い論敵であった動物学者ルイ・アガシと、もっとも粘り強い擁護者であった生物学者エイサ・グレイは、アメリカのダーウィン受容の初期に、ハーヴァードをダーウィニズム論争の中心地とすることに貢献した。アガシとグレイは、一九世紀アメリカの科学者の大多数と同じく、科学は神の宇宙にアクセスするいまひとつの方法でありそうでしかないと信じるキリスト教徒であった。彼らはただ、いかにしてダーウィンの理論を自然界に対する自らの理解や自らの宗教的コミットメントと調和させせうるかに関して見解を大いに違えていた。

アガシは、魚の化石記録に関する画期的な研究や、氷河時代に関する理論や、動物界の百科事典的な分類によって知られていた。彼は科学者たちからの尊敬を集めていたし、著しい大衆的魅力を武器としてもいた。彼は、ぐらついていたアメリカ人たちに、『種の起源』は「驚くべきクマとかカッコウとか、その他もろもろの物語」の寄せ集めでしかないと請けあうことを自らに任じていた。[*6] 生物学への主として理想主義的かつ神学的なアプローチをとおして彼は、各々の種は神の「事前の計画、力、知恵、偉大さ、予知、全知、摂理」によって生まれた観念を表象しているという、彼がながらく貫いていた科学的立場を固守した。そのうえさらに、あらゆる生物は、最高位のものから最低位のものまで並ぶ序列のなかでそれぞれ固有の位置を占めており、各々が、「人間が知ったり崇めたり愛したりできる一なる神」との「自然な繋がり」をそれぞれ持っているということになっていた。[*7]

アガシがダーウィンに同意していたのは、種が時間をとおして変化するという点においてであり、こうした変化に偶然が関与しているという点ではなかった。むしろ彼は、あらゆる地質時代が過ぎたあとで神は自らの設計《デザイン》を考えなおし、変えたほうがよさそうだと感じられる箇所がもしあればすべてそのときに変更したと措定した。神によって開始されたより新しいモデルに、以前のモデルと似たところがあるかもしれないが、それはたんに、いずれも神が創造したものだからにすぎない。両者が備える繋がりはあくまでも創造主との繋がりであって、進化がもたらす両者間の繋がりではない。

アガシの同僚であったグレイは、アガシの「神の精神」に基づく分類と較べればダーウィンの自然選択のほうが説得力があると感じた。また彼はそれを、変化の原因は各々の種内部の働きにあり種と環境との相互作用にあるわけではないという以前の進化論者たちの理論よりも好んだ。グレイが早くも一八六〇年に『アメリカン・ジャーナル・オブ・サイエンス・アンド・アーツ』に発表した『種の起源』の書評は、ダーウィンのアメリカにおける大使としてまっさきに名前が挙がるほどの評判を彼にもたらし、英国人博物学者のラディカルな諸観念が科学的に尊重されるようになるうえでの助けともなった。ダーウィンとは異なり正統派のプロテスタントでありつづけたグレイは、ダーウィンの自然選択が宗教的信念と両立しうることの証明に力を注いだ。ダーウィンはグレイの支持をありがたく思ったものの、進化は神意によって駆動されるプロセスだというグレイの主張は経験的証拠をいっさい伴っていないと感じて不安を覚えもした。グレイは人間の起源に関してもダーウィンに従わず、自然選択という法則が人間に適用されないことを意味する「特殊発生〔special origination〕」テーゼを追い求めつづけた。かくのごとくグレイはダーウィンのモデルにいくらか異論を挿んでおり、ダーウィンも、彼の諸観念にグレイが――自らの宗教と提携しうるものとすべく、また広汎な聴衆がいっそう気に入るものとすべく――加えた手直しに対してアンビヴァレンスを抱いていた。にもかかわらずグレイはやはり、さらなる科学的調査を〔『種の起源』が提起した〕これらもろもろの問いに費やすことへとアメリカの科学者たちが促されてゆく過程に与《あずか》って力があった。アガシも同様であり、ハーヴァードにおける彼の学生たちは結局ダーウィニズムの枠組みを受け入れ、それに沿うかたちで科学的探究をおこなうようになった。一八七七年には、ある主導的な古生物学者が「こんにちにおいて、進化を疑うとは科学を疑うことである」と宣言した。[*8] それ以降、種の特殊な創造を主張するプロフェッショナルの科学者はアメリカにほとんどいなくなった。

信仰とフィンチについて

ダーウィニズムの通俗的な解説において『種の起源』は、表紙をめくった瞬間に爆発し読者の宗教的確信を吹き飛ばす火薬樽に喩えられる。これほど真理からかけ離れた話はそうあるものではない。キリスト教を信じる一般読者が、宗教的指導者が必要性を説くまえからダーウィニズムを憂慮する理由などなかったし、アメリカでは当初、ほとんどの聖職者たちおよび神学者たちが、堕落した人間が自らの堕落した世界をなんとか理解しようとしてまたぞろ繰り出した理論としてしか自然選択を捉えていなかった。たしかに、こんどの堕落者は自然を、「自然の戦争」を統《す》べるような高次の目的ないし秩序を備えないまま「生存闘争」に従事する生き物たちが織りなす「雑踏した土手」として描いていた。[*9] しかしダーウィンは、この闘争こそが自然界の美と調和を生むのだと確言していた。ただかかる描写は、聖書内の描写とのあいだに大きな亀裂を生じさせていたため、多くの者たちがそれを苦もなく一蹴した。プリンストン神学校に勤める長老派の神学者チャールズ・ホッジが好例である。彼は一八七四年に上梓した自著を『ダーウィニズムとは何か』と題したが、彼にとって答えは明々白々であった。「それは無神論である」。[*10]

一八六〇年代、七〇年代、さらには八〇年代をとおしておおむね、自由主義《リベラル》神学者たちはさほど不安を感じていなかったし、ダーウィンの諸観念を自らの信仰の弁明へと仕立てなおす――これはグレイが一八六〇年に着手していたことである――ためのありとあらゆる方法を見つけていた。アガシではなくグレイに従う科学者の数が増えはじめると、リベラル・プロテスタントたちは、ダーウィンの進化論的図式のうちに隠された神の計画を明るみに出す方法を見つけるようになった。ダーウィニズムを通俗化したアメリカ史家ジョン・フィスクは、一八八六年の研究と一八九九年の著書にそれぞれ『近代的知識に影響されたものとしての神の観念』と『自然をとおして神へ』というタイトルを付し、近代科学は信仰を損なうのではなくむしろ向上させうることを示そうとした。フィスクは、おなじみの宗教的な言いまわしをさまざまな仕方で用いながらダーウィニズムを説明した。「自然選択の原理は、ある面において著しくカルヴィニズム的である。それはひとつを選び残り九九を滅びへと定めるのだから」。[*11] ニューヨークの会衆派牧師にして人気の高い講演者の（また反奴隷制の作家ハリエット・ビーチャー・ストウの弟でもある）ヘンリー・ウォード・ビーチャーは、自由主義神学者たちのあいだで強まる、進化を自らの信仰の是認として受け入れる傾向を体現していた。同時代の他の自由主義神学者たちと同じくビーチャーは、旧弊なカルヴィニズムのいかめしい神を退けることにながらく尽力しており、かわりに慈愛と優しさをもっと備えた援助者〔としての神〕を歓迎した。そして、ビーチャーが理解するところのダーウィニズムはこのプロジェクトにうまく適合していた。彼は洞察力に富む思想家ではなかったしダーウィンを注意深く読んだわけでもなかったが、こうした事情のゆえもあって彼は、人気を博した著書『進化と宗教』（一八八五）を書き上げることができた。この本は、おおむね中流階級《ミドルクラス》の白人から成る読者たちに対して、進化論はただ道徳的進歩の見込みという彼らにとって大切なものを証明しているにすぎないことを請けあった（ダーウィン自身は、進化はいかなる方向性もいかなる高次の目的も持たないと考えていたにもかかわらず）。ビーチャーのリベラルかつキリスト教的なダーウィニズムは一九世紀後半の聴衆に、強欲や無情さではなく親交と同情とが、人種が進歩し生きのびてゆくためにもっとも必要な人間的特徴であることを保証していた。

ホッジ、フィスク、ビーチャーの例が示すとおり、宗教的信仰はたんなる信念以上のものであり、むしろそれはひと揃いの宇宙論である。信仰が強力であるとき——実際、一九世紀半ばのアメリカの科学者、聖職者、平信徒の大多数にとってはそうであった——には、あらゆる新しい観念が、ラディカルなものであれいっけん瑣末なものであれ、その信仰の世界観というプリズムをとおして読まれることになる。思想史というレンズをとおした過去の観察がくりかえし証明しているように、人間の想像力は、新しい観念をして以前の思想的ないし道徳的コミットメントと調和せしめることに著しく長けている。加えて、新旧が折りあえないとき、あるいは折りあわせるつもりがそもそもないときには、勝つのは決まって以前の世界観だということも証明されている。ヘンリー・ジェイムズの兄であり心理学者兼哲学者として異彩を放つウィリアム・ジェイムズは、このことを理解しそこなわなかった。曰く、「こうした信念の問題に関して、我々はみな極端な保守主義者である」。ある新しい観念の受容はほとんどつねに「諸真理の古いストック」に最小限の修正のみを施して保存する。そのストックは、新奇なものを受け入れるのにちょうど十分なくらいにまで拡張されるが、事情が許す方法のうちもっとも慣れ親しんだやり方でそれを抱く。我々の先入見をことごとく破壊する極端《ウトレ》〔outrée〕な説明は、新奇なものに対する真の説明とは決して認められないだろう」[*12]。

しかし次のようなレア・ケースも存在する。ある個人が、受け継がれた世界観にはわずかしか浸っておらず、他方でそれの代わりとなりうる新しい世界観にはまだ棲まっていないため、真に極端《ウトレ》な何かが定着できるくらいの空間が彼女ないし彼の霊魂に生じるチャンスが——ほんの一瞬だけかもしれないにせよ——到来する、というケースである。かかる例外においては、賢明な精神が自らの無知を認め、こうした不確実な状態に忠実であるべきだという道徳的義務を感じる。これこそまさに、南北戦争に従軍した退役兵であり弁護士であり人気の高い弁士であったロバート・インガーソルに起こったことである。インガーソルは長老派牧師の息子であったが、宗教が偏見にどれほど迎合し、奴隷制のような不正をいかに正当化するかを身をもって知ったため、父の信仰から離れた。もっとも注目に値する彼のスピーチのひとつ「神々」（一八七二）のなかで、インガーソルは聴衆に、南北戦争により否定しがたいものとなった事柄を告げている。

各国家がそれぞれの神を造ったのであり、その神はつねに創造者に似ていた。彼は、創造者が憎んだり愛したりしたものを憎んだり愛したりした。彼はつねに、権力を握る者たちの味方であった。各々の神は強烈に愛国的であり、自らのもの以外のあらゆる国家を嫌悪した。かかる神々はみな、賞讃、追従、崇拝を要求した。彼らのうちのほとんどは犠牲を歓迎し、無垢なる血の臭いはつねに神の芳香だとされてきた。*13

聖書が自然界の説明として実に頼りないことを示唆する新しい科学的発見に、聖職者たちはしばしば同じやり方で対処しており、インガーソルはそのことにもぞっとさせられていた。「彼らは、よけられないものは何であれ呑み込んでしまう。そして呑み込めないものは何であれよけてしまう」。インガーソルは、宗教的信仰が世界に解き放ったあらゆる災いおよび悲惨さについて言い添えたうえで、「不可知論者〔agnostic〕」を自称するよりほかに自分には選びようがなかったと主張した。[*14]

支持者たちからは「偉大なる不可知論者」と呼ばれ、聖職の批判者たちからは「ロバート・インジュアソウル〔Injuresoul：「魂を傷つける」と読める〕」と呼ばれたインガーソルのスタンスは、際立っていたとはいえ、当時においては稀な例外であった。彼の不可知論は一九世紀末までに、新しい信仰というよりはむしろ思想的な力となった。他のリベラルな知識人たちにとってそれがとても生産的なものであることが、人種主義や死刑制度に抗するための、また女性の権利を獲得するための彼らの戦い——それはインガーソルや革新主義《プログレッシヴ》的な社会改革を唱えるプロテスタントたちの戦いでもあった——をとおして明らかになった。自然界とそこに棲まう猿の人間的子孫の道徳的諸世界、これら双方に関するいっそう厳密な説明をダーウィニズムが要求しているというインガーソルの見解はやがて、変化への道を開くことに貢献した。彼の見解のおかげで、一九世紀末から二〇世紀初めにかけてのさまざまな自由思想家たちおよび世俗的ヒューマニストたちが、公共圏を真に公共的なものに保つべく――言い換えれば、それを教会の支配圏のたんなる延長とはしないために――戦うことが可能になったのである。

進化論的社会思想の諸相

ダーウィニズムは宗教思想や科学思想に入り込んだけれども、それが社会的な観念の領域に及ぼした作用ははるかに直接的で、変形の度あいはずっと大きかった。それは、社会学、人類学、政治経済〔political economy〕、心理学といった新興の分野の学者たちが、すでに向かっていた方向へいっそう力強くよりはっきりと進んでゆくうえでの助けとなった。社会的プロセスに対する自らの理解を、産業資本主義や都市化や大量の移民がアメリカの生にもたらした激変に沿わせるという彼らの営みにダーウィンは寄与していた。ある者にとってそれは、社会の発展をジャングルの法則のたんなる変奏と捉えるような、非ロマン主義的で恐れ知らずな見方をとることを意味した。別の者にとってそれは正反対のことを、つまり、近代化がもたらす戦いや争いを乗り越えたり、そこから受けるダメージを減らしたりする努力は真に進化した社会のしるしだという立場をとることを意味した。しかし両者は、ふたつの点において意見が一致していた。第一に、均衡状態〔stasis〕ではなく変化こそが自然界の主たる動力であり、ゆえに変化を防ごうと試みることではなく変化を操作することこそが、人間が進歩するためのもっとも確実な方法だと両者とも考えていた。第二に、理想主義ではなく本当らしさ〔verisimilitude〕が、ダーウィニズム以後の思想的プロジェクトの主たる動力であるはずだということについても両者は同意見であった〔本当らしさを超えた〝本物の真理〟のような理想を追求しだすときりがないという趣旨〕。

イェール大学で政治経済を講じる教授であったウィリアム・グレアム・サムナーは、一八七二年に、社会ダーウィニズムとしてこの時期知られはじめたもの（それとダーウィンとのあいだにはわずかな繋がりしかなく、むしろ「最適者生存」というフレーズを生み出した英国の社会学者ハーバート・スペンサーとより密接に結びついていたけれども）のもっとも力強い代弁者として台頭した。サムナーは、ドイツおよびイングランドで神学と聖書批評の訓練を受けており、その後短期間、聖公会の司祭を務めた。しかし、当時隆盛していた科学的実証主義を宗教よりも思想的に強力なものと感じた彼は、聖職の道を離れ、イェールで社会科学を探究し、絶大な人気と影響力を誇る教授となった。サムナーは、自然界を統べる法則《ルール》は社会のルールでもあり、人間の進化は低位の動物の進化となんら変わらない――いずれも闘争や競争をとおして進歩してゆく――と述べることによって、社会学という生まれたばかりの領域の確立に貢献した。結果として彼は、人間的な事柄の研究は、有機化合物やオランウータンの研究とまさしく同様に、科学的な営みでなければならないと論じたのであった。

図10（上）、11（左）　進化思想は、19世紀後半のアメリカの芸術家たちにさまざまな仕方で影響を及ぼした。アルバート・ビアスタットによる告別のための絵画《バッファローの最後》（1888［図10］）は、この時代に強まっていた進化および絶滅に対する持続的関心を示している。ビアスタットの作品が以前のスタイルで、つまりハドソン・リヴァー派の盛期ロマン主義のスタイルで制作されているのとは対照的に、トマス・エイキンズの《グロス・クリニック》（1875［図11］）は、ジェファソン医科大学での手術という散文的な（そして惜別の念を欠いた）場面を描くことによって、無情なリアリズムと飾らない迫真性〔verisimilitude〕とへの——当時目立ちはじめていた——コミットメントを反映している。Corcoran Collection, National Gallery of Art; Philadelphia Museum of Art.

サムナーによる社会の科学は、確固たる「ダーウィニズム的」枠組みを唱道するなかで、プロテスタンティズムの倫理と古典派経済学と民主主義的個人主義とを混ぜあわせた。彼の一八八三年の著書は『社会階級は相互に何を負っているか』と題されていたが、彼はこの問いに、弁解がましいところのいっさいない答えを与えた。まったく何も負っていない、と。同書の章題も、それ以上を考えられないくらい率直に、自由放任《レッセフェール》に対する彼の是認を公言している。「貧困は最善の政策である」、「裕福であることは悪ではない」、「よく面倒を見てもらおうとする者は自分自身の面倒を見なくてはならない」などなど。「世界を作りなおそうとするばかげた努力」(一八九四)という論文では、サムナーは自らのレッセフェール的立場を推し進め、金ぴか時代〔Gilded Age:アメリカ史のうち一八七〇年頃から一九〇〇年頃までを指す〕の社会改革者たちに、アメリカ人が貧困や病や窮乏に陥ることを防ぐための社会政策および経済構造を法制化したいという彼らの思いは——いじましくはあっても——的はずれだということを納得させようとしていた。彼はこう書いている。

現代人の第一本能は、自らの知恵が反対しているものを禁じたり防いだりするための法案を通過させようとする。不可避の事柄とは、しかしながら、我々にはコントロールしえない事柄である。我々はそれを覚悟せねばならず、それに自らを順応させねばならず、腰を据えてそれと共生せねばならない。その不可避性に関しては反論が寄せられるかもしれず、そうなれば我々はそれを再検討せねばならない。しかしもし我々の分析が正しかったら、つまり不可避なものに到達したとすれば、それは我々が終点に到達したということである。我々の規制は、社会的事実に対してではなく我々自身に対して適用されねばならない。[*15]

サムナーは、「実物」や「不可避」のものや「現実」の崇拝においてスペンサーさえ凌駕し、「事実」の地位を理論よりも高めることに、社会ダーウィニズムの発明者が傾けた以上の熱意を注いだ。しかしサムナーとスペンサーはともに、「最適者生存の法則は人間によって作られたものではな」く、それに干渉して「不適者生存をもたらす」のが人間の関の山だということを近代人たちに納得させるという環大西洋キャンペーンに従事していた。[*16] もろもろの進化論の影響は、言語学や民族学や考古学のゆくすえにも及んだが、これらはそのころ、ある新しい近代的社会科学へと、すなわち人類学へと糾合されつつあった。進化論は多元発生説〔polygenesis theories〕の信憑性を低める手助けをしたが、多元発生説が擁護したいと思っていた社会的不平等や人種主義的態度に関してはこのかぎりではなかった。

ダーウィンの諸観念の到来は、南北戦争前のアメリカで普及していたヴァージョンの「人間の科学」の土台をどうにか崩した。こうした一九世紀半ばの教理のもっとも顕著な例は、内科医ジョサイア・ノットと、彼に協力したエジプト学者ジョージ・グリッドンとによる科学的人種主義に見出せる。ノットとグリッドンは、興味深いことに、聖書に基づくキリスト教の権威の保護を目指していたはずなのにそこから離れ、アガシによる以前の主張と同じく、相異なる諸人種は別々に、ヨーロッパ人が肉体的にも精神的にももっとも優秀になるような按配で創造されたのだと主張した。劣った人種として出発したアフリカ系アメリカ人は、したがってずっと劣ったままだろうし、アメリカ先住民は絶滅という運命を避けえないほどに混交していた。かかる想像上の図式に付された名前が「多元発生」であるけれども、それはダーウィンが挙げた全人類の共通起源の証拠に匹敵しえないことが明らかになった。しかしながら、アメリカにおける多元発生説をダーウィニズムがどうにか打ち負かした一方で、白人の優位と他の人種集団の劣位とをなおも信じていた科学者たちは、進化論の主張を自らの立場を正当化するものへと改訂してのけた。

にもかかわらず社会ダーウィニズムは、他の人種ないし民族性《エスニシティ》への政策に関する統一された観念を生み出さなかった。たとえば、アメリカ先住民に詳しい専門家の多くは、同化政策をとおしてインディアンたちを「援助」するという人道主義的な目標を伴う進化論的諸観念を採用した。他方で、ヨーロッパ系アメリカ人たちよる侵犯から彼らを保護するための保留地システムの確立を、進化を使って正当化しようとする者もいた。同様に、海外におけるアメリカの帝国的企てを支持する者たちは、アングロ＝サクソンは外国の土地の

図12　ダーウィンの『種の起源』(1859) が戦いを挑んだのは多元発生説、すなわち、諸人種と動物相とを地域的なもろもろの「界〔realms〕」に応じて分類するこの図が表すような品種的〔racial〕差異の理論であった。多元発生説の理論家としてはアメリカ随一のルイ・アガシはこう信じていた。「人種と呼ばれているものは、その下にある国民ごとの特殊化も含めて、人間のタイプの判明かつ根本的な形式である」。Josiah Clark Nott and George Robert Gliddon, *Types of mankind, Or, Ethnological researches, based upon the ancient monuments, paintings, sculptures, and crania of races, and upon their natural, geographical, philological and Biblical history* (Philadelphia and London, 1854). University of Wisconsin-Madison, Special Collections.

管理人としてより優れており、先住民の文明化に貢献してもいると確信していた。しかし、アメリカにおける社会ダーウィニズムのもっとも偉大な擁護者、つまりウィリアム・グレアム・サムナー自身は、熱心な反帝国主義者であり、帝国主義は原始的な軍国主義および権威主義への退化を助長すると信じていた。

ダーウィニズムの諸観念は、もっとも洗練された経済理論に属する、さらに言えば当時のもっとも明敏犀利な文化批評（容赦ない酷評も含んでいたにせよ）に属する仕事を推進するうえでも採用された。その仕事とは、社会学者兼経済学者のソースティン・ヴェブレンの著作である。

イェールでサムナーの指導を受けたヴェブレンは、師に由来するかといっけん思われる次のような文を綴っている。「社会における人間の生は、ほかの種の生がそうであるのと同じく生存闘争であり、ゆえにそれは選択的適応のプロセスである」[*17]。しかし類似を見出せるのはここまでである。

ヴェブレンは、進化論のより厳密でニュアンスにいっそう富んだ適用を追求していたため、経済的競争を正当化したり批判したりするために進化論を使うという傾向を免れていた。むしろ彼はそれを、近代経済学の「思考習慣」を作りなおすために用いた。ヴェブレンにとっての進化論の価値は、古典的な政治経済〔という学問〕の——観念にではなく——探究方法に異議を唱えたことにあった。ゆえにヴェブレンは、人間が、さらには人間の経済的制度や社会的実践が、いかにして近代的生の変動と歩調を合わせるのかに焦点を据えた。彼の『有閑階級の理論』（一八九九）は、こうした新しい思考法の果実を、有産階級の「浪費性」および「顕示的消費」が社会全体の幸福に対して持つ経済的ないし文化的含意を調べることで世に示した。彼は、文明の「未開〔savage〕」段階においては部族の全員が人種の生存を確実にするために働かねばならないと主張する際に進化論を使った。しかし「野蛮〔barbarian〕」段階（一九世紀末のアメリカが属していた段階）が到来すると、資源《リソース》および労働の余剰のおかげで、彼の言う「有閑階級」は自らの仕事を免除できるようになり、他者の成果を享受しながら生きられるようになる。ヴェブレンは、富の配分の偏りは人間の才能や独創性が不均等に配分されていることを示すとは考えず、むしろそれは、社会の改良に「阻害的影響」を及ぼすような進化上の適応不良を反映しているのだと論じた。[*18] そしてヴェブレンにとってほかの何よりも阻害的だったのが、彼が敵と見なしていたヴィクトリアニズムの文化である。

ヴィクトリア朝文化とその批判者たち

イングランドの女王ヴィクトリアは合衆国を統治しなかったが、彼女と英国における彼女の臣民の多くとが体現しようとした世界観は、一九世紀半ばから末にかけてのアメリカ思想およびアメリカ文化に著しい影響を及ぼした。アメリカのエリートとブルジョワの双方が秩序や向上や洗練のヴィクトリア朝的な捉え方に惹かれていた一方で、かかる世界観をかくも強い文化的力にしたのはミドルクラスの熱心な支持者たちであった。主導権を握った産業資本主義は、劇的な技術的進歩や地理的な拡大を勢いづけ、市場や商業主義が生のあらゆる面へ入り込むよう促した。それはまた、上流階級が頂点に、労働階級および貧困層が底辺に、別個の集団的アイデンティティおよび使命感を獲得しつつあったミドルクラスが中間にいるというかたちでアメリカの諸階級を層化することにもなった。新しいミドルクラスの成員たちは、富裕層の不節制および特権と彼らが見なしたものと、貧困層の荒廃および粗暴さと見なしたものとに注意を向け、いずれも民主的な市民社会の幸福を脅かしていると考えた。したがって彼らは、「教養《カルチャー》」という、ヴィクトリア朝の教訓的かつ規範的な新しい理想を、道徳的改善の手段として、また民主主義的美徳を守るものとして積極的に支持し、この理想の保護者をもって任じた。英国の作家マシュー・アーノルドが『教養と無秩序』(一八六九)をとおして彼らに、教養を「完成の追求〔*a study of perfection*〕」として、「これまでに考えられたり知られたりした最善のもの」の宝庫として捉える観点を与え、また近代化の悪影響を打ち消す手段をも与えた。*19

台頭していた教養という理想は、それを涵養し広めるために設計された諸制度のうちに自らのもっとも力強い表現を見出した。ヴィクトリア時代のアメリカ人たちが敷いた並はずれたネットワークは、この時期に新設された大学、カレッジ、博物館、交響楽団、劇場、文芸協会、公園などから成っていた。その目的はひとえに、近代化しつつあるアメリカの競争心旺盛で物質主義的なエネルギーを、精神を洗練させ肉体を発達させ魂を増進させるような余暇の楽しみへと流し込むことにあった。教育と洗練を組みあわせたヴィクトリア朝的制度の典型のひとつは、メソジストの牧師ジョン・ヘイル・ヴィンセントが一八七四年にニューヨーク州西部に設立したショトーカ・インスティテューションである。日曜《サンデー》学校《スクール》〔キリスト教徒の子供たちに向けた、主に教会で営まれる日曜日の教育活動〕の教師を訓練するための諸教派に開かれた制度として始まったものは、中西部全土に〔ゆくゆくは全国に〕わたるもろもろの「屋外《アウトドア》大学」プログラムの広大なシステムへと変貌した。それは、当時もっとも著名な知識人ないし文化人のうち何人かを招いて、祭りのような——祝典のようでさえある——環境にとりまかれた巨大な群衆の前で講演させていた。向上、啓蒙、そして道徳的改善が、ショトーカのキーワードであった。

　フレデリック・ロー・オルムステッドによる景観設計にも同じことが言えるだろう。当代随一の造園家であったオルムステッドは、いくつもの風光明媚な公園（ニューヨークのセントラル・パークとサンフランシスコのゴールデン・ゲート・パークがもっとも有名である）、大学の厳かなキャンパス、州議事堂や病院や図書館の牧歌的な庭などを設計したが、いずれにおいても、都市生活の要求や危険から束の間逃避できる田園の提供が意図されていた。彼は、制御と改革に関するジェレミー・ベンサムの理論に依拠しながら、彼の緑地が教育に、さらには規律訓練に資するものとして機能することを想像した。オルムステッドが按配したのは、はっきりと目立つ小道、きれいに刈られた芝生、美しいオブジェとして植えられた装飾的な木々、悪天候から守ってくれる天蓋、見る者を落ち着かせる大理石の噴水、その各段を流れ落ちる水のせせらぎなどであり、これらはすべて、民主的陽気さのための開空間を提供すべくしつらえられていると同時に、都市住民を洗練へと鍛え上げるための仕掛けも備えている。ヴィンセントのショトーカとオルムステッドの景観はともに、ヴィクトリア朝的「リクリエーション」を、金ぴか時代のたんなる暇潰しにするのではなく、完成という理想ないしイメージとの調和という観点から自己《セルフ》を文字どおり再創造《リクリエイト》する方法にもすることをもくろんでいた。

教養の働きは公共的な場で見られたけれども、ヴィクトリア時代の人びとは、それはプライヴェートな家庭にも浸透してゆくべきだと考えていた。お上品さ〔gentility〕の文化的論理は、ヴィクトリア朝的家庭という領域において全面化した。家庭は、資本主義的競争の無情な世界から逃れられる聖域であろうとした。ミドルクラスの夫ないし父が、興隆する市場という強引さと貪欲さが物を言う公共的世界で成功せねばならなかった一方で、妻ないし母の役割は、かかる醜さからの避難所として、快い美や心情的な慰めや道徳的な支えといった救いのある領域を提供することにあった。ヴィクトリア時代の男性が、家族の物質的な豊かさの基盤として必要なものを手に入れなくてはならなかったとすれば、ヴィクトリア時代の女性は、家族の道徳的進歩のために高次の理想を追求しなくてはならなかった。リベラル・プロテスタントの牧師兼神学者のホレース・ブッシュネルは、ヴィクトリア時代の人びとの論理をこう説明した。男性は「力の原理」を代表しており、女性は「美の原理」を代表している、と。[*20]

物質文化と社会的慣習はときに、時代の思想的コミットメントをもっともよく記録することがあり、これに大いに当てはまるのがヴィクトリア時代の客間《パーラー》である。家のなかの客間はヴィクトリア時代の人びとにとって、心情的な恵みや優しさの聖域であり、家族がそれぞれの役割を演じるための私的舞台でもあった。そこではすべてがお膳立てされていた。

部屋の焦点となる目立つ場所に、大型で装飾的な家族用の聖書が置かれ、それは実際に読むには重すぎるしあまりにかさばったけれども、飾るぶんには実に愛らしく見えた。部屋の家具はすべてそれぞれ特定の機能を担っている。男性用の装飾的なアームチェア、婦人用の繊細な長椅子、子供用の布張りの小型椅子、飼い猫が丸くなれるよう窓に作りつけられた腰掛け、入口の近くに置かれた客用の椅子。壁と天井と窓を備えるだけでは不十分であり、彫刻を施されたり溝を入れられたりした刳形《くりかた》、重い幅木、飾り立てられたドア、装飾用の窓枠などもなくてはならない。さらに加えるべきは、カーテン、枕、カーペット、食卓用の敷物などから成る部隊である。その任務は、部屋のあらゆる表面を保護することとそこに棲まう人間に柔らかい慰みを与えることにある。理想的なシナリオにおいては、大きな絵画が壁を覆っている――新設の美術館と同様に――だろうし、皮で綴じられた何冊もの本が本棚上に、点在するギリシア彫刻の小さな複製によってアクセントを加えられつつ並んでいる――新しい都市型図書館の閲覧室と同様に――だろう。この聖なる空間ではみなが、社交に際しての行動指示《キュー》を知っていた。もろもろのキューは、言っていいことと言ってはいけないこと、声の音量、会話するときの身のこなしなどを指示しており、これらはすべてジェンダーや年齢に応じて異なった。家具調度品や立ち居振る舞いの綿密な語彙には、たんに外面を好ましくする以上に大事な仕事があった。それは、家族の――とりわけ妻ないし母の――内なる修養の記録として存在せねばならなかったのである。

これらすべての設備およびふるまいをお膳立てすることは、ヴィクトリア時代の妻ないし母にとって重労働であっただろう。しかし、それを大いに嗤《わら》うことは、かかるヴィクトリア朝的向上のスペクタクルの全体を思想的に低俗で道徳的にも擁護しえないと感じた批判者たちの高まりゆく斉唱にとっても、やはり同様に骨の折れる仕事であった。一八七三年にマーク・トウェインは、この時期全体のマナーおよびモラルを『金ぴか時代』という小説において諷刺した〔同作はトウェインとチャールズ・ダドリー・ウォーナーとの共著である〕。一年後、『ネイション』の創刊者にして編集者のE・L・ゴドキンは、大衆的な文化会館《ライシーアム》講師、「あらゆる種類の知識のいわばつまみ食い」に満ちた新聞や雑誌、都市の大きな美術館、客間というプライヴェートな家庭用ミニ美術館といったものでアメリカの風景が埋まりつつあるさまを概観し、それらすべてを、見栄ばかり張っていて空虚なアメリカの「彩色文明〔Chromo-Civilization：彩色石版画《クロモリトグラフ》を念頭に置いた表現〕」の例として挙げた。ゴドキンによればこうした「えせ教養」は、本物の知識を身につけるかわりに事実を収集し、人格を陶冶するかわりに商品を消費しているような「愚か者どもの社会」を作り出したのであった。[*21]

ヴィクトリアニズムに、とりわけそれが涵養した心的習慣に憤慨していたいまひとりの批判者は、スペイン生まれの哲学者ジョージ・サンタヤナである。サンタヤナはハーヴァード大学で、ウィリアム・ジェイムズやジョサイア・ロイスとともに哲学を教えていたが、教授への昇進を諦め、専業作家となるべく一九一二年にヨーロッパへ渡った。しかし去るまえに彼は、自らの第二の故国に、その思想および文化の峻烈な批判という置き土産を残した。「アメリカ哲学におけるお上品な伝統」(一九一一)がそれである。サンタヤナは、文化を日常生活の条件と捉えずむしろ日常生活の矯正と捉えるような、ヴィクトリア時代のアメリカ人たちの心的習慣を非難した。彼の見るところでは、「お上品〔genteel〕」なヴィクトリアニズムはふたつの源に由来しており、いずれも良からぬものであった。

ひとつめは、霊的《スピリチュアル》ではなくなったカルヴィニズムであり、それは秩序の渇望と厳しい道徳化とを保持しているものの、以前のプロテスタンティズムをかたちづくっていた「懊悩する良心」や「罪の感覚」はもはや持っていなかった。とはいえより支配的なのは、エマソン的トランセンデンタリズムというふたつめの源であり、それは主観的な知識観と肥大した自己観とを是認したとサンタヤナは捉えていた。彼の考えはこうである。革命期のアメリカのそわそわした気質が、一九世紀初めには、「意志のほうが知性よりも深いと感じ」るようなロマン主義が育つうえで理想的な環境となった。「それは、いまここにあるあらゆるものに注目し、すべてに対して、若き自己という法廷で自らの資格を証明するよう要求していました。〔…〕こうしたことは真にアメリカ的です」[*22]。サンタヤナが描く系譜において、これらふたつの思想的遺産はやがて出会い、各々の資本をお上品な伝統という形態へと統合していった。それは、光に満ちていながらも何ら影を投げかけないような、道徳主義的で逃避的な思想的気質であり、宇宙や宇宙内での人間の地位に関する、何にも脅かされず何をも脅かさない見解であった。お上品な伝統に対するサンタヤナの主たる不満は、宇宙とのあいだに安易な平和を築いているということにのみあるのではなく、ヨーロッパの文化および諸観念――アメリカの物質的現実から生まれたわけでも、それと何らかの仕方で関係しているわけでもないもの――に対してあまりに恭《うやうや》しい態度をとっているということにもあった。サンタヤナによれば、ダーウィニズム以後の高度資本主義の時代において、思想的探究を観念や文化の創造としてではなくそれらの守護として捉えることはナンセンスでしかなかった。

ヘンリー・デイヴィッド・ソローはジョン・ブラウンとチャールズ・ダーウィンを大いに崇めていた。ソローは、ブラウンによるハーパーズ・フェリーでの襲撃の早くも二週間後に、「ジョン・ブラウン大尉を弁護する」というスピーチをおこなっており、ブラウンこそがトランセンデンタリストの最良の例だとそこで明言した。ブラウンは「誰にもましてトランセンデンタリストであり、観念と原理の人である――これが彼を際立たせていました」[*23]。高した。彼は、気まぐれや束の間の衝動に屈することなく人生の目的を実行しました」。高次の力と調和した個人の自由にこの「目的」は存するというブラウンの認識に、ソローは何ら問題を感じることなく従った。しかし、人間の目的に対するソローの強固な信念は、目的《テロス》を欠くかわりに運や偶然やランダム性によってしるしづけられている世界を提示したダーウィンの理論を慈しむうえでの妨げとはならなかった。自然のディテールを見つめたり、実験を観察したり、自然界を——生命は不安定であり、たえず生成変化しているというソロー自身の理解とも響きあう言葉遣いで——特徴づけたりする際のダーウィンの眼識に、ソローはすっかり魅了された。実のところ、微小な露の一滴や小さなカエルの鳴き声に英国の博物学者が向けた注意は、このアメリカのトランセンデンタリストを夢中にさせたばかりでなく、日誌に自然を記録するという作業の再開へと——また、自らの記録とダーウィンによる記録との比較へと——彼を駆りたてることともなった。

ソローは一八六二年に、結核に併発したインフルエンザのため亡くなった。つまり彼の生涯は、南北戦争の帰結を知ったり、ブラウンが奉じた高次の目的とダーウィンの無目的な（しかしソローから見れば崇高な）宇宙とに対する自らの感情を整理する必要に迫られたりするまえに閉じられた。この課題を担うこととなったのは、続く数十年間の鋭敏なアメリカ人たちであり、彼らは進化論を、より正当な民主主義を育むための方法として使おうとしていた。

第5章　モダニズムの諸反乱——一八九〇年から一九二〇年まで

一八五九年一〇月一六日にハーパーズ・フェリーでジョン・ブラウンによる襲撃が起こり、約一カ月後にダーウィンの『種の起源』が出版されたことは、アメリカの思想的生を永久に変容させてしまう一連の出来事の序幕となった。哲学者としてはプラグマティストであり革新主義的《プログレッシヴ》な改革者でもあったジョン・デューイは同年に、ヴァーモント州バーリントンで生まれた。男児の赤子の誕生という出来事が当時の人びとの注目を集めたわけではまったくないけれども、この男児は成長ののち、哲学者として、教育改革者として、そして社会の代弁者として、大いに注目すべきキャリアを歩んだ。デューイの働きは、以前のブラウンやダーウィンの働きと同じく、自由意志と決定論、真と偽、多元的宇宙における道徳性の共有の可能性などに関する多くのアメリカ人たちの考え方に甚大な影響を及ぼした。南北戦争とダーウィニズムの諸観念とが鍛造した思想的世界で成長したデューイは、ひとつの哲学を築き上げた。それもまた古い倫理的確信に挑戦することとなり、同時にそれは、はかりしれない宇宙《コスモス》に棲まう個人の、ポジティヴな変化をもたらす能力を強調してもいた。

デューイと彼の同時代人たちは、アメリカの思想的生が世紀末の劇的な再編成をこうむっているさなかに、それに抗しながら仕事をしていた。まさしくこのとき、近代性《モダニティ》の「爛漫にして騒然たる混乱」が孕む可能性ならびに恐怖が、さらには根本的に「新しい知的気性〔new intellectual temper〕」とデューイが呼んだ――そして自ら体現した――ものが、全貌を現しつつあった。*1

この時期には、もろもろの知的気性やそれらが相手どった諸観念ばかりでなく、思想家たちが自分自身や自らの社会的機能を理解する仕方も劇的に変化していた。当時まで"intellectual"は、アメリカ英語の単語のストックに含まれてはいたものの、あくまでもあるタイプの知能ないし心的スタイルないし学識を描写する形容詞としてであった。しかしフランスにおいて、ドレフュス事件の白熱した論争のさなか、エミール・ゾラと彼の仲間の「ドレフュス派〔Dreyfusards〕」が一八九八年に「知識人の声明」〔"Manifeste des intellectuels"〕を生み出し、それとともに、思想家とより広汎な公衆との関係を考えるための新しい社会学用語を生み出した。〔反ドレフュス派の〕シャルル・モーラスは一矢を報いるべく『アクション・フランセーズ』〔同名の右翼団体の機関誌〕で、忍び笑いを伴う侮蔑語として"intellectuels"を使ったけれども、これは問題とはならなかった。アメリカで台頭しつつあった新世代の作家たちおよび思想家たちにとって、事件のごたごたしたなりゆきを眺めることにはひとつの利点があった。彼らはそこから、近代社会における彼らの役割を自己規定するための決定的に重要な語を得たのである。

若手の思想家たちおよび作家たちの多くからすれば、学界と主流派報道機関は利益主導のビジネス文化とあまりに深く絡みあっていたため、彼らは「知識人〔intellectual〕」という語を、反主流〔oppositional〕かつ反制度の勲章として採用した。彼らは、この新しいタイプの社会的地位についての、また自分とより広汎な文化との関係についての手がかりが明示されることを期して、ヨーロッパに目を向けた。例には事欠かなかった――カール・マルクス、フリードリヒ・ニーチェ、オスカー・ワイルド、さらにはゾラその人。もちろん、マルクスはドイツからの脱出のみならずフランスからの脱出も余儀なくされたし、ニーチェは結局精神病に陥ったし、ワイルドは収監されたし、ゾラは禁錮刑と重い罰金を科せられるのを避けるためイングランドへ逃れねばならなかった。しかしこれらのことは、反主流の知識人であることの魅力を高めるばかりで、アメリカ文化の良心というロマン主義的な自己像を彼らに与えもした。

とはいえ知識人たちは、どこかに所属しているかフリーランスかにかかわらず、合衆国におけるプロフェッショナルの思想家の役割に特有のものと彼らが考えたいくつもの関心事を共有していた。民主主義的な知識人の義務および分限は何か。階級やカーストによって地位がもたらされるわけではないのなら、民主政下の知識人の権威はいったい何に由来するのか。高等教育の世界と世論の世界とをいかにして、前者に妥協させたり後者を疎外したりすることなく架橋しうるのか。「知識人」という語は彼らに、社会的な変化および不協和音を伴いつつ近代化してゆく世界を同胞のアメリカ人たちが受け入れるのを手助けするという——また、自分たちの相違とうまくつきあうための新しい土台を見つけ、さらにはこの民主主義的交渉の精神をより広い世界にまで拡張するという——責任感をまとわせた。

シカゴ万博——観念の祭り

一八九三年にシカゴで開催されたコロンブス万国博覧会は、コロンブスの新世界到達四〇〇周年を記念するものであった。主催者たちはアメリカの帝国主義的な諸起源にオマージュを捧げることを望み、またアメリカがいまやグローバルな経済大国として世界の舞台に堂々と立っていることを表明しようとした。博覧会は、さまざまな国から寄せられた六万五〇〇〇の工芸品ないし発明品を展示し、同時にアメリカの優れた技術力を賞讃した。来場者を驚嘆させうるものがそこにはいろいろあった。「動く歩道」、食器洗い機、パンケーキ作りに必要な種々の材料をすべてひと箱に収めた商品とそれを宣伝する「ジェマイマおばさん」という親しみやすい新キャラクター。さらには、世界初の観覧車——これは、一八八九年のパリ万博のために建てられたエッフェル塔に対抗すべく登場した鉄鋼製の巨《ビヒ》獣《モス》であった。シカゴの著名な建築家であるダニエル・バーナムが博覧会のプロジェクト・ディレクターを務め、彼は博覧会の景観設計に魔法《マジック》が施されることを期してフレデリック・ロー・オルムステッドを雇った。きらびやかな新古典主義建築の数々から成る「ホワイト・シティ」、「大理石」のファサードや円柱（実際には白く塗られた焼き石膏と糊と麻で作られていた）、装飾的な噴水や彫刻、きれいに整えられ丁寧に管理された庭園などを備えた博覧会は、何よりもまず、秩序および洗練を重んじるヴィクトリア朝的価値観を称揚していた。主催者と来場者の双方を活気づけていたのは、物質的進歩と道徳的進歩は手を取りあって進むという信念であった。

博覧会は技術的驚異や商業的快楽の祝典であったが、それは観念の祭りでもあり、当時の思想的なコミットメントないし関心を呈示していた。展示のなかには、ヴィクトリア時代の人類学――社会科学に新たに加わった分野――における進化の論理に基づいて制作されたディスプレイのように、未来志向〔prospective〕というよりむしろ過去志向〔retrospective〕のものもあった。来場者はミッドウェイ・プレザンス〔と呼ばれる大通り〕を歩いて、さまざまな民族性《エスニシティ》、人種、国の諸集団がもっとも「原始的」な集団からもっとも「先進的」な集団まで（生きた人間の陳列というかたちで）並べられているのを見ることができた。この展示は、文明を伝道するための帝国的な海外進出と、国内の悪意ある自文化《エスノ》中心主義《セントリズム》および人種主義とに対する科学的弁明を提供していた。

しかしあまたのイヴェントは、アメリカ思想の意識的に「革新主義的《プログレッシヴ》」であろうとする面を示しており、当時台頭していた新しい思想的諸世界への窓口を設けていた。博覧会の一環として開催された万国宗教会議は、興味と好奇心を大いにそそる主題として新聞に取り上げられた。それは、地球各地の人びとのさまざまな世界観および霊《スピリチュアル》的実践を万博来場者に紹介することをとおして、宗教的多様性に対するコスモポリタンな感性や鑑識〔appreciation〕が現れつつあることを証していた。会議での発表者には、日本およびスリランカから参加した仏僧、インドから参加したゾロアスター教の祭司、ギリシア正教会の大主教、「ヤンキー・ムハンマダン」(つまりイスラム教へ改宗したアメリカ人)、アフリカン・メソジスト監督教会の監督《ビショップ》、〔ユダヤ教の〕ラビなどが含まれていた。「全人類の倫理的諸観念の本質的単一性」や「キリスト教とムハンマド教〔Mohammedanism〕との接点」や「ニグロに対する宗教的義務」などに関するもろもろの発表は、参加者間で共有された、あらゆる宗教に普遍するものを見つけたい、そしてそれが近代化しつつある世界で活かされることを確実にしたいという欲望を反映していた。あるユニテリアンの発表者はこう述べた。「ある者は多神教徒〔Pagan〕として生まれ、別の者はユダヤ教徒として生まれ、またムスリム〔Mussulman〕として生まれる者もいる。真の哲学者は彼らひとりひとりのなかに、ともに神の道を求める仲間を見出す[*2]」。

万国宗教会議がエキュメニズム〔全宗教間の協力を推進する思想および運動〕や宗教的連

図13　シカゴでのコロンブス万国博覧会においてもっとも期待の高かったイヴェントのひとつである1893年11月の万国宗教会議は、世界各国の宗教的指導者たちに、自らの信仰の伝統を他の聖職者および万博来場者と共有するためのフォーラムを提供した。40以上の宗教的伝統の代表者が集い毎日数千人が参加したこの会議に後押しされて、合衆国における近代的な異宗派間対話が正式に開始されることとなった。Presbyterian Historical Society, Presbyterian Church, Philadelphia.

帯の「一度きり〔one and done〕」の意思表示《ジェスチャー》以上のものとなることを望んでいた主催者たちは、彼らが欲したものを、異なる信仰のあいだで以後ながらく発展してゆく関係の確立というかたちで手に入れた。まさしくこの会議において、二七歳の学生の鈴木大拙——彼は自らの禅の師〔釈宗演を指す〕に通訳兼秘書として随行していた——が、ポール・ケーラスという、大拙と西洋哲学およびアメリカの宗教的風景との接触に大いに与《あずか》ることとなるドイツ系アメリカ人の哲学者兼出版者と出会ったのである。[☆1] 会議の数年後〔一八九七年〕、大拙はイリノイ州ラサールにあるケーラスの住居に移り住み、結局一一年に及んだそこでの生活において彼は翻訳と家事の手伝いに従事した。ケーラスは大拙をウィリアム・ジェイムズに紹介し、ジェイムズの『宗教的経験の諸相』（一九〇二）はのちに、聖典や神学や儀礼ではなく経験こそが仏教の肝腎要《かなめ》であるという大拙の主張の形成に寄与した。加えてケーラスは大拙に、アメリカの宗教的多元性と、すなわちジェイムズが俎上に載せた当のものと直に接する機会を与えた。大拙は帰国後四〇年間日本で暮らしたのち、二〇世紀半ば（一九四九年）にふたたび合衆国へ渡り、かつて一一年間アメリカの文化的風景を学んだことの意義を明らかにした。大拙は、西洋においては他の追随を許さない禅宗の大使として戻ってきたのであり、彼の影響を受けた者のリストは長大かつ多彩である。マルティン・ハイデガー、カール・グスタフ・ユング、アラン・ワッツ、カレン・ホーナイ、エーリッヒ・フロム、ビート詩人たち、などなど。

またシカゴ万博は、近代歴史学の最新研究のための舞台も用意していた。博覧会と併催されたアメリカ歴史学協会の大会で、ウィスコンシン大学の歴史学教授である三一歳のフレデリック・ジャクソン・ターナーは、「アメリカ史におけるフロンティアの意義」（一八九三）と題する画期的な論文を読み上げた。それは歴史学という学問のみならず、アメリカ文化やアメリカ的性格に関する諸観念をも変容させた。ターナーがこの論文を書いたのは、開拓されるべき西部の土地はもはやなくフロンティアは閉じられたという一八九〇年の国勢調査の報告を受けてのことであった。ターナーからするとこれは、アメリカ史にとってのフロンティアの意味を考えるよう要求するものであった。

フロンティアでの生活が、中央集権化された外部の当局が組織化を企てたり権限を主張したりすることへの反感を生み出したとターナーは論じた。「結果として、アメリカの知性は自らの顕著な諸特徴をフロンティアに負っている。［…］すばやく臨機応変に対処できるあの実際的で独創的な性向、［…］物質的な事柄に対するあの見事な把握力、休息を知らないあの精力、善のためにも悪のためにも働くあの突出した個人主義、さらには、自由に伴うあの快活さと旺盛さ――これらがフロンティアの諸特徴であり、あるいはフロンティアが存在するおかげで他の場所でも生じる諸特徴である」[*3]。こうした休むことなき個人主義的衝動は、合衆国における近代民主主義の初期形態を条件づけ、特定の心的態度《マインドセット》およびパーソナリティを人びとのなかにこしらえた。

勝ち誇ったアメリカ讃歌の一例としてしばしば記憶されているターナーのフロンティア・テーゼは、フロンティアが閉じられたあとの民主主義の運命や、実際的知識を思弁的ないし内省的な思想よりも重視するようなアメリカの運命をめぐる彼の深いアンビヴァレンスを反映していた。またそれは、アメリカの民主主義に関する議論としばしば見なされているけれども、アメリカ精神に関する思索という面も大いに備えていた。ターナーによ

☆1　この一文には事実誤認がある。万国宗教会議のために書かれた釈宗演の発表原稿を英訳したのは当時二二歳の鈴木貞太郎（翌年「大拙」の号を宗演より授かる）だが、彼は宗演の渡米に随行したわけではない。万国宗教会議での宗演の発表をポール・ケーラスが聴き、これによりふたりが知りあったことで、本文で後述される大拙の渡米の機縁が生まれた。

れば、〔フロンティアの終焉以前は〕土地が豊富にあったことが、個人主義的で休息を知らず、実際的で過去の伝統を尊重しないという根本的特徴を有するアメリカ的思考様式の創造に寄与した。彼の説には、こうしたもろもろの知的習慣が一九世紀のフロンティアでの生存に有利であったことを示唆するものが多く含まれているが、それらが来《きた》る二〇世紀の革新主義的な国家建設にとって有望な思考様式だと示唆する――そして、彼の発表を聴いた万博来場者の自信を回復させる――ものはほとんど含まれていない。

プラグマティズム――知識の新しい理論と「真理」の新しい観念

かりにターナーが、アメリカ史の言葉ではなく、世紀転換期のアメリカ哲学の新しい言葉で語っていたとすれば、自分が追っている思想的なプロセスないし気質を記述する別の語を使っていたかもしれない――つまり「プラグマティズム」という語を。プラグマティズムは、トランセンデンタリズムと並んで、アメリカで生み出されたもっとも重要でもっとも影響力の大きい哲学的伝統となった。思想的慣習の人為性および潜在的暴政を認識していたプラグマティズムはたしかに、トランセンデンタリストたちの反体制的衝動を哲学的に相続したと見なしうる。しかしプラグマティズムはこの論理を、より厳密な認識論および方法論を発展させることで二歩先へ進めた。それは心的活動の産物とその創造過程とに焦点を据えた。普遍的で時間を超越した真理の探求をプラグマティズムは放棄し、かわりに、ある命題が真なのはそれが含意ないし予測する実践上の帰結が実際に経験として現れる場合だということを強調した。真理のダイナミズムを歓迎する哲学であるプラグマティズムは、異議も飛び交うほど活発な民主的社会という自らの出生地を反映しており、また自らの本性に潜むより善い天使〔the better angels of its nature：エイブラハム・リンカン大統領の第一次就任演説の結びを念頭に置いた表現〕を前面に出そうと努めていた。

劇的に新しい世界観が出現しつつあるときに働いていた思想的諸要因のすべてを確実に特定することは決して容易ではない。しかしプラグマティズムの場合は、ダーウィンによる進化の説明と、それが一九世紀後半の思想の全領域にもたらした革命とが決定的な役割を果たしていた。ダーウィンは、自然界をたえず変化するものと捉えるヴィジョンを掲げ、そのダイナミズムを生み出す力にはランダム性や偶然のみならず有用性も含まれると論じた。彼は自らの進化観を理論化したばかりでなく、自らの主張を支える証拠も提供した。科学的テストと証拠とによって世界のダイナミックな作動を露わにしようとするこの衝動は、さまざまな名をまといながら一九世紀後半の世界を駆け巡った。たとえば科学主義、自然主義、科学的自然主義、実証主義、そしてもちろん、ダーウィニズム。しかしこれらすべての中心にあったのは、安定することのない自然界における探究の範囲は、真理主張のうち経験的に検証可能なものに限られねばならないという考えである。

このことをジョン・デューイは「哲学に対するダーウィニズムの影響」（一九〇九）で[☆2]

もっともうまくまとめている。彼によれば、ダーウィンのインパクトは「推移〔transition〕の原理」をあらゆる探究——生物学や植物学や動物学のみならず、認識論や倫理学も——の基礎としたことに存していた。ダーウィニズムは「絶対的起源と絶対的終極」を（またアプリオリなものや目的《テロス》も）知識論から捨て去り、近代的探究が「特定の諸価値と、それらを生成する特定の諸条件とを探査する」ことを求めた。科学的発見や真理主張や価値がどこを目指すべきかに関するあらかじめ定式化された諸観念をすべて放棄するのは厄介な課題だということをデューイは認識していた。にもかかわらず彼はダーウィニズムを、探究を——自らの主張がどうすれば「実践面でうまくいく」のかを実際にテストしようと考えさせるくらい——「謙虚にする哲学」として擁護することを選んだ。「自らに強いられた慎ましさを備えることで、哲学は責任感を持つようにもなる」とデューイは唱えた。[*4]

こうしたダーウィニズムの影響が自らの諸観念上で作動していることを、ハーヴァードのある研究者集団が、ジョン・デューイがまだヴァーモント州バーリントンの高校生であった一八七二年に感じはじめていた。メタフィジカル・クラブと自称したこの集団は論理学者のチャールズ・サンダース・パースによって組織され、成員に含まれていたのは、弁護士でありのちに連邦最高裁の判事となるオリヴァー・ウェンデル・ホームズ・ジュニア、のちにハーヴァードで心理学および哲学の教授を務めるウィリアム・ジェイムズ、そして、後輩が思想的な「拳闘の師」と仰いだハーヴァード講師のチョーンシー・ライトであった。[*5]

彼らはともに、宇宙は偶発事〔contingencies〕と不確実性とによってしるしづけられているとするダーウィニズム的説明を受け入れ、それに基づいて倫理や真理や意味を再考することを決意していた。彼らは真理の意味に関する厳密な教理はいっさい共有せず、むしろ、真理を人間が世に栄えるために使うツールと捉える点で一致していた。結果として彼らは、真理主張および信念を、テストされる必要のある命題としか見なさなくなった。プラグマティストとしての信用証明に何らかの宗教的ないし科学的説明図式が紛れ込むことを決して許さなかった彼らは、すべての観念は経験によって確証されなければ真理に分類されえないと力説した。ジェイムズが「プラグマティズム」と呼んだこの新しい哲学（対してパースは、自らの真理論をジェイムズのそれから区別するために「プラグマティシズム」という名を選んだ）は、起源ではなく帰結をとおして、また理論ではなく実践上の結果をとおして真理を眺めた。プラグマティストの哲学者たちは、心的観念や道徳が時間を超越した基礎に立脚することなどもはやありえないと考えた。なぜなら、そんな基礎はそもそも存在しないということを彼らはダーウィンから学んでいたからである。

プラグマティズムを代表する立場に最初に立ったウィリアム・ジェイムズは、『心理学

☆2　真理主張（truth claim）
ウィリアム・ジェイムズの『真理の意味』（一九〇九）などに現れる言葉。「真だと主張してはいるが、本当に真かはまだわからないもの」といった意味で、「仮説」とほぼ同義。

原理』（一八九〇）の刊行により、アメリカ心理学という領域を確立した者のひとりとして名を成してもいた。彼は、人間の心理に関する洞察を哲学者としての仕事へ持ち込んだことで、個人の――精神というよりはむしろ――気質がその者の哲学的コミットメントの形成において重要な役割を果たすことを認識しやすくなった。この気質はジェイムズの一八九六年の論文「信じる意志」で「情念的本性〔*passional nature*〕」と呼ばれ、これが、いずれの選択肢も決断に足るだけの証拠を欠いているようなディレンマに陥った個人の意思決定に介入するとされた。[*6] 科学と宗教が相争うふたつの理想となり、それらの戦場がカレッジないし神学校から個人の良心のもっとも内側へ移るにつれて各々の獰猛さが顕著になってゆくさまをジェイムズは見ていた。しかし彼は、両者の説明図式が覆う範囲のもっとも外側では、近代的研究のための画期的な新方針や意義深い人生のための創造的可能性が待望されていると信じていた。自らの倫理および認識論においてラディカルな多元論者であった彼は、宇宙の単一の説明は存在せず、信じる者に対して有用性を示すようなもろもろの真理概念があるだけだということを強調した。かくしてジェイムズは、宗教研究を教義学から遠ざけ、かわりに「宗教的経験の諸相」――一九〇二年の権威ある著書を彼はこう題した――に焦点を据えた。

　ジェイムズはハーヴァードで教えながら、また講演のためにアメリカおよびヨーロッパを巡りながら自らの哲学を練り上げた。哲学者としての彼の代表作『プラグマティズム――

ある古い思考法の新しい名前』（一九〇七）も連続講演から生まれたものである。そこで彼はプラグマティズムの、真理に至る方法と真理の理論という二面を併せ持った役割を説明した。シンプルな考え方とは対照的に、この役割に忠実であることは難しい。役割の一面は、抽象的なもの、固定された原理、閉じられた体系、教義、基礎などを取り除き、かわりに特定の具体的な主張をテストしてゆく。それはすなわち、もろもろの哲学的主張を作ることから、どうすれば諸主張が現実の人間の実際的経験とうまく合致するのかを調べることへの移行である。ゆえにジェイムズは、「何らかのアプリオリな定義によってではなく活動することで〔ambulando〕」真理を導き出すという方法を唱道したのであった。[*7]

彼の真理論はまさしく、この方法論を論理的に延長したところにある。真理が何であるかを最初から言うことはできず、自らが真であることを証すものの現れを待たねばならないということはつまり、真理とは自らが真であることを証す観念〔an idea that proves itself to be true〕だということである。帰結するのは、偶有的で視点依存的〔perspectival〕で多元論的でダイナミックな真理概念であり、したがって真理は文脈によって変化し、人によって変化し、時とともに変化する。ジェイムズはこう述べる。「人間という蛇〔human serpent〕はかくのごとく、あらゆるものの上に痕跡を残している。独立の真理、我々がただ見つけるだけの真理、もはや人間の要求に応じない真理、ひとことで言えば矯正不可能な真理――こうした真理は本当にありあまるほど存在している〔…〕。しかしそれは、生きている木の死んだ芯としての意味しか持っておらず［…］、長年にわたって使役されればこわばるだろうし、そのまったき古さゆえに、人びとはそれを石化したものと捉えるようになるだろう」。ジェイムズはあらゆる真理は「可塑的《プラスティック》」だと考えた。真理は個別的であって決して絶対的ではない。真理は超越的ではなく、世界の日々の作動に内在している。[*8]

かかる地点から見れば、プラグマティズムの道徳律は明瞭である。いかなる一個人、一国家、一宗教、一科学理論も、真理を掌握してなどいない――これである。一八九九年にジェイムズは、次のような挑戦を近代人たちに突きつけた。「手をお引きなさい。真理の全体とか善の全体といったものが、たったひとりの観察者に対して啓示されることは決してありません。［…］監獄や病室にさえも、それぞれの特別な啓示があります」。プラグマティズムの思想は近代人たちに、単純明快でありながらも難しいひとつの倫理を勧めた。すなわち、ある者の真理は「残りの広大な領域の規制を前提としないまま」その者の真理であることができるという倫理を。[*9]

ジェイムズ哲学が覆う範囲は並はずれて大きかったけれども、二〇世紀アメリカの思想的生にもっとも広汎な影響を及ぼしたのは、第一世代のプラグマティストたちのなかでもっとも若かったジョン・デューイの諸観念である。デューイのプラグマティズム（あるいは彼が呼ぶところの「道具主義」）の領分もまったく並はずれており、そこでは、論理学、心理学、認識論、道徳哲学、美学の諸問題に加えて、カリキュラム、教育政策、社会理論の諸問題も論じられた。彼は一八九四年に、設立されてまもないシカゴ大学に勤めはじめたが、そのころのシカゴは、不均等な近代化が社会および経済にもたらした劇的な混乱を露呈していた。そんなシカゴで彼は、一八九六年に実験室学校[☆3]を設立し、教育をとおして社会を改革したいという思いを実現するために自らの道具的知識の理論を活用した。この経験に助けられて彼は、政治や芸術や公共的生の日常的世界のなかで自らの哲学をテストするという生涯にわたる努力を開始した。一九二九年の著書『確実性の探求』は、認識論的ないし倫理的な基礎づけ主義〔第8章訳註1参照〕に対する力強い挑戦を提起し、次のような命題を掲げた。真理とは、何らかの目的を持つ人間が可変的な宇宙と交渉することを可能にするための実験的努力以上のものではなく、それ以下でもない――アメリカ人たちが自らの多元的で未確定で可変的なアメリカと交渉するうえで、これ以上に有用な命題がありえただろうか。デューイはかくして、哲学の諸問題にかかずらうのをやめるよう近代の知識人たちを促し、かわりに「人びと《メン》の諸問題」に取り組むことを勧めながら、自ら

☆3　実験室学校（the Laboratory School）
一八九六年一月に、ジョン・デューイを学部長とするシカゴ大学教育学部に附置された学校。当初の名称は「大学附属小学校」であり、のちに「デューイ・スクール」とも呼ばれた。そこでの教育の理念はデューイの『学校と社会』（一八九九）で語られている。

のプラグマティズム的福音を生きたのであった。[*10]

プラグマティズムから革新主義へ

プラグマティズムがダーウィニズムという思想の産物であることを認識していたジェイムズとデューイは、しかし同時に、この思想の派生物がお墨つきを与えているもろもろの社会問題の克服にプラグマティズムが役立ちうると信じてもいた。派生物とは社会ダーウィニズムという優勢な支脈のことであり、それはかかる諸問題を、存在するものすべてに当てはまる変更不能の諸事実として受け入れていた。ダーウィンは、英国の哲学者ハーバート・スペンサーの「社会ダーウィニズム」を忌々しく思い、スペンサーによる「最適者生存」（スペンサーが発明し、経済および政治に関する自らの自由放任《レッセフェール》的諸観念を正当化するために使ったフレーズ）の唱道には近寄らなかった。工業化はきれいごとでは済まされず、その周囲にはびこるのは痛ましい労働争議であり、子供の教育の機会および質における甚だしい格差であり、一方に貧困があり他方に富の過度な集中があるという両極端な経済状況であり、野放しの工業発展がもたらす都市公害である――このことは、アメリカ社会のあらゆる地点から観察できた。にもかかわらず多くの人びとは、スペンサーによる確約を疑わず、アメリカの近代化プロセスは――死に物狂いであるように見えたとしても――ただ社会の発展の鉄則に従っているだけなのだと考えるようになった。進歩のために困難や煤《すす》汚れや苦痛を引き受けるのはむだなことではないと彼らは信じていた。

世紀転換期の近代化に伴う産みの苦しみは、中流階級《ミドルクラス》の学識ある革新主義的《プログレッシヴ》批判者たちの注意を集めた。数を増しつつあった彼らは、レッセフェールや最適者生存といった諸信条を拒み、それらゆえに政府の監督がなくなったり無効になったりしていることも容認しなかった。高等教育をとおして最新の学術研究を吸収した革新主義者たちは、科学的原理と、実験したり組織化したり効率化したりといった実践とを、社会の道徳的改良のために結合しようと試みた。彼らはおおむね改革志向であったが、気質において急進的《ラディカル》ではなかったため、資本主義や産業的民主主義を退けようとはせず、かわりにそれらの行きすぎや欠陥を根絶しようとした。革新主義的改革者の大多数が育ったのは、人種的にも宗教的にも均質なスモールタウンにおいてであり、彼らはそこで得たコミュニティの感覚と帰属意識とを、近代都市の匿名的な喧噪のなかで切望していた。彼らは自らの著述および活動をとおして、金ぴか時代の節度のなさや断片化の傾向に対抗する力を発揮し、近代化の新しい――移民集団とアメリカ生まれの市民とを、持てる者と持たざる者とを、成長を続ける産業と強靭な社会民主主義とを縫合できるような――物語を提供した。改革を志す新進のジャーナリストであり、かつてハーヴァードでウィリアム・ジェイムズの教えを受けたウォルター・リップマンは、一九一四年に『漂流と統御――こんにちの不安を診断する試み』という革新主義の画期的テクストを上梓した。リップマンは、プラグマティズム的衝動と革新主義的欲望との近しい関係を示しつつこう力説した。「我々はもはや生を、我々まで徐々にしたたり落ちてくるものとして扱うことはできない。我々は熟慮のうえで生に対処せねばならず、その社会組織を考案したり、そのツールを改造したり、その方法を定式化したり、それを教育ないし管理したりせねばならない」[*11]。

革新主義的諸改革の範囲は地方のコミュニティにも及んだけれども、それらのエネルギーの主たる焦点は工業化しつつあるアメリカの都市に据えられており、大学のキャンパスや市民向けの施設や街路が社会改良のための実験室と化した。プラグマティズムの思想と都市での革新主義的活動とをこのうえなく鮮明に体現したのが、ジェーン・アダムズである。彼女はアメリカのもっとも重要な社会改革者のひとりであり、ソーシャルワーカーの草分けであり、活動家、フェミニスト、平和主義者でもあった。一八八九年に彼女はシカゴで、友人のエレン・ゲイツ・スターとともに、アメリカ初のソーシャル・セツルメント〔スラム住民のために社会教育や福祉活動をおこなう施設〕であるハル・ハウスを設立した。そこには主に、アメリカで生まれ教育も受けたミドルクラスの女性たちが〔ボランティアとして〕集まった。彼女たちはシカゴの貧困層ないし移民コミュニティとともに暮らし、ともに働いた。ハル・ハウスが提供したさまざまなサービスは、子供向けのデイケア、図書館、就職支援、英語を教えたり市民権について教えたりするクラス、職業訓練などを含んだ。ゆえにハル・ハウスの改革者たちは、自らの仕事は都市科学の一環であり、セツルメント・ハウスは社会の実験室であると真剣に考えていた。

同時期に宗教的リベラルたちが担った社会的福音《ソーシャル・ゴスペル》や急進派が担ったキリスト教社会主義とまったく同様にアダムズも、もろもろの革新主義的介入が経済的、政治的、公共的な生をいっそう公平で透明で正当なものへと作りなおし、また介入を内から支える諸個人を変容させもするのだと主張した。しかしアダムズの仕事が教会と結びついていたわけではなかった（彼女自身は自らの仕事を、「初期キリスト教の人道主義の再生《ルネサンス》」と彼女が呼ぶものの一表現と捉えていたけれども）。それはチャリティや慈善事業《フィランソロピー》でもなかった。なぜならいずれも、相互的ではなく一方的な援助行為であるため、社会的ないし経済的な不均衡を是正するというよりはむしろ際立たせるからである。アダムズは〈自らの仕事の〉衝動を、相互援助の「協同理想」として、平等な者たちによる民主主義とより調和しやすい交換形態として記述した。アメリカの持てる者と持たざる者との協力を彼女が追求していたのだとしても、それはあくまで、この区別の終焉に寄与しうる条件を促進するためであった。たんに親切であることではなく、厳格な社会科学者となって分析し、テストし、効果的な戦略を実行することが社会改良への道であった。彼女はこう書いている。「我々は、我々の民主主義を信用することを学ばねばならない。たとえそれが、その無骨な強さと飽くなき応用とにおいて巨人のごとく見え威嚇的に感じられたとしても」[*12]。ジョン・デューイの良き友であり彼に影響を与えてもいたアダムズは、革新主義的諸改革が民主主義的諸理想の実用試験〔pragmatic testing〕の例である次第を明示した。

革新主義的知識人たちは決して、社会問題を遠くから観察するだけの状態に甘んじなかった。大学を根城とする者であっても、フィールドワークをおこなったりデータを集めたりするために、都市の中心や地方のコミュニティへ定期的に足を延ばしたり、独立の「リトル・マガジン」ないし論説誌の創刊によって発信の経路を自ら開いた者もいた。他方で、日中は公共図書館や就労斡旋所に足繁く通い、夜は臨時の「サロン」に顔を出したのち友人のアパートのカウチで寝るという暮らしを続けながら、物書きとしてどうにか生計を立てている者もいた。しかし――当時における非凡な革新主義的社会批判の急増が示すように――これらすべてが、アメリカの生の活発さをそこから学べるという意味で貴重な場であり、また民主主義理論と社会的実践とのギャップを埋める方法を考えるうえでも貴重な場であることがやがて明らかになった。

文化的多元主義の政治

二〇世紀初めのもっとも有力な革新主義的知識人たちのなかには、アメリカ的多元主義のまだ開発されていない可能性とその危険とにすっかり気を取られている者もいた。まさしくこのころ、白人プロテスタントの裕福なエリートたちの多くが南欧ないし東欧からの「不潔な〔unwashed〕」大衆の流入をけなし、『パック』や『ワスプ』などの諷刺雑誌が、アイルランド系労働者が猿として描かれていたり中国系労働者がバッタの大群として描かれていたりするイメージを流通させたのであった。どういうわけか彼らは、かつて彼らの祖先も移民としてアメリカにやってきたということを忘れていた。

　人種的ないし民族的《エスニック》なショーヴィニスム（ある人種ないし民族性《エスニシティ》の他に対する優越を盲目的に信じる立場）に抗して「坩堝《るつぼ》」（この言葉は一九〇八年にイズレイル・ザングウィルの戯曲の題となったことでアメリカ人たちのあいだに広まった）を受け入れるというのは容易なことではなかった。当時の主流であったもろもろの偏見は社会ダーウィニズムのヒエラルヒー的思考に支えられており、それに異議を唱えるうえでは説得力のある議論と証拠とを用意しなくてはならなかった。これは、もっとも革新主義的なアメリカ人思想家たちのなかにもこのショーヴィニスムを奉じる者がいただけにいっそう厄介な仕事であった。社会学者の草分けであり労働者の権利を革新主義的に擁護したエドワード・A・ロスは悪名高い人種主義者でもあり、当時もっとも権威が高かった学術誌のいくつかにおいて彼は、移民はアングロ＝サクソンを「人種的自殺」（彼の一九〇一年の造語）へ追いやりかねないと警告していた。[*13] ゆえに、ロスの考えが学界および巷間でこのうえなく流行していたころに修行を終えた哲学者兼社会学者のW・E・B・デュボイスが『黒人の魂』（一九〇三）のなかで「二〇世紀の問題とはカラーライン〔皮膚の色に基づく境界線〕の問題である」と主張したのも、また同時に、「自己を他者の目で見、軽蔑と憐憫とを楽しみながら傍観しているもうひとつの世界の巻き尺で自らの魂を測る」ことをアフリカ系アメリカ人に強いるような「二重意識」を嘆いたのも無理からぬことであった。[*14]

ドイツで生まれアメリカへ渡った人類学者であるフランツ・ボアズが、科学的人種主義の権威を掘り崩すうえで決定的に重要な力として台頭した。まだドイツにいたころに書いた博士論文で彼は、心理学と物理学を駆使しながら水の色の知覚を理解しようとしていた。これがとりわけ重大なトピックだとは思われないかもしれないが、ボアズにとっては——のちに彼が参入する人類学の領域にとっても——そうであったことがやがて明らかになる。彼は自らの研究のなかで、水の色の知覚が見る者の視点や想定や経験に依存することを示した。言い換えれば、色の知覚は文脈依存的であり、〔後天的に〕学ばれることさえあり、見る者が生得していたり水の属性に内在していたりするわけではない。物理学者としてのトレーニングから得たこうした洞察をボアズは、人類学という台頭中の領域——ヴィクトリア時代の人びとが従事していた人類学はいまだ思弁的な学問であった——に足を踏み入れたあとも活用し、人間の文化をもダイナミックかつ状況依存的なものと見なすようなアプローチをとった。ボアズは人類学を、普遍的なひとつの「文化」に関する一般概念を生み出す理論的な企てとしては受容しなかった。むしろ彼は、集団ごとに異なり場所ごとに異なる「諸文化」の民族誌《エスノグラフィー》に取りかかりながら、「人間科学〔science of humans〕」を真に経験的な企てにしようと努めた。「文明は絶対的なものではない〔…〕、それは相対的である」と、ボアズは長いキャリアのなかでくりかえし力説した。[*15]

大学という後ろ盾を持つ研究が人種的偏見への挑戦の助けとなった一方で、アイダ・B・ウェルズのような、奴隷として生まれ正式な教育を不十分にしか受けられなかった黒人女性の眼には、人種主義に抗する革新主義的闘争の諸戦略がまったく違ったものに映った。彼女の媒体はエスノグラフィーの学術書ではなく、『赤い記録――一八九二年、九三年、九四年の合衆国におけるリンチの統計表および言い立てられている諸原因』（一八九五）という、リンチの横行に関するパンフレットであった。しかしボアズと同様にウェルズも、人種主義的議論のまやかしを暴くべく、理論よりは証拠に、一般概念よりは実例に注意を向けた。彼女の研究は、リンチがいかにして自警主義《ヴィジランティズム》の人種的な特殊形態となったかを明らかにするために統計的証拠を使った最初の例であった。南北戦争後には、リンチされた白人の数が一気に減った一方で、リンチされたアフリカ系アメリカ人の数は劇的に増加し、一八八二年から九四年までのあいだに一一一一人が首吊りによって殺されるという異常事態に至った。自らの研究をパンフレットというかたちで出版することを彼女が選んだのは、それを本として刊行する手立てが彼女になかったからではなく、パンフレットにしたほうがより安くより広汎に流通させられるという事実のゆえであった。公衆の意見〔public opinion：「世論」の意〕を変えようとしていた彼女は、彼女の公衆を作り出すところから始めねばならず、そこには白人も黒人も、資産家も無産者も含まれなければならなかった。

ボアズの人類学とウェルズの統計分析が示すように、革新主義のアジェンダ――アメリカの白人たちから多様性に関する凝り固まった考えをすっかり取り除き、かわりに多様性を、アメリカの民主主義を世界に広めるうえで前面に出すべき特徴として認識すること――はさまざまな形態をまとった。多様性のための戦いには想像力の開放と思慮深い反省への後押しとが必要であることを理解していた文化批評家のランドルフ・ボーンは、革新主義運動のもっとも叙情的な論文に――またもっとも力強い議論にも――数えられる文章を練り上げることによって難題にアプローチした。一九一八年に三二歳で早世するまでのボーンは、新世代の若い知識人たちのプロフェッショナルなスポークスマンにして預言者であると広く賞讃されていた。ニュージャージーのミドルクラスとして育てられた彼は、長老派教会の厳格な教えと息苦しいヴィクトリアニズムとを嫌悪しながら成長した。コロンビア大学で学ぶべく一九〇九年にニューヨーク市へやってきたとき彼は、生まれてはじめて「より広々とした空気〔a larger air〕を吸」った。[16] その後の短い年月に彼のペンから生まれたもろもろの論文は、若者文化、友情、大学教育、国内政治、国際政治といった多岐にわたる話題を扱っていた。しかし、より包摂的《インクルーシヴ》なアメリカ文化を、差異――文化的であれ人種的であれ物理的であれ――への怯えがより少ないアメリカ文化を創造するという挑戦にボーンが本腰を入れはじめたことをはっきり伝えているのは、彼の一九一一年の論文「障害者――そのひとりが識《しる》す」である。ボーンは、鉗子《かんし》分娩の失敗により顔が変形しており、四歳のときに患った結核性脊椎炎により脊柱が後彎《こうわん》し成長が妨げられていた。ゆえにアウトサイダーであった彼は、アメリカにおいて新移民であることや黒人であることがいかなる感覚を伴うはずなのかをある程度心得ていた。それは、いつも決まって「スタート地点で割り引かれている」という感覚である。[*17]

第一次世界大戦のあいだボーンは、アメリカ社会を駆けめぐる好戦的なナショナリズムと狭隘な排外主義とに目を向けていた。英系アメリカ人たちは、自分たちの道徳的破綻のみならず、移民制限やアメリカ化キャンペーン〔移民をアメリカ文化へ同化させようとするキャンペーン〕やジム・クロウ法〔一八七〇年代末以降に南部諸州で制定された黒人差別的な法の総称〕に賛同する自分たちの議論の思想的な杜撰さをも認識しようとしないか、あるいは認識することができない――そんな彼らの田舎根性《プロヴィンシャリズム》を、ボーンは「トランスナショナル・アメリカ」(一九一六)で槍玉に挙げた。ボーン曰く、「坩堝」という理想も「強いられたショーヴィニスム」の時代遅れな一形態にすぎない。なぜならそれはアングロ゠サクソンの文化を、ほかのものすべてが準拠すべき尺度と捉えているからである。「我々はみな外国生まれか、あるいは外国で生まれた者の子孫である。我々が区別されるとすれば、その区別は当然、土着性〔indigenousness〕以外の根拠に基づくべきである」。ボーンは読者に、初期の入植者たちは「アメリカの坩堝へと同化されるために来たわけではない」ことも思い出させた。「彼らはアメリカ・インディアンの文化を採り入れるために来たわけではない。［…］彼らは、望むままに生きる自由を得るために来たのであった」。彼は一九一六年の時点ですでに「二重国籍〔dual citizenship〕」を、例外としてではなくアメリカ的アイデンティティの基本的事実として要求していた。彼はそれをコスモポリタンな「国際市民権〔international citizenship〕」のための準備と見なし、そういったものが、ヨーロッパないし合衆国が国家間戦争の惨禍を回避するうえでの助けとなるだろうと考えた。アメリカ的多文化主義の――ロマンティックであるにせよ――刺激的な青写真として二〇世紀後半に再発見されたボーンの「トランスナショナル・アメリカ」は、実際には、手堅いリアリズムの鑑《かがみ》であった。「我々をとりまくアメリカをリアリスティックに直視しよう。現に作動しているもろもろの力を我々は扱うこととしよう。このトランスナショナルな精神を非合法化するのではなく、ここから何かを作り出そう。我々はすでにこのコスモポリタンなアメリカを生きている」[*18]。

ランドルフ・ボーンは〔第一次世界大戦の〕停戦の一カ月後に、一九一八―一九年のインフルエンザ〔いわゆるスペイン風邪〕の世界的流行《パンデミック》に呑まれて亡くなった。彼の死は、アメリカが戦時のヒステリーから醒めてゆくさまを観察するには早すぎたが、その猛威のショックを彼がこうむる時間は残していた。彼は、合衆国の参戦は――たとえ戦争が「大」を冠していたとしても――プラグマティズム的実践と革新主義的理想との全面的放棄にほかならないと考えた稀少な革新主義的知識人のひとりであった。当時最大の重要性および影響力を担った知識人と見なしうるジョン・デューイは、別の考えを抱いていた。そしてデューイがアメリカの参戦の支持へと歩を移すと、ほんの六カ月前に——戦争に巻き込まれないようにしてくれていることへの返礼として——ウィルソン大統領を再選した国民もまた同じ方向に進んだ。

一九一七年にボーンは、舌鋒鋭い「戦争と知識人」や「アメリカの戦略の破綻」をはじめとする、猛烈かつ辛辣な反戦記事を次々と発表した。また、コロンビア大学における彼の恩師であり、かつての彼にとっての知的ヒーローであったジョン・デューイの知恵、および彼に追随して参戦を支持する革新主義者たちの知恵に、「偶像の黄昏《たそがれ》」のなかで異議を唱えた。デューイはプラグマティズム的道具主義を道具的にしか使っておらず、その使用をとおしてグローバルな大闘争という「である〔is〕」に力を与える一方で、世界平和と国内のより民主主義的な価値観との促進という「べき〔ought〕」には力を与えていない——こうした考えに基づいてボーンは旧師を非難した。

ボーンは、ある哲学に「見殺しにされた」と感じたことを告白した。他のアメリカ人たちを鼓舞して、因習という窮屈な束縛から自分たちは脱したのだと、差異を尊重し理解を促進するというアメリカ的ないし世界的な存在様式へと自分たちは進んでいるのだと彼らに考えさせるような哲学に、である。ほんの一年前に、己《おのれ》の国境横断性《トランスナショナリティ》を受け入れる多元的なアメリカという夢を彼に抱かせたのは、ほかならぬプラグマティズムであった。一九一七年のボーンは、プラグマティズムの廃棄を提案したわけでは決してなく、「ヴィジョンはつねに技術の先を行かなければならない」ということを認めるようなプラグマティズムを手に入れようと努めていた。[*19]

同時代の革新主義者たち――ほぼ全員がウィルソンを後援していた――からの反応は迅速であり、懲罰的であった。『ニューリパブリック』におけるボーンの同僚たちは彼の記事の掲載を止め、彼が手助けしていたリトル・マガジンの『セブン・アーツ』は主たる出資者のひとりがボーンの反戦姿勢に憤慨したため廃刊となり、彼が編集者を務めていた『ダイアル』は彼をその地位から引き下ろした。同時代の革新主義者たちが彼に寄せた反応の獰猛さに太刀打ちできたのは次のものだけであった。すなわち、一九一七年にそれらが恐ろしかったのと同程度にこんにち有意義な反戦論の数々を著したボーンの、多元的で寛容で平和なアメリカというヴィジョンにおいてきらめく情熱、才気、および美である。

第6章　ルーツと根なし草——一九二〇年から一九四五年まで

思想史の目標のひとつは、諸観念のみならず歴史上の行為者《アクター》たちが生きた経験にも最大限アクセスすることである。これら両方を、アメリカの生を論評する作品をとおして我々に与えてくれる者がたくさんいるというのが、戦間期に関して特筆すべき点である。アメリカで生まれた者もいれば、亡命者としてやってきた者もいた。同時代のテクノロジーがもたらす快適さを歓迎した者もいれば、その危険を警告した者もいた。散文を書く者もいれば、絵や写真を武器とする者もいた。しかし彼らはともに、歯切れ良く発言する犀利な論評者たちとしてひとつの世代を形成したのであり、彼らの助けがあるから我々は、戦間期のアメリカ人たちの刺激的だが厄介な道徳的諸世界とコンタクトできるのである。

F・スコット・フィッツジェラルドは『楽園のこちら側』(一九二〇)のなかで、「成長とともにあらゆる神が死んだことを知り、あらゆる戦争が戦われたことを知り、人間へのあらゆる信頼が揺るがされていることを知る新しい世代」——彼自身もそこに含まれる——が戦後現れたことを告げた。[*1] 先駆的な人類学者であるマーガレット・ミードが、サモアの均質な社会と、自らの多元性に対処する能力を不十分にしか発達させなかった大陸とを比較しながら、アメリカ人たちは「多くの規準を持っているが、ひとつの規準だけが正しいはずだといまだに信じている」と述べたのもこの時期であった。[*2] アフリカ系アメリカ人たちが、復活したクー・クラックス・クランの暴言および暴力に、同じくらい強烈でありながらも韻文により制御されている憤激でもって応えたのもこの時期であった。「僕もまたアメリカを歌う」と、ラングストン・ヒューズは一九二三年の詩のなかで、ウォルト・ホイットマンの陽気な「アメリカの歌声が聞こえる」を意識しつつそこに苦渋と胆力とを加えながら詠んだ。「僕は色の黒い〔darker〕兄弟だ。お客が来ると彼らは、僕を追いやって台所で食事させようとする。〔…〕明日はお客が来ても僕は食卓に座るんだ。そのときはきっと誰も、あえて「台所で食え」とは言わないだろう。加えて彼らは、僕がどれほど立派〔beautiful〕かがわかり、自分たちを恥ずかしくさえ思うだろう」[*3]。株式市場が暴落して大恐慌が起こったのも、先見の明のある観察者たちが一九二〇年代の浮ついた楽観論の根底にある道徳的破綻について警告したのもこの時期であった。暴落がアメリカ人たちに自らの価値観を疑問視する理由を与えるまえからウォルター・リップマンは、一九二九年の著書のなかで、「近代性《モダニティ》の酸」がアメリカ人たちの道徳的指針を狂わせていることを嘆いていた。[*4] こういったもろもろの言葉は過去への通路であり、これらのおかげで我々は、アメリカ人たちの良心の内なる疼きを感じたり、彼らの眼をとおして戦後のアメリカ思想を眺めたりすることができる。

第一次世界大戦の終わりから第二次世界大戦の終わりまでは、思想的な豪胆さと根深い反近代主義《アンチモダニズム》とによってしるしづけられる時期である。狂騒の二〇年代を轟かせたのは、人間の本性に関する新しい洞察や、詩、芸術、文学におけるモダニズムの実験ばかりではない。性道徳の乱れや人種的交雑や神殺しをめぐる恐怖もそれを轟かせていた。第一次世界大戦での勝利ののち、多様な背景および視点を持つアメリカの思想家たちは、アメリカによる自己解説のための新しい言葉遣いならびに表現様式を見つけるという、現在まで長続きすることとなる共同プロジェクトに参加した。アメリカの商業主義を非難した者も、大恐慌の原因および余波を理解しようとした者も、ヨーロッパで全体主義の亡霊が跋扈しているさなかに民主主義の土台について再考した者もいたけれども、彼らはみな、自由と平等を求めるアメリカの未完の革命を検証し、アメリカの多様性のなかに統一《ユニティ》を見出すうえでの新しいインスピレーションを供給したのであった。

近代化の影

第一次世界大戦後の数年間には、国内外の経済的および社会的発展がアメリカ人たちをいくつもの異なる方向へと押したり引いたりしていて、綱引きの状態になることもあった。一方には近代化の諸力——新しい科学理論、新しい家庭用テクノロジー、家族やセクシュアリティに関する新しい諸観念――があり、それらはすべて、新しい考え方、生き方、愛し方を可能にしていた。他方には伝統の牽引――宗教心の再興、移民が増え都市化が進む時代における懐郷の念、旧来の恐怖や敵意――が多くのアメリカ人たちの精神および心を締めつけていた。しかし、さらなる自信を求めて未来を見つめる人びとと慰めを求めて過去を眺める人びとは、ひとつのものを共有していた。彼らを容赦なく呑み込む歴史の流れが彼らのアメリカに、またそこでの彼らの位置感覚にも、もろもろの根本的な変容をもたらしているという点で両者の考えは一致しえたのである。彼らの世界は、好むと好まざるとにかかわらず、彼らが生まれ落ちた世界とは大きく異なるものへと急速に変わりつつあった。

アメリカの生における近代化の諸力は至るところに顕現した。戦後の尋常ならざる経済成長は、工業生産額および企業収益が向上し、ひとりあたりの所得が伸び、暮らしを快適にする商品ないしサービスを掛け買いするアメリカ人が増えた結果であり、かくして日常生活に甚大な諸変化がもたらされた。電気冷蔵庫や洗濯機や掃除機といった機器が手間を省いたことで、余暇がかつてよりも多くなった。人びとは余暇のあいだずっと、写真やラジオや「トーキー」〔発声映画〕を楽しんだ。古い都市は電化によって新しくなり、都市のはずれの住人も自動車のおかげで、「郊外」と呼ばれるようになった場所での近代的な暮らしを味わえた。新しい印刷技術によりいっそう盛んに刊行された大衆向けの書籍および雑誌は、ファッションや文化や思想における新しいトレンドを世に広く知らせた。何かにつけて「新し」さを自認することもこの時期の特徴であり、たとえば解放された「新しい《ニュー》ニグロ」および「新しい女性《ニュー・ウーマン》」が、必要とあらばいつでも公共の場に出てより声高に主張するような近代の社会的タイプとして登場した。男女平等を追求していたフェミニストたちにとって、一九二〇年に成立した〔合衆国憲法〕修正第一九条が女性に選挙権を与えたことは並はずれた大躍進であった。しかし「新しい女性」は急速に、投票箱を連想させるものではなくなっていき、かわりに髪を短くし顔を化粧したおてんばなフラッパーとの結びつきを強めた。煙草を片手に持つこの近代的女性は、女らしさ〔femininity〕や礼儀正しさといった伝統的概念に手を振って別れを告げていた。

一九二〇年代が行け行けの一〇年間〔a go-go decade〕のように見えた一方で、アメリカの観察者たちのなかには、近代化の諸力が止むことばかりを望んだ者も多くいた。合衆国は戦争に勝ったが、少なからぬアメリカ人たちが、戦勝ムードの文化には頽廃や不品行が随伴していると感じ、なじみのない諸慣習――それらは彼らが切望するたぐいのコミュニティに適合しなかった――を身につけたあまりに多くの異邦人をこの文化が引き寄せたとも感じた。ウォレン・G・ハーディングは一九二〇年の大統領選挙を戦うために「常態〔normalcy〕」を公約として掲げた。この語を使った政治家は彼以前におらず、ゆえに彼にはこの語の意味に関する最大限の自由が与えられていたため、彼はこれを「物事の正常で安定した秩序」とかなり曖昧に定義した。「つまり正規の手続きのことであり、分限を超えない自然な方法のことである」と。[*5] しかしながら、一九二〇年代をとおして継起したもろもろの出来事に助けられてこの語は正確さを増していった。合衆国が国際連盟に加盟しないことを決めると、常態は孤立主義を意味するようになった。一九一七年一一月のボリシェヴィキ革命と国内の労働不安とが共産主義ないしアナーキズムへの恐怖を喚起すると、常態は反急進主義《ラディカリズム》を意味するようになった。代々アメリカに住んできた白人プロテスタントたちの多くにとっての常態は、法による移民制限がより強まる（一九二一年に緊急割当法が、一九二四年に原国籍法が制定された）につれて、また〔南北戦争後の南部で成長した同名の秘密結社と較べて〕より大きくてより悪いクー・クラックス・クラン（KKK）――それはいまや、敵のリストにアフリカ系アメリカ人のみならずユダヤ人やカトリックも加えていた――のメンバーが増えるにつれて、好戦的な排外主義を意味するようになっていった。常態の追求は「外国の思想家たち」をめぐる恐怖の高まりと軌を一にしており、この恐怖は学校のカリキュラムにも入り込んでアメリカの生徒たちの道徳性を汚染していた。スコープス「猿」裁判[☆1]はダーウィニズムと悪魔主義《サタニズム》を一緒くたにすることに貢献し、また根本主義《ファンダメンタリズム》という、二〇世紀をとおして合衆国のキリスト教にもろもろの重大な結果をもたらすこととなる新しい展開の出現にも寄与した。加えて、近代人たちの精神およびリビドーが内なる暗部においてどう作動しているかに関するジークムント・フロイトの考えはいまやますます俗受けしていた。すなわちこのオーストリア人の精神科医は、カール・マルクスおよびフリードリヒ・ニーチェとともに、アメリカ思想を堕落させる〔ヨーロッパ〕大陸の思想家たちの不浄なる三位一体《トリニティ》を形成したのである。

しかし近代と伝統双方の諸力の綱引きがもたらす不安定は、やがて明らかになるように、ひとりの知識人の心中で覇を争っているときにもっとも甚だしくなった。その主たる例に、優生学――人種的ないし民族的《エスニック》な排除を弁明するための「先端」科学の使用――の高まりゆく信用が関わっている。性教育に従事し、合衆国初の産児制限クリニックを開き、女性の自己決定権をあくまでも擁護したマーガレット・サンガーは、近代の進歩的な女性の代表者として最高位を占めていながらも、エスニック・ショーヴィニスト〔ある民族性《エスニシティ》の他に対する優越を盲目的に信じる者〕であった。このスタンスは彼女の時代におけるもろもろの慣習的偏見と完璧に調和したが、現在の視点から見ると、それがセクシュアリティに関

☆1　スコープス「猿」裁判（the Scopes "Monkey" Trial）
テネシー州の高校教師ジョン・T・スコープスが州法に違反したかどで逮捕されたことに伴う一九二五年七月の裁判。その州法は同年三月に制定されたもので、公立学校での教育が聖書内の天地創造の記述を（ダーウィニズムによって）否定することを禁じていた。裁判の過程は、論戦が過熱したこともあって全米の注目を集めた。結局スコープスは有罪判決を下され、一〇〇ドルの罰金を科された。

する彼女の著しく非慣習的な考えと同居していることが奇妙に感じられる。『女性と新しい人種』（一九二〇）のなかで彼女は、「自らの意志で母になることは新しい道徳性を含意する」と理解していた。しかしだからと言って、「衛生について何も知らない状態」で「大挙してやってきた外国人たち」が生殖の自己決定権を自由に行使することを彼女が望んだわけではまったくなかった。[*6]『文明の中枢』（一九二二）においてサンガーは「科学」を、「不適者」および「精神薄弱者」の生殖を制限するうえでの「盟友〔the ally〕」と表現した。[*7]

アフリカ系アメリカ人や南ヨーロッパ人やアジア人に対するサンガーの見方は、ハーヴァードで鍛えられたアメリカ史家であり優生学者および人種理論家としても著名なロスロップ・ストダードの見方ほど極端ではなかった。『有色人の台頭――白人の世界的優位に対する脅威』（一九二〇）や『文明への反抗――劣人の脅威』（一九二二）に代表される彼の、白人種に迫る「有色」の脅威に関する権威ある研究が、サンガーに彼を推薦したのであった――彼女のアメリカ産児制限連盟の全国評議会に加わってもらうのにうってつけの大家として、また〔彼女が創刊した〕『バース・コントロール・レビュー』の理想的な寄稿者として。ストダードは、「人種は抽象的な理論ではなく具体的な事実であり、科学的なテストによって正確に規定されうる」という考えが多くのアメリカ人たちの心中に固定されるのを手助けした。[*8] 近代科学の権威を利用して偏狭な人種的信念にお墨つきを得させよ

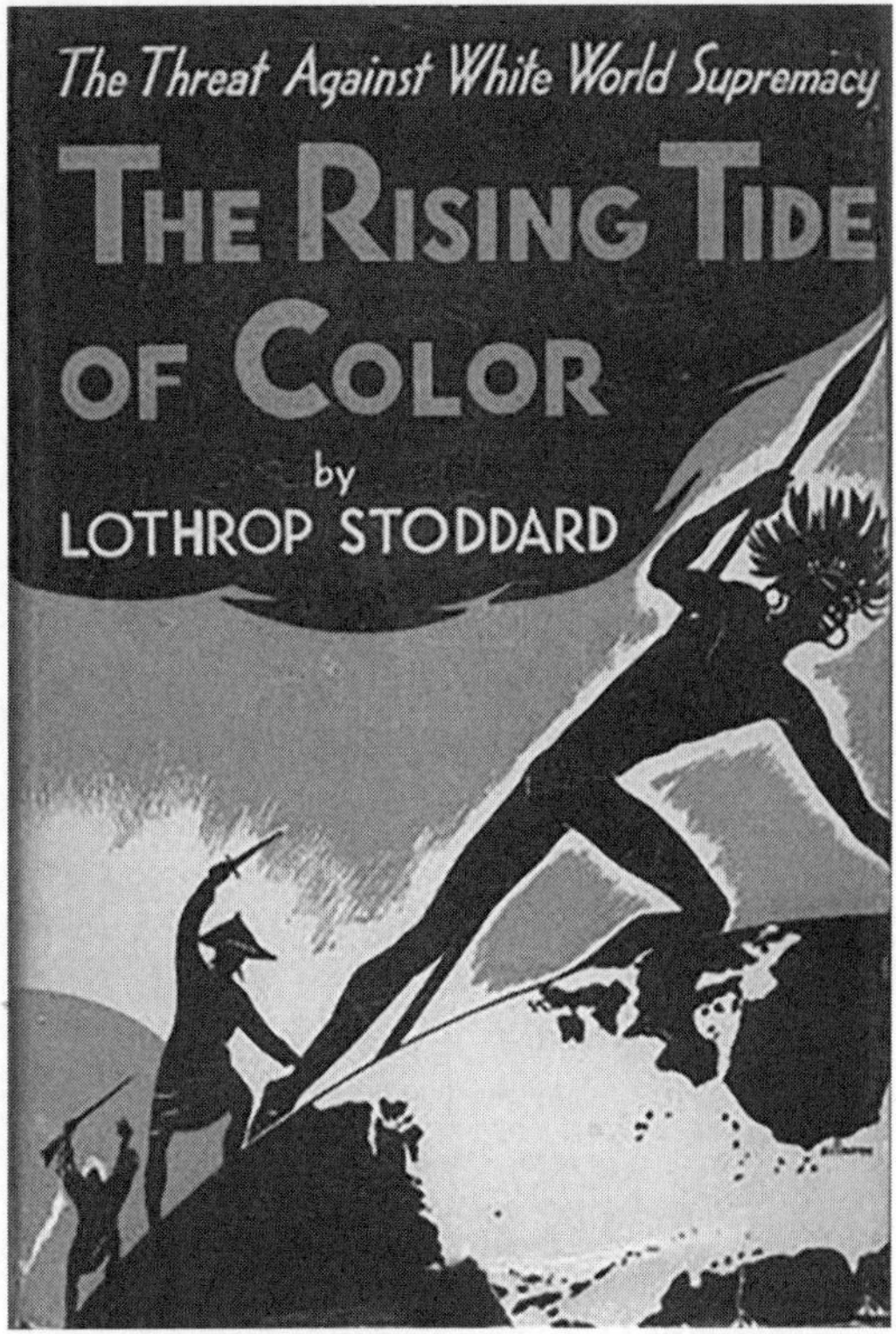

図14　ロスロップ・ストダードの『有色人の台頭』（1920）は、1920年代に現れた人種に関する未来予測のなかでもっとも影響力が大きかった著作のひとつである。ストダードのテクストは、「白色」世界人口がその倍の「有色」世界人口により凌駕されているさまを示す「地球の人種地図」を提供し、移民および異人種混交はアメリカの白人たちに迫る最大の脅威だと警告していた。University of Wisconsin-Madison, Special Collections.

うとしたサンガーとストダードはいずれも、一九世紀の科学的人種主義から戦間期の優生学理論まで切れ目なく続く思想的な伸張〔extension〕を代表している。

失われた世代からアフリカン・アメリカン・ルネサンスの建設へ

エズラ・パウンドは一九〇八年、二三歳のときに〔米国から〕ロンドンへ、その知的エネルギーと美的実験とに引き寄せられるように移住した。彼は中世詩を講じたり、批評を書いたり、『ポエトリー』というシカゴが拠点の雑誌の在外編集者を務めたりしていた。また、フェビアン協会に属するジョージ・バーナード・ショーやH・G・ウェルズなどの社会主義者たち、画家のウィンダム・ルイス、哲学者のバートランド・ラッセルといった人びとと笑いあったり批判しあったりもしていた。しかし戦争が彼の熱狂に痛打を加えた。彼の世代の青年たちが破滅的なナショナリズムのために、グロテスクな仕方で捉えられた愛国主義のために、政治家たちの野心および実業家たちの強欲のために——殺されてはいないにせよ——心理的にも肉体的にも損なわれてゆくさまを目にして彼は恐怖し、後ずさりした。一九二〇年の詩「ヒュー・セルウィン・モーバリー」のなかで彼は、自らの恐れと心痛とをつかまえ、同世代の最良の者たちが「歯が欠け年老いた売女《ビッチ》のために、継ぎはぎだらけの文明のために」死んだことを嘆いた。*9

パウンドが自らの荒廃と失望とを記録してからほどなく、彼の幻滅を共有した同時代のアメリカ人作家たちおよび芸術家たちが何人も、独力で新しい人生を始めるべくヨーロッパへ渡った。戦争による破壊がなかったりわずかであったりした国はヨーロッパに存在しなかったものの、彼らが見るところのヨーロッパは彼らの田舎臭いアメリカよりもコスモポリタンであり、ゆえに彼らの作品に必要な生き方および諸観念をより実験しやすい場所であった。戦後に米ドルが強くなったことにも助けられて、アーネスト・ヘミングウェイ、T・S・エリオット、F・スコット・フィッツジェラルド、シルヴィア・ビーチといった人びとが、ヨーロッパの新しいモダニズム文学の担い手たちに囲まれて暮らし、またアメリカ文化にしつこく残るヴィクトリアニズムを退けていた。

一九〇三年からパリで暮らしていたガートルード・スタインは、戦後のアメリカから彼女が選んだ故国への頭脳流出を歓迎し、やってきたアメリカの道楽者たちおよび放浪者たちを「失われた世代《ロスト・ジェネレーション》」と呼んだ。この呼称は思想的漂泊に対する心からの支持を意図したものではなく、彼らの野性的な生き方や若さをからかう一手段だったのであり、よりまじめな意図は、彼らが探し求めている実存的な拠りどころは決して見つからないだろうという示唆に存していた。スタインに言わせれば、彼らは形而上学的に当惑《ロスト》していた。ヘミングウェイは他に先駆けてこの呼称を我が物とし、それを国外で生きるアメリカ人たちの思想的な不安および憧れに似つかわしい名と捉えた。彼らが寄る辺のない精神であったとすれば、アメリカの思想的にも文化的にも不毛な荒地よりはヨーロッパのもろもろの廃墟のほうが、彼らの束の間のシェルターが見つかりやすかった。

白人の作家たちおよび芸術家たちから成る若者世代が、当惑《ロスト》していることを快く感じた一方で、同世代の黒人の作家たちおよび芸術家たちはただ、自分たちが気楽に「故郷《ホーム》」と呼べるようなアメリカを見つけたいと思っていた。KKKが再興し、ジム・クロウ法（一九九頁参照）による人種隔離と帝国主義とを支持するという二〇世紀的な目的のために一九世紀の進化理論が再利用されていることを受けて、しぶとい人種主義に直面したアフリカ系アメリカ人の詩人たち、劇作家たち、画家たち、論客たちはますますアメリカ的偏見との戦いに精を出すようになり、手始めに、現在と彼らのアメリカでの過去（およびそれ以前のアフリカでの過去）とを繋ぐ歴史を見つけようとした。一九二〇年代ないし三〇年代における黒人たちの知的生産の並はずれた開花ぶりは、のちにハーレム・ルネサンス（あるいはニグロ・ルネサンス）として知られることとなる。それは、高められた人種的意識および人種的プライドのみならず諸人種間の団結《ユニティ》をも探求していた。

この運動が単一のテーマ、美意識、声明《ヴォイス》によって規定されることはなかったけれども、ハーヴァード大学の哲学者であるアラン・ロックの一九二五年の編著『新しい《ニュー》ニグロ』は、この運動にひとつの使命とひとつのアイデンティティとを与えていた。ローズ奨学金（オックスフォード大学の大学院で学ぼうとする留学生が対象の奨学金）を獲得した最初のアフリカ系アメリカ人であり、哲学者ジョサイア・ロイスの教え子であり、哲学者ホレース・カレンの学友であった彼は、一九一八年にハーヴァードから博士号を授与された。彼が名を上げたのは「批判的相対主義」の唱道をとおしてであり、そのなかで彼は、プラグマティズムを下から支えるものと彼が見なした多元主義を、ラディカルな人種理論および文化理論へと彼ならではの仕方で拡張した。こうしたコミットメントは、『新しいニグロ』の彼の序論から読みとれる。彼はそこで、「しばしば言われる有色人の台頭」の背後にある人種的本質主義という「虚構」と戦いながらも、自己規定および自己決定のための新しい知的術語ないし美的術語の創出をアフリカ系アメリカ人たちが必要としていることを認めた。人種的プライドを養うことは、人種的絶対主義や人種的分断を助長することでは必ずしもない。それどころか、人種に関する革新主義的な、つまり相異なる諸文化および諸集団の相対性を認識した考え方は、各文化ないし集団の価値および美を比較したり内省的に捉えたりするための方法のひとつであった。ロックは、民族離散《ディアスポラ》やシオニズムをめぐる言説を引きあいに出しつつ、世界中の黒人たちがこうむっている迫害は――ユダヤ人たちの場合と同様に――「ニグロを国際化している」と論じ、アフリカ系アメリカ人たちの芸術的実験の力強い中心《ハブ》であったハーレムを「ニグロの「シオニズム」の本拠地《ホーム》」と表現した。*10 ルネサンスの作家たちおよび芸術家たちの観念と美意識と議論は、互いに歩調を合わせていたわけではなかった。しかしいずれも、芸術的実験をとおして、また黒人のアイデンティティを表す新しい言葉をとおして、美的価値ないし知的価値を測る彼ら自身の尺度を案出したいという共有された思いを明かしていた。W・E・B・デュボイスにとってこの思いは、「厄介者《プロブレム》扱いされるとどんな気持ちになりますか」という――彼の『黒人の魂』に記されている――問いに出会うことがなくなったときに、それが白人の人種的不安の告白でしかないことが認識されるようになったときに実現されるものであった。[*11] ルネサンスの前夜から全盛期にかけてデュボイスは、まず――運動の焦点がディアスポラにも据えられることを期して――一九一九年にパリで第一回汎アフリカ会議《コングレス》を主催し〔これよりまえの一九〇〇年にロンドンで汎アフリカ会議《カンファレンス》が開かれている〕、続いて『ダークウォーター――ヴェールの内側からの声』（一九二〇）と『黒人の天資《ギフト》――アメリカの形成期におけるニグロ』（一九二四）を上梓し、さらにはフィクションの執筆という実験を一九二八年の小説『ダーク・プリンセス――ひとつのロマンス』へと結実させた。

民族誌学者《エスノグラファー》にして民俗学者のゾラ・ニール・ハーストンは、フロリダ州の黒人のみが住む町で育ったという個人的経験と、ハワード大学でアラン・ロックから受けまたバーナード・カレッジで人類学者のフランツ・ボアズから受けた教えとを組みあわせて代表作の『彼らの眼は神を見ていた』（一九三七）を書き上げ、それをとおして南部の田舎の黒人たちに自らの慣習および習俗をもっと誇らせようとした。ニュー・ニグロ・ムーヴメントの詩も同様に、アフリカ系アメリカ人たちの経験の美および個別性を見つけようとした。運動の約一世紀前にはラルフ・ウォルド・エマソンが、「詩人」のなかで「韻律ではなく韻律を作ってゆく思考《アーギュメント》こそが詩を作る」と確言していた。[*12] ラングストン・ヒューズ、クロード・マッケイ、カウンティー・カレン、ジェイムズ・ウェルドン・ジョンソン——熱の籠もった批判と絢爛たる叙情性とを韻文のなかでブレンドした彼ら以上にふさわしいエマソン的詩人の例はなかなか見あたらない。

ハーレム・ルネサンスに寄与した者たちは、自分たちの遠い過去を想像するためにアフリカへ目を向け、また運動にグローバルな広がりをもたらすべく黒人たちのディアスポラへ注意を向けた。しかし彼らは何よりもまず、アメリカを彼らが「故郷《ホーム》」と呼べる場所にすることを望んでいた。彼らの努力が、頑なな反黒人感情や黒人に対する恐怖を持続的な人種的連帯および人種的包摂へとどれほど効果的に変えたかを測ることは難しいけれども、ルネサンスの芸術家たちおよび知識人たちがいかにして——ジム・クロウ法によって自由を阻まれながらも——アメリカへの帰属を再想像したかを見てとるのはずっと容易である。

ニューディールの思想的基盤

一九二九年の株式市場の暴落がもたらしたショックと破壊、そして以後の経済不況は、アメリカの生の過去を理解しその未来への展望を得ることを喫緊の課題にした。これを踏まえればおそらく、なぜ「アメリカン・ドリーム」というフレーズが一九三〇年に、すなわちアメリカ人たちが最悪の悪夢に取り憑かれているという歴史的局面で流行したのかを

図15　アフリカ関連の事物を収集していたアーサー・ションバーグは「アメリカのニグロは自らの未来を作るために自らの過去を作りなおさねばならない」と主張したけれども、まるでこれに直接応えたかのように、ニュー・ニグロ・ルネサンスの芸術家であるロイス・メイルー・ジョーンズは《エチオピアの向上》(1932) においてアメリカの黒人たちの経験をアレゴリー化した。この絵画が描くのは、アフリカでの過去から始まり、奴隷身分と解放とを経て、十全な自己表現をハーレム・ルネサンスに見出すに至るという過程である。Milwaukee Art Museum, Purchase, African American Art Acquisition Fund, matching funds from Suzanne and Richard Pieper, with additional support from Arthur and Dorothy Nelle Sanders, M 1993.19. Photographer: John R. Glembin. With permission of Loïs Mailou Jones Trust.

説明しやすくなるだろう。「アメリカン・ドリーム」の概念を最初に、アメリカ史を数世紀間導いてきたヴィジョンとしてのみならず普遍的な大望としても喧伝したのは、ジェイムズ・トラスロー・アダムズの『アメリカの叙事詩』（一九三一）であった。「そこでは誰もがより良い、より豊かな、より満ち足りた人生を送るべきであり、誰もが自らの能力ないし成果に応じた機会を得るべきである——そんな国の夢」が「アメリカン・ドリーム」なのだ、と。[*13] こうした言葉があの時期に書かれ、しかも〔アメリカン・ドリームへの〕忠誠をあれほど広汎に喚起したというのは、にわかには信じられないことである。なにしろ同じころ、深刻な旱魃が大地を枯らしたためグレートプレーンズ〔ロッキー山脈以東の大平原〕の農民たちは悲惨な状態に陥っており、六〇〇万人のアメリカ人が失業しており、パンの施しを待つ列と食料を求める暴動とが全米の諸都市で見られたのだから。〔ヘンリー・〕アダムズが書いたような上昇志向の歴史〔アダムズの『合衆国史』全九巻（一八八九―九一）が念頭に置かれている〕には、不況下のアメリカ人たちに希望を与えるという効能があった。しかし彼らは、アメリカの思想家たちの助けも必要としていた。

これに応えて同時代のアメリカ人たちを直接援助する機会を、知識人たちはフランクリン・デラノ・ローズヴェルトのニューディール政策の諸改革に見出した。ローズヴェルトは、「大胆にして弛みなき実験」なくして破壊された経済と自暴自棄の社会との修復は果たしえないと考えていた。[*14] さまざまな経済学者たち、社会科学者たち、法学者たちを起用し政府顧問として働かせた彼は、経済的かつ社会的な荒廃と戦ううえでの最良の武器は知識だと信じていた。アメリカの生のなかに、ニューディールのプログラムの科学的調査および行政が及ばない領域はほとんど存在しなかった。もろもろのプログラムは、アメリカ人たちの基本的要求への対処において完璧でも公平でもなかったが、失業者、病人、高齢者、住宅ローン、土壌浸食、銀行預金、農村の電化などへくまなく目を向けてはいた。

ニューディーラーたちは、社会的ないし経済的に重要なあらゆる領域を自分たちは視野に収めるべきだと考えていた。しかし他方で、自分たちが見ているあいだはずっとアメリカ思想の辺縁に追いやられていてほしいと彼らが望んだ観念が少なくともひとつ存在した。頑強な個人主義〔rugged individualism：一九二八年の大統領選挙に立候補したハーバート・フーヴァーが選挙戦終盤の演説で用いたフレーズ〕である。当時のアメリカの史学界における第一人者であったチャールズ・ビアードによれば、「フロンティア」の反社会的かつ個人主義的なメンタリティ――フレデリック・ジャクソン・ターナーが約四〇年前に論じたもの――の称揚はもはや危険なまでに時代遅れであった。ビアードはこう主張した。「西洋文明が認識した自らの危難〔…〕は、自分の身は自分で守れ他人のことなど気にするなという個人主義の信条に主な原因がある――これが冷厳な真理である。この信条は、農業も産業も原始的であったころにいかなる取り柄を有していたにせよ、テクノロジーや科学や合理化された経済の時代には適用しえない」[*15]。

知識人はたんに性懲りもなく夢を抱きつづけている者なのではなく見識と決意とを携えて問題を解決する者なのだという新しい楽観論は、当時の言葉遣いにも顕現した。「ブレーントラスト〔Brains Trust〕」は、政府の重要な地位に就いた学界の知識人たちが役割を拡大しつつあるさまを観察した『ニューヨーク・タイムズ』の記者の造語であり、ニューディールのもっとも有名なフレーズのひとつとなった。この言葉は当初、レイモンド・モーリー、レクスフォード・G・タグウェル、アドルフ・バール・ジュニアという三人の、経済政策に関してローズヴェルトに助言した——そして国内の経済問題を規制によって解決するという方針の確立に寄与した——コロンビア大学の教授たちを指していたが、やがてより広く、プロフェッショナルの知識人たちに突然もたらされた政治的役割の豊漁を表現するために使われるようになった。彼らの研究上の専門領域は多種多様であったけれども、彼らはみな同様に抽象的なものを嫌悪しており、みな観念および理論の実践的応用と検証可能性とにこだわった。経済学者のタグウェルによれば、「概念論〔conceptualism〕はとりわけ社会科学にとって厄介な代物《しろもの》であ」り、そこに追加される社会科学者の「現場《フィールド》と工場」での仕事は、自然科学者が実験室でおこなう仕事に似ている。[*16] ニューディールの改革者たちの多くは、第一次世界大戦前の革新主義的諸改革を先導することからキャリアを始めたため、科学的探究と行政とは社会問題を取り除くうえで決定的に重要だという確信を携えていた。最低賃金や社会保障や国民皆保険といったヴィジョンの主たる推進者であったフランシス・パーキンズ労働長官は、シカゴのハル・ハウスで働いた経験を活かしていた。

ニューディールのもろもろのプログラムは、国内にいくつも開いた傷口を塞ぐために作家たちおよび芸術家たちが為しうることを高く評価する姿勢も示した。雇用促進局（のちに公共事業局〔WPA〕へ改称）が、職のない美術批評家、教師、司書、民俗学者、小説家、劇作家をアメリカの「現場《フィールド》」へ連れ出すプログラムの数々を開始した。人びとにかつての生活様式を取り戻させるためのこうしたプログラムに従事した者たちはみな、アメリカの「庶民《フォーク》」の気概と善を——大いなる危難のさなかではあっても——引き出そうと努力した。〔WPAが所管する一事業において制作された〕『アメリカン・ガイド』シリーズ（一九三七—四二）には多くの作家たちが寄稿しており、各州の文化、ライフスタイル、歴史、地理などを主題とする彼らの文章は、ロマン主義的ナショナリズムと地域的な多様性および個別性の賞讃とのあいだでバランスをとっていた。これとは別の、いっそう並はずれていてより予見的な事業においては、奴隷として生まれたアフリカ系アメリカ人の男女——すなわち、アメリカ的経験のより暗い面の生き証人たち——に対するインタビューが組織的に試みられていた。加えて、軍団と呼んでも過言ではない数の芸術家たちが、国民の美意識の涵養を助ける者として雇われた。芸術家たちはポスターをデザインし、公共施設の壁画を描き、都市の中心に彫刻を設置し、コミュニティの美術教室で教えた。かくして一九三〇年代は、アメリカ史におけるパブリック・アートの最盛期のひとつとなった。ＷＰＡの芸術家たちおよび美術史家たちの多くが、アメリカン・デザイン目録という、植民地時代から一九〇〇年までのアメリカで制作された工芸品および装飾美術を記録する一大事業にも寄与した。これは風変わりな好古趣味の例などでは決してなく、未来を見据えたうえで有用な過去を探求していた近代芸術家たちの手になるひとつの記録《ドキュメント》であった。

ローズヴェルトと彼のもろもろのニューディール・プログラムは、アメリカ人の過半数から支持と感謝を集めた一方で、憤慨した批判者たちに正当な言い分を与えもした。元ルイジアナ州知事のヒューイ・ロングは、かつて支持していたローズヴェルトと袂を分かち彼の構想に異議を唱えたことで全国的に有名になった。ローズヴェルトの構想は企業および富裕層の要求や欲望におもねりすぎていると感じたロングはかわりに、「我々の富を分かちあおう〔Share Our Wealth〕」計画を打ち出し、もっとも裕福な人びとから徴収した富を貧困層の各人へ、五〇〇〇ドル分の家産《ホームステッド》および二五〇〇ドルの年収というかたちで再分配することを提案した。ローズヴェルトにとってロングと同じくらい恐ろしい敵であったのが、ミシガン州のカトリック司祭にしてラジオ・パーソナリティのチャールズ・コグリン神父である。彼は四五〇〇万人の聴衆――大多数が白人労働者であった――の心配を、反共産主義であったり反資本主義であったり過激なまでに反ユダヤ主義であったりする彼の扱《こ》き下ろしでもって全面的なパニックへと段階的に拡大し、またそうした邪悪な勢力を撃退するために「キリスト教戦線」が必要だと訴えた。ロングとコグリン双方のレトリックの誇張法およびヒステリーは、合理的な論証よりもむしろ恨みと憤りとを前面に出したため、彼らの論理をまとめることは容易ではない。にもかかわらず彼らは、次のような偽りなき恐怖を同時代人たちに抱かせることに与《あずか》って力があった。すなわち、近代の工業国家は個人の自律に割り込みつつあり、もろもろの貴い自由を踏みにじりつつあるという恐怖を。

亡命知識人たちのアメリカへの到来

二〇世紀アメリカの思想的ないし文化的生におけるもっとも重要な出来事のひとつは、一九三〇年代から四〇年代前半にかけて、ナチズムを逃れたドイツ語圏の知識人たち、芸術家たち、科学者たちが大量に移住してきたことである。亡命者たちは学識を身につけトレーニングも受けた状態で来たのであり、場合によっては芸術界ないし科学界での世界的な名声をすでに確立していた。ゆえに彼らは、アメリカの学術機関および文化機関に巨大な影響を及ぼすこととなった。亡命知識人たちのなかには、アルバート・アインシュタイン、トーマス・マン、ベルトルト・ブレヒト、アルノルト・シェーンベルク、カレン・ホーナイ、ヴァルター・グロピウス、フランツ・ノイマン、エルンスト・カッシーラー、テオドール・アドルノ、ヘルベルト・マルクーゼ、エリック・フェーゲリン、ヴィルヘルム・ライヒ、エリク・エリクソン、パウル・ティリッヒ、フリッツ・ラングなどがいた。こうした非凡な才能のリストに目を通せば、ニューヨーク大学のインスティテュート・オブ・ファインアーツを率いていたウォルター・W・S・クックがなぜヒトラーを「無二《ベスト》の親友《フレンド》」と呼んだのかも理解しやすくなる。彼はこう口にしていた。「彼［ヒトラー］が木を揺さぶり、落ちたリンゴを私が拾う」と。*17

かかる知識人たちの大半は一九三〇年代に、すなわち政治的孤立主義と反移民の排外主義と経済不況とによってしるしづけられる時期にアメリカに辿り着いた。多くが、ユダヤ人や外国人の排斥に関して歩調を合わせていたもろもろの大学およびカレッジから拒絶された。しかし少なからぬ大学の執行部には抜け目ない者たちがおり、彼らは、亡命知識人たちの令名と専門知識とが利益をもたらしうる――とりわけ、アメリカの多くの学術機関が国際的な地歩を固めるべくいまだ努力しているときにおいては――ことを認識していた。また高度に訓練された社会科学者たちの新規獲得は、もろもろのニューディール・プログラムの発展および運営にとって有益な研究資源《リソース》とも捉えられた。さらに、おそらくこれが最重要なのだが、亡命者たちはナチズムと直に接した経験から、ヨーロッパの全体主義体制の帰結をアメリカ人たちに向けて解説しうるだけの洞察および道徳的権威を得ていた。

ドイツから亡命してきた知識人たちは全体主義国家での生活のさまざまな悪影響を深く理解しており、やがて、彼らが脱出した体制について解説してくれる得がたい存在となった。政治学者フランツ・ノイマンの『ビヒモス』(一九四二)が、国民社会主義の経済構造、政治構造、社会構造の検討を試みた最初期の一例であり、それは経済的動機を第一に考えながらナチズムを論じるというマルクス主義的分析を提供していた。精神分析家のエーリッヒ・フロムは全体主義の社会的ないし心理学的な起源を探求し、個人の自由がもたらした精神的負担や疎外からの退避をナチズムが代表していると論じた。プロテスタント神学者のパウル・ティリッヒが宗教の喪失を、ホロコーストという極点にまで達してしまった近代的不安の一因として考察した一方で、政治思想家のハンナ・アーレントはナチズムのナショナリズム的ないし政治的な出どころに注意を向けた。小説家トーマス・マンの『ヨセフとその兄弟』四部作が「ヒトラーの影」のもとで書かれ、なかでも第四部『養う人ヨセフ』はマンが新たに選んだ故国に関するものとなった。彼が言うには、そこに描かれるヨセフはマンの「フランクリン・ローズヴェルトとの直接の面識」に影響されており、彼の「ヨセフのエジプト統治に対する見方」は「ニューディールに関する私の印象の痕跡」を留めていた。[*18] 彼の精神からついぞ拭い去られなかったナチス・ドイツの恐怖は、忘れがたい暗さを湛えた『ファウストゥス博士』(一九四七)——マンによるファウスト伝説の現代的翻案——の背景を成した。

戦後アメリカの社会理論および政治理論の多くが、亡命学者たちの貢献の延長線上に築かれることとなった。その後アメリカ人たちは、国外に関しては冷戦の地政学的力学を把握しようとしはじめ、国内に関しては原子論的個人主義の背後に潜む大衆の危険な諸傾向を目にするようになり、そんななか亡命者たちの大衆社会論は人気を博し広く読まれた。一九五〇年代のリベラルな社会学者たちと、一九六〇年代の対抗文化《カウンターカルチャー》に与《くみ》したより若い世代の批評家たちは、疎外と画一主義《コンフォーミズム》——これらをもたらしたのは、戦後アメリカの生において優勢を占めた企業官僚制および郊外化であった——を分析するうえで有益な理論を亡命者たちの著作に見出した。かくのごとく、一九三〇年代ないし四〇年代におけるヨーロッパの知識人たちの大移動は、戦後のアメリカ思想の形成に劇的かつ長期的な効果を及ぼした。

一九一四年にヨーロッパで戦争が勃発するまでアメリカの知識人たちはその気配をほとんど感じていなかったが、一九三九年のヨーロッパにおける戦争の勃発に関しては事情が異なった。にもかかわらず、開戦は彼らをひどく動揺させ、政策の専門家ないし政治の分析家ないし文化批評家としての自らの役割について再考するよう彼らに迫った。彼らの多くが、史上初の三選を果たすべく中立を公約に掲げて一九四〇年の大統領選挙に立候補したローズヴェルトを支持した。そして多くが、中立の「民主主義の兵器廠《しょう》」ではありつづけられないことにローズヴェルト政権が気づきはじめたあとも支持を継続した。合衆国のもっとも高名な知識人たちにとって、一九四一年一二月の日本による真珠湾攻撃は、国民を防衛し同盟国を守り世界における民主主義の安全を最大限確保するというアメリカの義務に関するあらゆる曖昧さを吹き飛ばすものであった。それはまた、民主主義的な諸制度および諸価値に対する共同のコミットメントを促進するという責務をアメリカの知識人たちが負っていることもはっきりさせた。

多くのアメリカ人たちは戦争中ずっと、「公共の利益」や「民主的コミュニティ」を口にしながらも、彼らの国の諸制度——たとえばジム・クロウ法や日系人収容所——が彼らの包摂的《インクルーシヴ》なレトリックをいかに裏切っているかを非常にしばしば見すごし、あるいはたんにそれを知覚できずにいた。しかし戦争が終わったあと、アメリカの生の観察者たちは、アメリカの民主主義的なレトリックと非民主主義的な実践とのあいだにずっと残っているギャップを明るみに出そうとするほどの、そしてそれを埋めるための新しい方法を見つけようとするほどの無鉄砲さを回復した。

第7章　アメリカ精神の開始——一九四五年から一九七〇年まで

こんにちの論者たちは概して、戦後アメリカの思想的生をまじめな伝統主義や息苦しい画一性や自己満足や総意《コンセンサス》の時期と捉えている。この評判は謂《いわ》れのないものではない。第二次世界大戦はほぼ継ぎ目なしに合衆国とソヴィエト連邦との冷戦へ移行し、それによって、アメリカの国内政治の著しい分極化、気苦労が多くとも積極的に展開された国外での覇権《ヘゲモニー》争い、どんどんエスカレートしてゆく恐ろしい軍拡競争がもたらされた。冷戦は〔ロシア革命後に広まって以来〕二度目の、しかもより広汎でいっそう熱を帯びた赤の恐怖《レッド・スケア》をも導き入れ、それは〔共産主義組織との繋がりの有無を確かめるための〕忠誠宣誓、〔いわゆる赤狩りを推進した〕下院非米活動委員会、〔共産党組織の登録義務などを定めた〕マッカラン国内治安法、ジョン・バーチ協会〔著しく反共的な右翼団体〕、アメリカ人たちを震撼させたジョゼフ・マッカーシー上院議員による「身内の敵」の告発などを伴った。この時期のアメリカ人は、皮膚の色があまりに暗かったり性的指向があまりに曖昧だったりすると、国家の治安を害したかどで責められる可能性があった。円滑で感じの良い一様性

〔sameness〕へと向かわせるプレッシャーはアメリカの消費文化にも及んだ。前例のない豊かさと拡大を止めない消費主義の文化とにより、ますます多くのアメリカ人たちが、金太郎飴のようなケープコッド様式の郊外住宅に移り住んだり、同じライフスタイル・マガジンを読んだり、同じ廉価版ペーパーバックの小説を読んだり、既製のカーディガンを着たり、既製のローファーを履いたり、同じTVトレー・テーブル〔テレビと食事を一緒に載せられる折り畳み式テーブル〕の上で同じテレビ番組を見ながら同じTVディナー〔パッケージごと温めるだけで一人前の夕食ができるという趣旨の冷凍食品〕を食べたりできるようになった。

かくのごとく取り締まり《ポリシング》とパラノイアがこの時期の大部分をしるしづけている——そして冷戦は、二〇世紀半ばのアメリカ思想を理解するためのフレームとして適切である——とはいえ、このフレームをとおしてしか眺めないというのは、当時脈動していた思想的諸衝動を薙ぎはらってしまいかねない態度である。一九五〇年代ないし六〇年代初めにおいては、思想的な息苦しさのみならず、アメリカ人たちの思想的地平を広げようとするさまざまな努力も見られた。高等教育やシンクタンクや出版市場の劇的な拡大、生き生きした保守的伝統を創造するための構想、世界中の思想運動や霊的《スピリチュアル》実践に対するアメリカの関心の高まり——これらすべてが、世紀半ば《ミッドセンチュリー》のアメリカ思想の開始《オープニング》に貢献し、アメリカ人たちが（ランドルフ・ボーンの言葉を借りれば）「より広々とした空気を吸」えるよう手助けした〔一九八頁参照〕。

戦後における知的機会の拡大

グローバルな超大国というアメリカの新しい地位に刺激されて、思想的ないし文化的な諸制度がペースにおいても規模においても前代未聞の水準で発展した。戦後に高等教育へ巨額の資金が投入され、知的機関や芸術財団が急増し、政策の専門家や政治の分析家を必要としている連邦政府機関が引きつづき成長したことにより、かつてないほど多くの機会が所属を求める知識人たちに到来していた。アメリカの思想的生はいまやまさしく成長産業となり、こうした新しい協力関係のアメリカ社会に対する約束を評価することにも知識人たちはますます関心を向けるようになった。

アメリカの思想家たちは、アメリカの知的文化に関する、そしてそのなかでの自分たちが占める地位に関する見解を再評価する機会を歓迎した。『パーティザン・レビュー』が一九五二年に組んだ誌上シンポジウムは、「アメリカの」——思想的な——「再確認および再発見」に余念がなかった。[*1] マーガレット・ミード、ライオネル・トリリング、シドニー・フック、ラインホールド・ニーバーなどの寄稿者たちは、大恐慌および戦争の経験により鍛えられたアメリカ人たちは知識人の洞察が有益であることに気づいたという、用心深い楽観論に彩られた認識を示した。ライオネル・トリリングは、直近の歴史を概観したうえで驚きを交えつつこう述べた。「アメリカは、近代アメリカ思想史においてはじめて、世界一下品で世界一愚かな国というアプリオリな捉えられ方を免れた」[*2]。『タイム』の一九五六年六月一一日号――その表紙には文化史家兼思想史家のジャック・バルザンの肖像と、ランプの上で明るく燃える学問の火が描かれている――に載った「アメリカと知識人――和解」と題する記事は、〔アメリカと知識人との〕休戦がきちんと維持されているという広く行きわたった感情をつかまえていた。

しかしアメリカ思想の開始《オープニング》はプロフェッショナルの知識人たちを越えたところにまで波及し、思想的生を民主化しようとする大規模な努力の数々へと延長していった。安定した民主主義には教育を受けた市民が必要であり、適切な教育には広汎な財政支援と強固なインフラストラクチャーとが必要であるという広く行きわたった信念が、この時期ならではの特徴である。戦時下に教育者たちは、ローズヴェルト大統領の「本は観念の戦争〔war of ideas〕における武器である」という確言に飛びついた[*3]。戦時図書審議会は一億二二〇〇万冊の軍隊文庫――ノンフィクション、フィクション、さらには詩の主要作品のペーパーバック――を配給し、それらに刺激されて多くの兵士たちが知的好奇心ないし知的憧憬を募らせた。審議会は、プラトンの『国家』をはじめとする古典、メアリ・シェリーの『フランケンシュタイン』、ロバート・ブラウニングおよびエリザベス・バレット・ブラウニングの『愛の詩』、ウォルター・リップマンの『米国の外交政策』などを〔軍隊文庫として」再刊し、F・スコット・フィッツジェラルドのながらく忘れられていた『グレート・ギャッツビー』を偉大なアメリカ小説に化けさせた。軍隊文庫のおかげで兵士たちは、ホイットマンの詩にうっとりしたり、レバノンに生まれアメリカに移住した詩人カリール・ジブラーンの神秘的な哲学に圧倒されたりすることができた。そんな兵士たちの帰国に備えて一九四四年に制定されたのが復員兵援護法（通称「GIビル」）であり、それが提供する資金のなかには、何百万人もの復員兵が大学に入れるだけの教育助成金も含まれた。

戦後には、知的資源《リソース》の拡充がにわか景気と足並みを揃えていた。商業出版の熾烈な競争は廉価版ペーパーバックの劇的な増加に繋がった。一九五八年に国家防衛教育法が成立したことで連邦政府から図書館および高等教育機関へ補助金が給付され、これによりこんどは教科書出版の巨大な市場が開かれた。全体の意志と資金とがこうしていきなり集まったことの恩恵は小学生や中学生や高校生にも及んでおり、公立学校への支出は一九四五年から五〇年までのあいだに倍以上に膨れた。

戦後政治解説――左、右、そして「枢要な中心」

この時期のアメリカの思想的生をひとつの「開始《オープニング》」として記述することが理に適うのは、知的なアクセス、支援、雇用の新しい機会がかくも拡大したからである。しかしだからと言って、それを燦然たる光輝に溢れたものとして記述することが理に適うわけではない。戦争からしばらく経ってもアメリカの知識人たちは、戦争による破壊——自然災害ではなく人間の選択および行為の結果——を受け入れようといまだに努力しつづけていた。ゆえに、次のような問いに直面した多くの者たちは答えを見つけられないままでいた。「西洋の知的伝統〔Western intellectual tradition〕」（二〇世紀初めに造られたフレーズ）のなかにまだ損なわれていない面があるとすればそれはどれか、そして二〇世紀の近代人たちを導く力をまったく欠いていることが明らかになったのはどの面か。革新主義的《プログレッシヴ》な改革者たちやニューディール期の改革者たちが依拠していた人間の進歩《プログレス》という楽天的な概念はにわかに素朴《ナイーヴ》な印象をまとい、人を小ばかにしているとさえ思われるようになった。この時期を論じたある歴史家はこう述べている。「進歩《プログレス》はかつてないほど脆く感じられ、歴史がかくも有害に、あるいはかくも〔現況と〕無関係〔irrelevant〕に感じられたことはかつてなく、科学がかくも致命的に、権力の集中がかくも不吉に、生がかくも偶発事に満ちたものに、人間関係がかくも薄っぺらに、自己《セルフ》がかくも虚弱に、人間がかくも欠けているものに感じられたこともかつてなかった」[*4]。

戦後の諸論争を活気づけた共通の関心事のひとつは、アメリカ人たちはいかにして共通の民主主義的文化を根づかせ育ててゆくべきかであった。多くの知識人たちおよび教育者たちは、己《おのれ》を導く明瞭な道徳的ヴィジョンをいっさい欠いた科学技術に害悪が潜在していることに同意しえたが、かかるヴィジョン――およびその価値観――がいかなるものであるべきかに関する共有可能な言葉を見つけることには難儀していた。英国の科学者兼小説家のC・P・スノウは、一九五九年の論文「ふたつの文化」のなかで、「西洋社会全体の思想的生」がふたつのまったく異なる気構え〔frames of mind〕へと分かれていることを嘆いた。すなわち、文芸的ないし人文主義的な構えと科学的な構えへ、である。こうした「双方向の無理解という溝」の剣呑な帰結に対する戒めがいくらかおおげさであることを彼は認めていたけれども、一九五〇年代アメリカの思想的生が孕んだ緊張について言えば、彼の特徴づけがこのうえなく見事に当てはまった。[*5] 思想家たちを分かつものは、政治的ないし倫理的な探究の方法に関する相異なる諸見解のほかにもあった。より重要であったのは、いかなる思想的ないし道徳的な基礎がアメリカ全体の生を支えうるのかという問いである。

プラグマティズムは戦後苦境に陥り、二〇世紀初めのように相争う思想的諸衝動の調停者として期待されることはもはやなくなった。知識人たちと教育者たちは道徳的宇宙に関するより多くの保証を欲し、プラグマティズムが与えうる保証だけでは満足できなくなった。彼らが標的にしたのは、あらゆる真理は人びとが複雑な諸世界を渡り歩くのを助ける間にあわせの道具にすぎないというプラグマティズム的な考え方であった。ジョン・デューイが一九五二年の死までずっと――さらにはそのあとも――哲学的プラグマティズムの第一人者でありつづけたため、彼による民主政への実験的アプローチの擁護がもっとも激しい攻撃に晒されることとなった。これはデューイにとって珍しくも何ともないことであった。なにしろ彼は長いキャリアのなかで、教育や公共政策や私的倫理において彼が採る道具主義の説明および擁護を何度もくりかえさねばならなかったのだから。しかし彼に対する非難も、神学者兼哲学者兼政治評論家のラインホールド・ニーバーをはじめとする手強い思想家たちから発せられた場合には攻撃力がとりわけ大きくなった。ニーバーは、政治的生が「共同の信仰〔a common faith〕」を持つことを求めるデューイの思いは共有したが、デューイの素朴《ナイーヴ》な自然主義――とニーバーが見なしたもの――は共有しなかった。デューイ流の無神論的経験論は、それが人間の知力や意志の明晰さに関して立てた仮定のせいで、果たされえないのに約束されてしまったのだとニーバーは考えていた。「クリスチャン・リアリスト」をもって任じる彼は、「歴史のドラマにおける従順ならざる諸力〔forces〕は、我々の予測を超える力能《パワー》と粘り強さとを備えている」と力説した。[*6]

ニーバーとデューイは、正当かつ持続可能な民主主義を涵養する人間の力《パワー》の範囲および限界をめぐってながらくやりあったけれども、両者の仕事はリベラルな枠組みにしっかり内在していた。彼らの思考を活気づけていた自由主義《リベラリズム》は、一九世紀初めまで系譜を遡ることができる。つまりそのときはじめてリベラリズムという語が、個人の自由と所有権と民主的制度とを――それらを確保するために――引きあわせるものとして環大西洋の言説に登場したのであった。それが依拠したのは、円滑に機能する市民社会〔civil society〕を個々の合理的な行為者《アクター》間の社会契約と捉える〔ジョン・〕ロックのヴィジョンと、国家によるコントロールから解放された市場は全員の利益の最大化に向けてもっとも効率的に動くというアダム・スミスの原理であった。リベラリズムが興隆した革新主義の時代およびニューディールの時期に、リベラルな思想家たちならびに政治家たちは政府の役割により高い価値を置いた——経済をコントロールするためにではなく、見識のある専門家に経済内の不均衡と弱さとを正してもらいながら経済を差配するためにである。公共善のための啓蒙された統治と、権利を奪われた者たちを守るための措置が、個人の所有権よりも優先された。ヨーロッパでナチズムとファシズムが台頭するとアメリカのリベラリズムは、鉄のカーテンの向こう側にある全体主義的社会との違いを明確にすべく、多様性に対するロック的な寛容さを開かれた民主的社会の中核的な特徴としてふたたび強調した。

第二次世界大戦もいまや熾烈な冷戦も、指導的なリベラル知識人たちの鋭気を挫いた。ゆえに彼らは、活発なリベラリズムという自分たちのヴィジョンが、危険なまでに緊張した戦後世界において抱える弱点を探した。ともに歴史家のリチャード・ホフスタッターとダニエル・ブーアスティン、経済学者のジョン・ケネス・ガルブレイス、文芸批評家のメアリ・マッカーシーとアルフレッド・ケイジン、社会学者のダニエル・ベルとダニエル・パトリック・モイニハン——こういったリベラル知識人たちがそれをおこなったのは、しかしながら、リベラリズムを打倒するためではなくリベラリズムの残骸に支柱をあてがうためであった。アメリカのリベラリズムの諸理論を視野の狭さや安易な楽観論のかどで非難することはあっても、彼らは決して、政治学者のルイス・ハーツが一九五五年に述べたところの「アメリカにおける自由主義の伝統《リベラル・トラディション》」が——かたちはどうあれ——アメリカ史を規定する特徴であったし今後もそうありつづけるべきだということを疑わなかった。*7

しかし知識人のなかには、より根本的な差異を維持するために妥協を拒んだ者たちもいた。ますます多くの政治評論家たちおよび文化批評家たちが、二〇世紀半ばのリベラルたちの世界観から感じとった気どりとうぬぼれにいらだち、「保守」を自認することによって別の選択肢を示した。英国やカナダとは異なり合衆国は決して「保守」政党を持たなかったけれども、アメリカの保守主義には歴史があるのだと彼らは主張した。かくして彼らは、失われた伝統を概説すべく、アメリカ人たちにそれを自らのものとして認識してもらえるよう説得すべく、保守主義を自己理解のための政治用語として迎え入れるべく骨を折った。

アメリカの保守主義を定義する三冊の本がたてつづけに現れ、口達者なリベラリズムが広汎に確立しつつある正統性——と感じられたもの——に異議を唱えたいと思っていた批評家たちを勢いづけた。ピーター・ヴィーレックの『保守主義再訪』（一九四九）、ウィリアム・F・バックリー・ジュニアの『イェールの神と人間』（一九五一）、ラッセル・カークの『保守主義の精神』(一九五三)という三冊で表明された諸見解は、きれいに足並みを揃えていたわけでは必ずしもなかった。それどころか、年長のヴィーレックは若きバックリーを「はじめは反逆者サウロであったという前提条件をスキップし」た「急ぎ足のパウロ」と見なし、[☆1]〔イェール大学の〕キャンパスで作られた彼の「浅い」保守主義は「深遠な」保守主義とは別物だとした。曰く、バックリーが提供したのは「魂の暗夜の手前にある安易な景気づけの断言」であって、「それ〔魂の暗夜〕を経てようやく獲得した悲壮な断言」ではなかった。[*8] しかしふたりとも、そして増えつつある他の著名な保守論客たちもみな、世紀半ばのリベラリズムの諸前提に大なり小なり異議を唱え、集団主義ではなく個人主義の美徳を、何らかの形態の経済的集産主義ではなく資本主義の美徳を、平等主義ではなくヒエラルヒーおよび秩序の美徳を、実験主義ではなく警戒心の美徳を「自由に至る保守主義の道」として強調した。[*9] 彼らは、政治的ないし思想的な運動が福音を広めるうえでは発表の場となる媒体が欠かせないことを認識していた。このことを踏まえて、バックリーは一九五五年に『ナショナル・レビュー』を、カークは一九五七年に『モダン・エイジ』を創刊し、『ニューリパブリック』や『アトランティック・マンスリー』や『ハーパ

☆1　新約聖書の「使徒言行録」第九章などで語られる、当初はイエスの信徒を迫害していたパウロの回心が念頭に置かれている。「サウロ」はパウロのヘブライ名であるが、サウロが回心によりパウロへ改名したと誤解されることが多い。

ーズ』のようなリベラルの雑誌に対抗した。

戦後民主主義に関する、またそこまでの道筋に関するリベラルたちのヴィジョンと保守派のヴィジョンははっきり異なっていた。しかし、両者が同意しうる点もわずかながら存在した。第一に、両者ともヨーロッパ的啓蒙への関心――およびそれをめぐるアンビヴァレンス――を共有した。「ヨーロッパ的」という限定がここでは重要であり、冷戦期にはそれが必要とされていた。なぜなら、それがないと新たに発見された「アメリカ的」啓蒙との区別をつけられないからである。アメリカ史家のエイドリアン・コークが最初に、建国の父たちを論じた一連の本をとおして、明確にアメリカ的な（そしてより健全な）啓蒙という概念を社会に浸透させた。コークによれば、建国の父たちが上げたのは「絶対的観念論や教条主義的リベラリズムの声」――一八世紀のヨーロッパから聞こえるような――「ではなくむしろ、用心深い熟慮を経た合理的かつ実用《プラグマティック》的な知恵の声である」[*10]。ヨーロッパ的啓蒙には、ドイツから亡命してきたマルクス主義者であるマックス・ホルクハイマーおよびテオドール・アドルノも注意を向けた。彼らの共著『啓蒙の弁証法』（一九四四）はそこに、近代性《モダニティ》の起源を理解する手がかりを求めている。彼らは、啓蒙主義の哲学者《フィロゾーフ》たちが「道具的」理性への熱狂によって、また何物も人間の理解や支配への意志を超えはしないという見解によって、ナチズムの「管理された世界」の下地を作ったのだと論じた。アドルノとホルクハイマーは歯に衣を着せるような人間ではなかった。彼ら曰く、「啓蒙は全体主義的である」[*11]。かくも極端な思想が、政治スペクトラムの他端に位置した保守論客たちの脳裡をよぎることは決してなかっただろう。しかしラッセル・カークは、自著内の「啓蒙」という語を一貫して引用符に入れることの必要性を、そして「理性主義的啓蒙という世俗的カルト」から彼自身と仲間の保守派とを遠ざけることの必要性を感じており、これは保守派において共有されていた感情の表れでもあった[*12]。

リベラルたちと保守派が同意しえたいまひとつの点は、いかなる形態のイデオロギーも民主主義の敵だということである。「イデオロギー」は、観念体系や世界観を見下したいときに彼らがやたらめったら使ったレッテルであった。かかる連想は間違えようがなかったため、この語は形容詞による限定をほぼまったく伴わなかった。ファシズムとナチズムはイデオロギーであり、ソヴィエト共産主義もそうであり、とするとイデオロギーにいったいいかなる取り柄があるというのか。〔ライオネル・〕トリリングは『リベラルな想像力』（一九五〇）のなかで、左派であれ右派であれ中道であれ論客たちがみな共有していたある見解を表明した。彼はそこで、帝国主義からファシズムを経て「全体主義的共産主義」へ移ることがヨーロッパの諸部分にとってどれほど容易であったかが、知性の自由な活動《プレイ》に制限を課す社会の危険性を明らかにしていると示唆したのである。リベラルならざる社会がその方向へ進んでしまうのは「思想的に破産している〔bankrupt of ideas〕」からだ、と彼は主張した。「というのも近代の状況において運動は、思想〔ideas〕を持つことを断念したときにこそ、イデオロギーという仮面に覆われた力へと変わるからである」[*13]。ヴィーレックも同様に、「体系化された一枚岩のイデオロギー」と「政府の適切な役割に関する厳密でイデオロギー的な規定」とが孕む危険をくりかえし攻撃した[*14]。アメリカにおける保守主義はそうしたものではまったくないと彼は考えていた。曰く、それはプログラムやドグマではなく、むしろ「ひとつの生き方、均衡と調和を保つひとつの方法」であった。「それは科学ではなく技芸《アート》である。保守主義は、歴史の育ち方に耳を傾けるという技芸である」[*15]。リベラルと保守双方の論客たちは、イデオロギーには批判的かつ入念な思考が欠けているという立場をとることにより、民主主義はひとつの精神状態〔a state of mind〕であるという点で意見を一致させた。

リベラルたちと保守派はさらに、歴史家のアーサー・M・シュレジンジャー・ジュニアによる一九四九年の、「自由の政治」は彼が「枢要な中心〔the vital center〕」と呼ぶもののなかにしか見出されえないという主張が発露する感情も共有した。シュレジンジャーは、アメリカの左派と右派との中心を指していたわけではなかった[*16]。彼の意図はグローバルな文脈に据えられており、彼が唱えたのは、戦後の合衆国は右側にあるファシズムも左側にある共産主義も避けながら進むべきだということ、これらふたつの「枢要な中心」に自らをきっちり留めておくべきだということであった。

彼の仲間であったリベラルたちも、彼の悪口を言っていた保守派も、この感情については意見が分かれなかった。彼らはたんに、枢要な中心がどこに見出されうるのか、そして枢要な中心をそうあらしめつづけるために何が必要なのかに関して考えを一致させられなかったのである。

真正性の探求

アメリカ精神〔the American mind〕を——世界の新しい見方や新しい道徳的語彙や新しい美的感性に対して——開かれたままにしておくことは決して容易ではなかった。なにしろ赤の恐怖《レッド・スケア》が高まってゆくさなかには、またそのあとにも、画一性へと向かわせるさまざまな圧力がリアルなものとして存在したのだから。二〇世紀半ばにおける不平の声の数々はしばしば、ささやき声で、あるいは暗号によって発せられねばならなかった。しかしそれらは大衆文化からたしかに聞こえる。それらを聞きとれるのは、嫌気を起こしたティーンエイジャーであるホールデン・コールフィールド——J・D・サリンジャーの『ライ麦畑でつかまえて』（一九五一）の主人公——のような虚構のキャラクターたちの無目的性および敵愾心からであり、『暴力教室』（一九五五）や『理由なき反抗』（一九五五）のような映画が探査した不満および疎隔からであり、アレン・ギンズバーグやジャック・ケルアックをはじめとするビート世代の詩と散文に内在する反体制の焦燥感および疎外感からである。

画一性をめぐる懸念は他の声域〔registers〕にも広がり、たとえばアメリカ文化やアメリカ的パーソナリティに関する学術研究へ延長していった。ハーヴァードの社会学者デイヴィッド・リースマンの『孤独な群衆――変わりゆくアメリカ的性格の研究』（一九五〇）は、画一性および一体感へと向かわせる戦後アメリカの圧力が実のところ正反対のものを生み出してしまった次第を明らかにした。〔リースマンによれば〕アメリカ文化は、内なる強い良心に導かれるような「内部指向」型パーソナリティを創造するかわりに、個別化され疎外された「他人指向」型パーソナリティを生み出していた。「他人指向」の人びとは、学校や職場や余暇活動において他者の是認を慢性的に求めているため、「拡散した不安」に囚われ画一性とアノミー〔社会的ないし道徳的な規準を見失った状態〕とのあいだを行き来することとなる。[*17]

コロンビア大学の社会学者であるC・ライト・ミルズは、社会的勢力《パワー》が――あるいはその欠如が――近代的官僚制のなかでまとう諸形態の危険性を指摘し、これによりアメリカ人たちのあいだにいっそう大きな心配の種を蒔いた。『ホワイト・カラー』（一九五一）において彼は中流階級《ミドルクラス》の企業人たちおよびビジネス文化を調査し、五年後の『パワー・エリート』において、自らの批判を社会的地位の食物連鎖の上流へ遡らせ、ビジネスや軍や政治の指導者たちの波瀾含みの行動および世界観までをも俎上に載せた。これら二冊で彼が鳴らした警報は似かよっていた。要するに、彼が目にしたのは沈着〔self-possessed〕な思想家や独立した行為者《アクター》ではなく、地位を追求する「にこやかなロボット」や技師《テクニシャン》、「組織化された無責任」、そして「我々の時代の真なる高級不道徳」であるところの「権力者たちの無精神性」だった、というわけである。[*18]

世紀半ばの自己《セルフ》の混乱や不満をリースマンとミルズが社会学的に解釈してくれた一方で、アメリカの多くの読者は、戦後彼らにのしかかった「非真正性〔inauthenticity〕」(これが当時のキーワードであった)の曖昧かつ不吉な感覚と折りあいをつける方法をほかにも編み出していた。知識人たちは哲学と文学というふたつのジャンルにおいて、自らの精神が経験している方向感覚の喪失を探究した。ジャン＝ポール・サルトル、シモーヌ・ド・ボーヴォワール、そしてアルベール・カミュが——彼らの小説および戯曲が熱心な読者をアメリカで獲得したこともあって——スター知識人となり、幻滅を感じていたアメリカの若者たちのあいだでフランスの実存主義が流行した。アメリカ人たちはファッション誌や論説誌や新聞やテレビで、黒縁の眼鏡をかけパイプを手にしたサルトルに、長い髪を冠のように頭上でまとめたボーヴォワールに、煙草をくわえながら考え込んでいるカミュに遭遇した。アメリカ人たちが学んだのは、こうした思想家たちは何らかの学派ないし伝統に属しているのではなく、哲学のあるスタイルとこの世界におけるひとつの生き方とを実践している——それによって、産業資本主義や階級闘争がもたらす疎外、帝国主義の蛮行、人類を向上させるという近代テクノロジーの空約束、宗教的な快適さの破綻などに戦いを挑んでいる――のだということであった。彼らの著作から読者は、こうした哲学者たちの関心が、冷ややかで不毛で抽象的な諸観念の追求にではなく、人が世界において自らの実存をどう経験するのかの探究に向けられていることを読みとれた。フランスの実存主義者たちがアメリカで受けた歓迎は陶酔を伴っていたが、なかには彼らへの嫌悪を示す者もいた。しかしいずれにせよアメリカ人たちは、第二次世界大戦の惨事が西洋の知的伝統を水泡に帰さしめたと思っており、ゆえに自己の概念や世界の概念を、匿名的で無関心な世界のなかで根本的な不確定性を感じたり孤独を経験したりしているという自分たちの現状にいっそう適合するものへ組みなおそうと努めていた。

アフリカ系アメリカ人の書き手たちは、戦争という大異変があろうがなかろうが、世界の具合が悪い〔the world was out of whack〕ことや正義が空想の産物である〔justice was a chimera〕ことを彼ら〔アメリカ人たち〕に伝えられたし、宇宙に見放されているという痛切かつ持続的な感覚を抱くことができた。この感覚を幼いころから人生経験の一部として持ちつづけていた者は、アフリカ系アメリカ人の書き手たちのなかにあまりにもたくさんいた。かかる感情がかくもなじみ深かったからこそ、ラルフ・エリソンとリチャード・ライトは――自らの忘れがたい経験に立脚しながら――明確にアメリカ的な実存主義をあれほど正確に、あれほど力強く表現しえたのである。エリソンにおいてそれは、アフリカ系アメリカ人たちが強いられている不可視性や公共の場で彼らがこうむっている悪魔化について学ぶことを意味した。『見えない人間』（一九五二）の冒頭でエリソンは黒人の不可視性をこう説明している。「僕は見えない人間である。と言っても、エドガー・アラン・ポーに取り憑いたたぐいのお化けではないし、ハリウッド映画に出てくる心霊体《エクトプラズム》でもない。僕は実体のある人間だ。筋肉もあれば骨もあるし、繊維もあれば液体もある――それに、心さえ持っていると言っていいかもしれない。僕の姿が見えないのは、たんに人びとが僕を見ようとしないだけのことだから、その点をわかってほしい」[*19]。

ライトは、自らのアイデアをはっきり表すうえでヨーロッパの実存主義者たちを必要としていたわけではなかった。しかし彼らが記述したものが自らの理解と実にうまく嚙みあったため、ライトは彼らの文章に惹きつけられた。一九四〇年代初めにマルクス主義への失望を募らせたあとでライトが読みはじめたハイデガーやキルケゴールの著作が、ほかの実存主義者たち――生者であれ死者であれ――のもとへ誘《いざな》うゲートウェイ・ドラッグ〔麻薬中毒への入口となる比較的弱い薬物〕となった。ライトは、ドストエフスキーやニーチェやフッサールの著作をたっぷり時間をかけて読んだ。出版界の緊密な環大西洋ネットワークのおかげで彼は、ボーヴォワールおよびサルトルと親交を深められたし、自著『ブラック・ボーイ』のフランス語版刊行への助力をアルベール・カミュから得ることもできた。ライトは、永住の地とまで思いさだめたパリへ一九四七年七月に移り、「自発的流浪〔voluntary exile〕」と彼が呼ぶ状態のまま残りの人生を過ごした。なぜなら、彼自身のアメリカで黒人の「地元民《ネイティヴ・サン》」〔ライトが一九四〇年に著した小説のタイトル〕として経験した自由よりもパリで外国人として経験した自由のほうが大きかったからである。

しかし、ライトのフィクションないしエッセイが依拠していた元手、すなわち実存的なディレンマや苦難や可能性の蓄積は、合衆国での経験が彼に与えたものであった。ライトの小説はとりわけ、まったき意志と図られた行為とによって神聖なる造物主の助けなしに自らを創造しようとする個人というテーマを探究している。制度的宗教や慣習的道徳からのそうした孤立および疎外を彼は、『ネイティヴ・サン』〔一九四〇〕の主人公ビガー・トマスに、『アウトサイダー』〔一九五三〕の主人公クロス・デイモンに、そして自伝『ブラック・ボーイ』〔一九四五〕で描かれるライト自身に探究させた。つねにのけ者にされてきたデイモンは、「何が善で何が悪かを自らの行為をとおして知らねばならなかった。自らの行為というものは、要求される厳しさにおいてどんな神の命令をも凌駕する。なぜなら、彼は行為の結果を一身にこうむらねばならず、これまでもこれからも自らの人生が自分のすべてであると知ることでいっそう強烈になる絶対性の感覚も、彼がひとりで抱えるしかないからである。彼が失敗したところで、彼にはいかなる恩恵もいかなる慈悲も施されないのであった」[*20]。ライトによる個人の自己形成の——暗さを帯びた——吟味に、貧民から富豪へ元気よく上りつめるような個人主義へ宛てたホレイショ・アルジャー〔一九世紀後半に立身出世の物語を量産したアメリカ人作家〕のラブレターと間違えられる余地はない。

図16　シモーヌ・ド・ボーヴォワールとリチャード・ライトおよび彼の妻エレンは、1947年の一時期をともにニューヨーク市で過ごした。大西洋越しに築かれた彼らの親しい友情は、この前年にパリで始まったものであった。ボーヴォワールがやってきたのは合衆国のあちこちを巡るためであり、彼女による観察は――またライトに対する彼女の敬意も――『アメリカその日その日』(1948) に記録されている。Nelson Algren papers in the Rare Books and Manuscripts Library of the Ohio State University Libraries.

ライトの小説はかわりに、実存的自由が手柄にも過重な負担にもなりうる次第を、感情を交えずに深くまで探究していた。

宗教と知識人

多くの著名な思想家たちが第二次世界大戦後の数年間に、二〇世紀の暴虐は――たんなる社会的混乱のではなく――近代における霊的《スピリチュアル》な脱魔術化〔disenchantment〕の帰結だと考えるようになった。一九五〇年代から六〇年代にかけて、ますます多くの宗教学者たち、神学者たち、心理学者たち、神話学者たち、そしてフリーランスの探究者たちが、近代性《モダニティ》のもとにある人間の魂の健康を評価しようとし、健康状態は良くないと結論づけた。

かくして共通の大義を見つけたことにより彼らは、世俗的な近代人たちにも利用可能な認識論的ないし道徳的洞察を求めて、世界史上のさまざまな宗教や霊的実践や哲学体系を探査した。彼らは、制度的宗教の残骸に埋もれた諸真理を手にするために人類史をより深く掘り下げようとしたり、パウル・ティリッヒが呼ぶところの「神の上の神〔God above God〕」[*21]——世界の諸宗教のいずれにも、つまりティリッヒ自身のキリスト教にすら、属していない存在——を見出しうる高みに到達すべく努めたりした。

こうした探究者たちは、すでに確立された知的環境のなかで活動すると同時に、思想の新しい現場を作り出しもした。学界に身を置きながら調査を進めた者もおり、シカゴ大学の宗教史家兼宗教哲学者である亡命者ミルチャ・エリアーデや、サラ・ローレンス・カレッジの神話学者兼文学研究者であるジョゼフ・キャンベルなどを挙げられる。〔ユダヤ教の〕ラビであり神学者でもある亡命者アブラハム・ヨシュア・ヘシェルのように、学界内の拠点と社会的正義の唱道とを繋げた者もいた。ヘシェルの時間とエネルギーは、ヘブライ・ユニオン・カレッジおよびユダヤ神学校の教授としての職務と公民権運動の活動との双方に注がれていた。宗教団体や準学術的な施設《センター》の新設を助けた者もいた。一九四四年にサンフランシスコの——宗旨や人種を問わない——万民交友教会〔Church for the Fellowship of All Peoples〕の共同創設者となったハワード・サーマンや、一九六二年にサンフランシスコ禅センターを設立しのちには『禅の精神、初心者の心得』〔*Zen Mind, Beginner's Mind*〕（一九七〇）というベストセラーを著した鈴木俊隆などである。『タイム』のような主流の雑誌や新聞が頼られることもよくあり、それらは宗教問題に貴重な紙幅の多くを――ときには巻頭ないし一面をも――あてた。他方で新しい出版事業を立ち上げた者もおり、たとえばパンテオン・ブックスのボーリンゲン・シリーズはもっぱら、カール・グスタフ・ユングの心理学的神秘主義の翻訳と、テーマ上の関連がある古典ならびに最新研究とを刊行した。

時代の批判的観察者たちは、宗教への――信心深さ〔religiosity〕への、ではなかったかもしれないが――関心がこうして力強く高まっていることに否応なく気づかされ、その理解を試みた。誰もがそれに感銘を覚えたわけではなかった。『パーティザン・レビュー』は、同誌の名物である誌上シンポジウムを一九五〇年にも組み、「知識人たちの宗教志向という新展開」に対する評価をW・H・オーデン、ドワイト・マクドナルド、アルフレッド・ケイジン、ハンナ・アーレント、マリアンヌ・ムーアなどに尋ねた。カトリックの哲学者であるジャック・マリタンは、世俗的な編集者たちが恩着せがましさをほとんど隠せていないせいで湧いてくる軽蔑の念を抑えねばならなかった。「私は、知識人たちの宗教志向という新展開にあまり関心を持っていない。〔…〕信仰の観点から見て興味深いのはもろもろの魂であり、またそれらが永遠を志向していることである」。ケイジンも、宗教的信念と厳密な知性とが手を取りあって進むことは不可能だとどういうわけか示唆している編集者たちをやんわり咎めた。ケイジンは彼らに、マハトマ・ガンディーや、キリスト教社会主義者のイニャツィオ・シローネや、カトリック神学者兼労働運動家のエマニュエル・ムーニエのことを、敬虔な信仰者であると同時に妥協しない知識人でもあった例として思い出させた。アーレントは、「自然主義的」ないし「実証主義的」な時期のあとに起こる宗教への回帰は不自然なものでも恐れるべきものでもなく、思想の歴史的循環の一部にすぎないのだと示唆した。対してプラグマティストの哲学者シドニー・フックは、いつもの論争的スタイルで、知識人たちの「新たな神経不全」に関してかつて述べた不満をふたたび持ち出した。曰く、それは知識人たちを「非合理主義」へ向かわせており、開かれた探究や検証可能性といった科学的な考え方のもとでようやく勝ちとった功績を彼らに放棄させようとしていた。[*22]

こうした探究を焚きつけたのは、世界のさまざまな信念体系にあまねく当てはまる特徴の希求であった。あらゆる宗教的信念に共通するものが、はたしてひとつでも存在するのだろうか。一九三七年に英国を去り南カリフォルニアへ移住した作家オルダス・ハクスリーは、ヒンドゥー教の哲学および瞑想に真摯な関心を向けはじめた。彼の祖父は一九世紀の科学者にして不可知論者のトマス・ハクスリー（「ダーウィンのブルドック」として知られる）であり、オルダスは祖父の偶像破壊主義を受け継いでいたけれども、孫のそれは、宗教に対する深い好奇心と神秘主義への強い傾斜とによる屈折をこうむっていた。一九四四年刊行の英語版『バガヴァッド・ギーター』〔ヒンドゥー教の聖典のひとつ〕――同じく英国からの移住者である小説家クリストファー・イシャウッドと、南カリフォルニア・ヴェーダーンタ協会のスワミ・プラバヴァーナンダとの手になる――に序論を寄せたのちハクスリーは、『永遠の哲学』〔*The Perennial Philosophy*〕(一九四五)の執筆に取りかかった。同書においてハクスリーは、さまざまな宗教の聖典および歴史のなかの、永久に真なる要素かもしれないと彼が考えたものに焦点を据えた。さまざまな宗教を具体的に言うと、ヒンドゥー教、仏教、道教、キリスト教、そして――こちらの扱いはより軽かったが――イスラム教とユダヤ教である。永遠の哲学を構成するもろもろの洞察を彼は、どれかひとつの宗教の特殊事情よりも深いものとして、信条や儀式や実践や善悪の――時間や力に縛られた――諸概念より下に達するものとして、それらの核にあると彼が信じた普遍的諸真理に届くものとして描写した。ハクスリーからすれば、どれかひとつの宗教的伝統は、歴史のごたごたしたプロセスのなかで種々の集団によって攻撃されたり改められたり切り離されたりした諸真理を代表していた。しかし、さまざまな信念体系や相争う諸哲学を勢揃いさせた彼は、それらが共有するもろもろの――時間を超越しており、また待ちわびられてもいる――洞察を近代人たちが活用できるようになることを望んでいた。

永遠の霊的洞察を求めるこうした切望が、なぜこの時期にユングがアメリカ思想への顕著な進出を遂げたのかを説明しやすくしてくれる。改革派教会の牧師の息子でありながらも聖職の道ではなく近代医学の道を選んだユングは、分析的心理学の創始者となった。彼はフロイトに倣って、人間の恐怖や動機は無意識的な精神に宿っていると信じた。しかしフロイトとは異なり彼は、原初的な性本能が人間の文明とその居心地の悪さとを全面的に説明するわけではないと考えた。ユングによれば、宗教的本能――彼はそれを「真正な宗教的機能」と呼んだ――も同じくらい強力であった。[*23] 人間の無意識的な精神において暗号化《エンコード》されているのは、たんなる幼少期の個人的経験を超えた、全人類の集合的経験であった。

ユングはアメリカの読者に、集合的無意識へのアクセスの手段として、世界のさまざまな宗教、哲学、神話にくりかえし現れる「元型《アーキタイプ》」――「普遍的に存在する心的傾向」――の研究を勧めた。[*24] こうした元型にアクセスすべく、また特殊なもののなかに普遍的なものを見つけるべく、ユングは広汎に渉猟し、ヨガや錬金術や部族の宗教儀式や超感覚的知覚を心理学の土俵に持ち込んだ。彼は、性衝動をあらゆる意志作用〔volition〕の座として焦点化したフロイトと袂を分かち、宗教を神経症と捉えることを拒んだ。世紀半ばのアメリカ思想にとってのユングの価値は、分析心理学を霊性《スピリチュアリティ》のしもべとしたことにあった。かくしてユングは、「心理学《サイコロジー》〔psychology〕」に「霊魂《サイキ》〔psyche〕」を取り戻させようとし、近代的経験に霊的探究を取り戻させようとした。

ユングの、宗教をどなりつけて黙らせるようなことを近代科学にさせまいとする努力、そして「西洋」の知識に「東洋」の知恵を蹂躙させまいとする努力は、同じ大義と同じ熱意が世紀半ばのさまざまな霊的探究者たちに共有されていることを知った。一九〇八年に合衆国を去った鈴木大拙は、日本での教師生活を経て一九四九年に、ホノルルで開かれる東西哲学者会議に参加するため、ひいては禅宗の大使としての生活を戦後のアメリカで始めるために戻ってきた。彼が影響を与えた多くの者たちのなかには、いずれも精神分析家のユングとエーリッヒ・フロムとカレン・ホーナイ、トラピスト会修道士でありキリスト教に関する著作で人気を得ていたトマス・マートン、作曲家のジョン・ケージ、禅詩人のゲーリー・スナイダーなどがいた。

一九六二年に、マイケル・マーフィーとディック・プライス――ふたりともスタンフォード大学の卒業生――がカリフォルニア州ビッグサーにエサレン協会を設立した。それは、科学の知恵と宗教の知恵との、また東洋の知恵と西洋の知恵との相互浸透に焦点を据えた研究および静修《リトリート》のための施設《センター》であった。ふたりが出会うまえ、マーフィーはインドのポンディシェリにあるシュリ・オーロビンド・アーシュラム〔神秘思想家オーロビンド・ゴーシュとその弟子たちの生活から発展したコミュニティ〕で一年半暮らしており、プライスはサンフランシスコで禅哲学者アラン・ワッツの教えを受けていた。エサレン協会のレクチャーおよびプログラムは、瞑想とゲシュタルト療法を、ヨガと人間性心理学を、オカルトと進化科学を組みあわせていた。加えて、一九六〇年代ないし七〇年代の市場においては霊性の科学（ならびに科学の霊性）に関する本が氾濫していた。たとえばフリチョフ・カプラの『タオ自然学——現代物理学と東洋神秘主義との類似の探索』（一九七五）や、ゲーリー・ズーカフの『ダンシング・ウーリー・マスターズ——新物理学概観』（一九七九）などである。これらすべての運動とすべての書き手たちとを駆動していた問いを、カプラはこう表現した。「現代科学は、自らの洗練された装置をすべて使って、何千年もまえから東洋の賢者たちに知られていた古来の知恵をたんに再発見しているのだろうか」[*25]。彼らの集合的回答はイエスであった。

一九四〇年代後半、五〇年代、そして六〇年代初めの思想的探究の諸相は、それぞれの仕方で、アメリカの精神的ないし道徳的な地平を開こうとする努力を表象した。思想的探究者たちは、その地平が適切に開かれうるのであれば、自分たちが探している「枢要な中心」——政治の安定と個人の自由との「中心」であれ、「社会的」なものから感じられる活発さと自律的な自己《セルフ》との「中心」であれ、科学の厳密さと宗教による慰めとの「中心」であれ——は当然見つかるだろうと考えていた。意味を求めた者たちは、普遍化のための学説を見つけようとする彼らの努力にもろもろの「消尽〔exhaustion〕」理論がぽつぽつ疑問を投げかけていることに気づいていなかったのだろう。理由はおそらく、かかる理論の

図17（左上）、18（右上）、19（下）『タイム』1955年2月14日号（図17）の「老賢人」と題するカヴァーストーリー〔表紙の絵と関連する記事〕は、心理学的神秘主義者のカール・ユングと彼による人間の「宗教的本能」の評価〔appreciation〕とを褒めたたえた。1959年3月16日号（図18）は神学者のパウル・ティリッリを取り上げており、その宗教欄にある「生きるべきか死ぬべきか」〔"To Be or Not to Be"〕という見出しは、予想外にヒットした彼の1952年の著書『生きる勇気』〔*The Courage to Be*〕にちなんでいた。1959年4月20日号（図19）はアメリカの読者に、ダライ・ラマ〔14世〕がチベットからインド北部へ亡命したことを知らせ、またチベット仏教の「静穏と平和」を手ほどきした。Time, Inc., Meredith Corporation.

先駆けとして革命志向の世界観や千年王国説的な夢の破綻を宣告したダニエル・ベルの『イデオロギーの終焉――五〇年代における政治的諸観念の消尽について』（一九六〇）の刊行が――一九六〇年代が、社会および政治に関するあらゆるたぐいの説が熱心に唱えられた一〇年間であったことを踏まえれば――一〇年早すぎたことにあったのだろう。しかし、一九六七年のヴァージニア大学での講演において「消尽の文学」への警告を発した小説家ジョン・バースは、タイミングがほぼ完璧であった。彼は、当時までに利用可能になったあらゆる文芸的形式の「使いつくされぶり〔used-upness〕」を観察し、文学における「究極〔ultimacies〕」が、無限の選択と無数の指針とさらにはあまたの行き止まり《デッドエンド》とから成るひとつの「迷宮《ラビリンス》」に取って代わられていることを示唆した。[*26] これは、まさしく当時徐々に始まりつつあったポストモダンの時代がもたらそうとしていたものである。

第8章　普遍主義に抗して——一九六二年から一九九〇年代まで

アメリカ史における一〇年ごとの区切りのなかに、一九六〇年代ほど語り種《ぐさ》になっているものはほとんどない。それは偉大な希望の一〇年間であった。なぜなら、活動家たち、弁護士たち、政府職員たちがアメリカのリベラルな諸観念を、もろもろの公民権法や偉大な社会《グレート・ソサイエティ》〔リンドン・B・ジョンソン大統領が国内政策の目標として掲げたフレーズ〕のための社会改革へ翻訳したからである。それは夢が打ち砕かれた一〇年間でもあった。なぜなら、リベラルな達成の豊富な恩恵がヴェトナム戦争によって骨抜きにされたからである。この戦争は、ヴェトナムの地方都市や僻村やジャングルでの戦争遂行にいっそうの努力を傾けるためにアメリカの諸都市から資源《リソース》を吸いとっていた。軍事企業の土俵は世界の半分にまで広がったかもしれないが、前線はアメリカ国内にまで延びて親世代の忠誠心と子世代の忠誠心とを分断しており、また街路へも延びて怒れる抗議者たちと警察の機動隊とを衝突させていた。一九六〇年代は、マーティン・ルーサー・キング・ジュニア、ジョン・F・ケネディ、マルコムX、ロバート・ケネディといった、ヴィジョンを持ち人を奮起させる力も備えた政治指導者の数々が、自らの大義のもとへ数百万人を結集させた一〇年間であった。しかしそれは、彼らの――そして彼らがかきたてた希望の多くの――前途が暗殺者の銃弾により断たれた一〇年間でもあった。

高尚な希望と大胆な夢がどんどん渦巻いて抗議と暴力に至った一〇年間というイメージを喚起するかもしれない「六〇年代《シクスティーズ》」は、そうした政治的ないし社会的な衝突がありとあらゆる解放的観念を生んだ時期としても記憶されている。標準的な歴史叙述は、かかる諸抗争がさまざまな解放のヴィジョン――実現したものもあれば先延ばしされているものもある――を作り出した次第を語っている。すなわち、白人による抑圧から黒人を解放するというヴィジョンや、男性による支配から女性を、同性愛嫌悪《ホモフォビア》からゲイとしてのプライドを、直毛からアフロヘアを、ブラジャーから乳房を、殺虫剤や乱開発から環境を、年長世代が練りに練った計画から若者世代の人生行路を解放するというヴィジョンなどである。

シクスティーズは間違いなく激しい文化的動乱の時期であったが、当時の政治的ないし社会的な騒動が急進的《ラディカル》な諸観念を作り出したという従来の説明は因果関係を逆転させてしまっている。なぜならそれは、アメリカ政治およびアメリカ社会をラディカルな諸観念の生産の条件と見なすばかりで、ほかならぬその条件の創出に以前の諸観念がどう寄与したかを理解しようとはしていないからである。当時を大いに揺さぶったラディカルな諸観念の実に多くがこの一〇年間の初期に（ビッグバンが起こったかのように当時を語る説明がたいていた出発点としている時期よりもまえに）作り出されており、それらは、二〇世紀の残りのあいだアメリカの思想的生を再編成することとなる革命的主張であった。もちろん、原因と結果の切りわけは歴史的変化の理解においてもっとも難しい課題のひとつである。しかし「シクスティーズ」のケースは、諸観念は歴史を刺激するものであり歴史のたんなる徴候ではないということを示唆している。このことは次のようにも言える。「シクスティーズ」は――そして以後の劇的な数十年間も――諸観念のなかで始まったのだ、と。

一九六二年、あるいはその周辺

一九六二年という年は、歴史の意義深い転換点だと自ら言い立てているわけではない。それは、イングランドからの最初の入植者たちがアメリカに辿り着いた一六〇七年や、独立宣言が採択された一七七六年のように、ひとつの始まりをしるしづける便利な明瞭さを備えているわけでもない。それは一八四八年とも、すなわち米墨戦争が終わり、カリフォルニアのゴールドラッシュが始まり、女性の権利を要求する声がニューヨーク州セネカフォールズで轟き、リベラルな諸革命がヨーロッパを揺るがした年とも異なる。一九二九年には、アメリカの株式市場がかくも見事に暴落したためその破壊的な波及効果が全世界で感じられたけれども、一九六二年はそんなふうにひとつのトラウマ的な出来事と密接に結びついているわけでもない。

こういったほかの、アメリカの政治史および社会史において例外的に重大な年に、一九六二年はとても敵わない。歴史上のあらゆる年がそうであるように、〔一九六二年にも〕重要な出来事がいくつか起こってはいる。それはキューバ危機の年であり、ジョン・グレンが地球周回軌道を飛行した年であり、ジャッキー・ロビンソンが野球殿堂に（アフリカ系アメリカ人としてはじめて）名前を刻まれた年である。それはまた、セサール・チャベスが農場労働者組合を創設し、Kマートの一号店がミシガン州ガーデンシティで開店し、未来の一家族が主人公のTVアニメ『宇宙家族ジェットソン』が放送を開始した年でもある。これらが取るに足らない里程標だというわけではない。しかし総じて言えば、一九六二年よりも大きな社会的ないし政治的意義を担う年はいくつもある。

にもかかわらず、アメリカ思想史の観点から見れば一九六二年（あるいはその周辺）には、アメリカ思想およびアメリカ文化の進路を再修正しこんにちのアメリカまで繋げることとなる主要な出版物ならびに出来事がぎっしり詰まっている。それは、レイチェル・カーソンが自らの告発を『沈黙の春』として出版した年であり、合成殺虫剤の有害な作用を暴露した同書は現代の環境運動の起点となった。それは、アメリカの貧困に関する革新的研究であるマイケル・ハリントンの『もうひとつのアメリカ』が予想外のベストセラーとなった年であり、同書は〔ジョンソン政権による〕もろもろの偉大な社会プログラムをかたちづくり、また「貧困の文化」をめぐって以後数十年間続けられる諸論争もかたちづくった。それはケン・キージーの『カッコーの巣の上で』の年でもあり、同書が見出したテーマ——「狂人」のレッテルを貼られた者たちがいかにして、彼らをそう分類した社会のほうがいっそう病状が重いことを明らかにしたか——は、ヴェトナム戦争の沈滞期における辛辣な文化批評の一様式を予示していた。そしてそれは、アンディ・ウォーホルが《キャンベルのスープ缶》を初披露した年であり、三二枚のカンヴァスを縦横に並べるという同作の展示の仕方は、食料雑貨店の棚の壮麗な美および洗練をくまなく模倣していた。

一九六二年ないしその周辺の思想的諸著作に関しては、取り組むべき喫緊の問題を見抜いた眼識のみならず、来《きた》る数十年間のアメリカ思想の中心的かつ持続的な諸関心をどのように予示したか——さらにはそれらにいかなる影響を及ぼしたか——も注目に値する。たとえば、コミュニケーション技術がそれを使いはじめた人間を根底から変容させた次第を探究したマーシャル・マクルーハンの『グーテンベルクの銀河系——活字人間の形成』は、のちの彼が「メディアはメッセージである〔the medium is the message〕[*1]」と表現した事態の解明をとおして、コミュニケーション学やメディア研究といった諸領域の確立に寄与した。マクルーハンはこう記している。「言語は、経験を蓄えるばかりでなく、経験をあるモードから別のモードへ翻訳しもするという意味においてメタファーである。〔…〕交換および翻訳の原理、すなわちメタファーの原理は、自らの諸感覚すべてを相互に翻訳するという我々の合理的な力に内在している。この営みを、生きているあいだのあらゆる瞬間に我々はおこなっている。しかし我々が［…］払う代価は、感覚のこうした大規模な諸拡張が複数の閉じられた系を作り上げるという点に存している」[*2]。大衆社会の平板化傾向に対するマクルーハンの戒めが切り拓いた言説空間には、やがてヘルベルト・マルクーゼの『一次元的人間――先進的工業社会のイデオロギーの研究』（一九六四）が参入し、他方でテクノロジーの疎外作用に対するマクルーハンの批判は、ロバート・パーシグの『禅とオートバイ修理技術』（一九七四）の言葉遣いをある程度規定することとなった。『グーテンベルクの銀河系』で表明された感情を念頭に置けば、同書とも関連する脱構築の論理の――また、五年後にジャック・デリダが掲げた「テクストの外には何も存在しない」という命題の――信じがたさが少し減ったように思われてくるだろう[*3]。

　民主的社会を目指す学生組織（SDS）という左翼グループによるポートヒューロン宣言と、筋金入りの自由至上主義者《リバタリアン》である経済学者ミルトン・フリードマンの『資本主義と自由』とが同じ年（一九六二年）に出たというのは、想像しにくいことかもしれない。しかしこのことは、戦後アメリカの繁栄の影響および可能性をめぐる懸念が、一九六〇年代初めに批判的観察者たちの注意を捉えた次第を明らかにしている。公民権運動に鼓舞され、同じく人種的平等や経済的正義や平等といった争点に関心を集中させていたSDSのメンバー五九人が、一九六二年六月に、ある労働組合が所有していたミシガン州の保養地に集って自分たちの運動のマニフェストを起草した。そのなかで彼らは、「参加民主主義」――

「社会関係の受容可能なパターンを集団的に創造する技法《アート》」――の概略を提示した。[*4]

これは、シカゴ大学の経済学教授であるミルトン・フリードマンが理想として抱いた民主的社会のヴィジョンにとっては不倶戴天の敵であった。かかる相容れなさにおいてこれを凌駕する言葉を、この左派の若者たちは――かりに探したとしても――見つけられなかっただろう。経済学の「シカゴ学派」の第一人者として、ケインズ経済学（あるいは国家介入主義経済学）をもっとも力強く批判していたフリードマンからすれば、民主的政府が打ちうる最善手は市民たちのやり方から離れることであった。広汎な人気を博した『資本主義と自由』においてフリードマンは、自らのテクニカルな専門知識を魅力的で一般読者にもアクセス可能な文章へと翻訳したうえで、政府による規制は市場の自由のみならずアメリカの政治的生の自由をも圧殺していると主張した。曰く、「見えざる手が進歩《プログレス》をもたらす力は、見える手が退歩をもたらす力を凌いできた」[*5]。いくぶん軽快かつ陽気な筆致で彼が展開した進歩のヴィジョンには、最低賃金の廃止、医師免許の廃止、公正雇用のための諸法の廃止、教育バウチャー制度（使途が学校教育に限定されたクーポン（voucher）を各家庭に支給し、公立学校以外の選択肢を選びやすくする制度）の奨励などが含まれていた。ポートヒューロン宣言が、民主的社会についてのより全体論的《ホーリスティック》な語り方を可能にするために、文化批評と政治批評とを結合させていた革新主義《プログレッシヴ》の時代のスタイルをある程度再建した一方で、『資本主義と自由』は、「自由な選択」と「市場」を異論の余地のない道徳的善として称揚することに力を注いだ。まさしく奇妙なカップルであった両者が示しているのは、福祉国家を支持するもっとも説得力のある主張と、自由放任《レッセフェール》の諸原則を擁護するもっとも魅力的な議論とがいかにして、卓越した地位――こんにちの経済をめぐるアメリカ人たちの考えのなかでいまも占めている地位――を同時に確保したのか、である。

それから一年も経たないうちに、変化を起こす力に富んだふたつのテクストがこのラインナップに加わった。一方は女性解放運動を、他方は有色人解放運動を盛りたてたが、いずれも女性ないし有色人の適切な社会的「地位」に関する慣習的な諸観念をばらばらに壊していた。ふたつのテクストとはすなわち、ベティ・フリーダンの『女らしさの神話』〔*The Feminine Mystique*〕と、マーティン・ルーサー・キング・ジュニアの「バーミングハムの獄中からの手紙」である。いずれも監獄で書かれた文章《プリズン・ライティング》の一種である――フリーダンは郊外の自宅という金ぴかな檻のなかで、キングはアラバマ州の刑務所の独房内で書いていたのだから。キングがそこに入れられたのは、抗議デモを禁じる裁判所の命令に従わなかったためであった。

フリーダンは妻であり、三人の子の母であり、労働運動家から転じて女性雑誌のジャーナリストになったが、自分が書いているたぐいの雑誌が中流階級《ミドルクラス》の白人女性の「名づけられない問題」に寄与しているという事実を受け入れたことによりその仕事を辞めた。母らしさや女らしさを崇める世紀半ば《ミッドセンチュリー》のカルトの「快適な収容所」が、女性を職場から遠ざけつづけ、夫への恩義を女性に感じさせつづけ、おむつバッグ〔乳幼児用品を入れる鞄〕や食料雑貨店のカートやPTAの会議に女性を繋ぎとめつづけてきたのだとフリーダンは論じた。[*6] 彼女はボーヴォワールの『第二の性』(一九四九)に依拠しながら、女性がいまだに男性を人間的か否かを測る尺度として捉えていることを嘆き、フロイト流の分析を、女性のセクシュアリティにまつわるもろもろの神話——それらが、ジェンダーに関する時代遅れの諸理想に科学的な体裁をまとわせていた——を生きながらえさせたかどで非難した。彼女は、メアリ・ウルストンクラフト、アンジェリーナ・グリムケ、エリザベス・キャディ・スタントン、そしてマーガレット・フラーを、フェミニズムの奮闘の第一波として引きあいに出した。このことは、第二波フェミニズムとして知られるようになる運動を彼女が始めるうえでの助けともなった。

キングの手紙は、八人の白人聖職者が発表した「団結《ユニティ》の要求」という公開状を受けて書かれた。この公開状はアフリカ系アメリカ人たちに、抗議行動をやめるよう、アメリカ市民であるからには自分たちの運命の決着を裁判所に委ねるよう促していたが、キングが語りかけた相手はこの公開状を書いた八人に限られなかった。キングは手紙のなかで、穏健な白人たちの良心をつかもうとし、漸進主義の混乱した議論を彼らから振りはらおうとした。もろもろの抗議行動の影響に向いている彼らの関心を、かかる行動の背後にある無数の理由へ向けなおしたいとキングは考えていた。彼の手紙は、同情的な白人たちが人種的平等を望んでいることを認めつつも、いまがそれを達成すべき時だとは思いきれない彼らの臆病さを厳しく責めた。「我々は、我々の憲法に明記されている天与の諸権利を、三四〇年以上も待ちつづけてきました」と記したあとでキングは、アフリカ系アメリカ人たちが日常的にこうむっている虐待を列挙し、正当な法だけが承諾を求める――不当な法は求めない〔承諾を得ないまま法になる〕――ことを強調した。「アドルフ・ヒトラーがドイツでおこなったことはすべて「合法」であり、ハンガリーの自由の闘士たちがハンガリーでおこなったことはすべて「違法」であったという事実を、我々は決して忘れるべきではありません」。彼は、愛に満ちた非暴力の直接行動を、アフリカ系アメリカ人たちの未来のための交渉に必要でありまた正当でもある「力」として積極的に擁護した。そして彼は自明なことを読者に思い出させた――「自由は、抑圧者から自発的に与えられることは決してなく、抑圧されている側によって要求されねばならない」ということを。[*7]

フリーダンのテクストとキングのテクストは一九六〇年代初めにおいて、それぞれ異なる闘争のなかで模索し異なる読者層に語りかけながらも、同様の思想的任務に従事していた。両者は――一方は女性たちに、他方はアフリカ系アメリカ人たちに――同時代の思想や慣習や法の痛烈な批判を提供し、続けて、平等や正義や人間の繁栄のヴィジョンを掲げたのである。

もうひとつ、同じ瞬間に属する決定的に重要なテクストがある。それは、フリーダンの本のようにたちまちベストセラーとなったわけではなく、キングの手紙のように大衆紙上で広汎に論じられたわけでもなかった。にもかかわらずそれは、微妙だがよく浸透する作用を、二〇世紀後半の自然科学、人間科学、倫理思想にこっそり及ぼしていった。それ、すなわちトマス・クーンの『科学革命の構造』(一九六二)は、科学とは完全に客観的な事業であるという長年の考えに根本的な異議を唱えた。典型的な科学研究は、慣習的な実践や共有された価値観や思想的な総意《コンセンサス》――クーンが「パラダイム」と呼んだもの――によって特徴づけられる「通常」の時期におこなわれるというのが、同書の中心的なアイデアである。しかし、あるパラダイムの道具および言語が証拠つきの「変則例」を有効に処理できなくなると危機が出来《しゆつたい》する。クーンによれば、ライヴァルのパラダイムが現れて変則例をうまく説明したときに科学革命が起こり、こうして古いパラダイムは新しいものに替えられる。

ここに論争的な要素はまったくないように見えるかもしれない。ただしそれは、旧パラダイムにおける科学知識と新パラダイムにおける科学知識とは「通約不可能」であるという――クーンが説くところの――事実がなければの話である。この事実は要するに、複数の異なる科学的パラダイムに共通の尺度など存在せず、絶対的ないし外的な――理解の手段とは独立の――「現実《リアリティ》」をあるパラダイムが理解するための完全無欠な方法など存在せず、あるパラダイムから別のパラダイムへという動きのなかに明瞭な進歩は存在しないということを意味していた。

クーンの議論の衝撃的かつ論争的な含意は、科学的探究および人文的探究のほぼ全領域へ撒きちらされた。かりに、あらゆるパラダイムを超越する客観的尺度を科学が提供せず、真理の主張はあくまでも特定のパラダイムの観点に対して相対的であるのなら、真理の相容れない諸主張のあいだで我々はいかにして決定を下しうるのか。「通約不可能性」が意味するのは、理性や合理的探究や疑いようのない証拠は実のところ、我々が真理の相異なる諸主張を裁定する際に用いている手段ではないということなのか。科学が、社会的に構築されたものを使ってなされる外的現実の研究なのだとすれば、あらゆる科学知識もまた社会的に構築されたものでしかないということになるのだろうか。『科学革命の構造』が二〇世紀後半においてもっともよく引用された学術的テクストのひとつとなった主な理由は、これらの問いの答えに学術的探究のほとんどあらゆる領域の巨大な利害が絡んでいたという事実に存している。絶対的真理の領域としての科学を解体した『科学革命の構造』は、それ自体がひとつの思想的革命の火つけ役となった。というのも、同書が権限を与えた反基礎づけ主義的[☆1]な諸観念こそまさに、二〇世紀末のアメリカのポストモダニズムが最初に斉射した砲弾だからである。

アメリカによるポストモダニズムの発見

クーンは決して自分をポストモダニストと見なさなかったし、彼はポストモダニストだとアメリカの思想家たちが主張するようになったのも実はだいぶあとのことである。なにしろ、一九六〇年代後半および七〇年代の大部分においては、ポストモダニズムはフランスからの輸入品と見なされていたのだから。

一九六〇年代後半をとおして、ますます多くの（たいていは）フランス人の哲学者たちが前面に出しはじめたあるスタイルの思想が、やがてポストモダニズムとして（あるいはその変種であるポスト構造主義や脱構築として）知られるようになった。同時に彼らは、アメリカの人文系学者たちの社会においてセレブリティとしてのキャリアを歩みはじめた。彼らのなかには、ジル・ドゥルーズやピエール・クロソウスキーやリュス・イリガライのように、カンファレンスに参加したり講演をおこなったり自著の英語版を宣伝したりするためにたまに渡米するだけという者もいた。他方で、ポール・ド・マン、ジャック・デリダ、ジャン＝フランソワ・リオタール、ミシェル・フーコーなどのように、アメリカの大学の教授に就任したり長期間滞米したりした——ゆえにアメリカの読者に対するより直接

☆1　反基礎づけ主義的（antifoundationalist）　あるもの（典型的には知識）が別のもの（たとえば明晰判明な真理）を絶対的な根拠としているという関係を探究する立場が基礎づけ主義（foundationalism）であり、反基礎づけ主義はこうした関係は成立しないと説く。

的でより持続的なインパクトを確保した――者もいた。彼らの諸観念の神秘性、彼らのペルソナのカリスマ性、そして彼らおよび彼らの諸理論にまつわるもろもろのドラマや論争は、多くの観察者たちに次のような印象を抱かせた。すなわち、こうしたヨーロッパの知的スーパースターたちが、反普遍主義的思考の根本的に新しい――向こう見ずでさえある――様式《モード》をアメリカにもたらしており、それとともに、アメリカ人が後始末をつけなければならない道徳的ないし認識論的な混乱もたくさんもたらしているという印象を。

「ポストモダニズム」という語が最初に思想的言説内での牽引力を得たのは、一九六〇年代の美学における劇的な諸変化を特徴づける方法としてであったけれども、それはたちまち、哲学や文学理論や社会批評において勃興していた思想的スタイルと結びつけられるようになった。自らを〔正当な〕知識と言いはる諸主張すべての思想的中心が不動ではないことを力説するのがポストモダニズムの思考法であるから、それを特徴づけることはなかなかの難題である。しかしそれを同定しやすくするような、共有された前提、コミットメント、方法は存在する。ポストモダニズムはあらゆる二項対立に懐疑的であり、「客観性」と「主観性」の区別をもっとも声高に拒絶した。ひとたび「客観性」が退けられると、知覚が絶対的現実《リアリティ》と繋がっているという考えも退けられる。多くのポストモダン理論家たちはかくして、言語がいかにして現実を構築するかを――言語はただ現実を表象するだけの透明なものではないことを――明らかにし、言語へのマクルーハン的アプローチを強く要求した。彼らはまた、自然に根ざしていると主張する信念ないし実践にも異議を唱え、あらゆる真理は人間の意志や欲望や習慣によってかたちづくられていると論じた。彼らは、ジェイムズ的な古い思考法に新しい名前を与え、ウィリアム・ジェイムズが「人間という蛇〔human serpent〕は〔…〕あらゆるものの上に痕跡を残している」と表現した認識を「反本質主義」と呼んだ〔一八七頁参照〕。加えて彼らは、彼らが「啓蒙のプロジェクト」と呼ぶところのもの――これも当時の新しい定式化であった――の普遍主義的な諸前提にも腹を立てた。こうした徹底的《ラディカル》な懐疑論の多様な諸傾向すべてがある程度まとまれるよう力を添えたのが、ジャン＝フランソワ・リオタールの『ポストモダンの条件――知についての報告』〔一九七九〕であり、そこでは彼らの共通のスタンスが「メタ物語に対する不信感」と特徴づけられていた。*8

哲学者兼精神科医のミシェル・フーコー〔彼は精神医学も研究したが正式な精神科医ではなかった〕は、啓蒙のプロジェクトにもっとも破壊力の大きい批判を加えた思想家である。彼はすべてのポストモダニストたちのなかでもっとも明瞭に、もっとも力強く、「権力《パワー》」をめぐる――その神的な根拠が、さらには自然的な根拠も、疑われだしたことにより生じた――もろもろの問いに取り組んだ。権力や権威や支配の知的、心理学的、社会的な諸形式はいかにして表出されるのか。それらは何に由来するのか。それらはどう正当化され、どう維持されるのか。これらの問いに答えるためにフーコーは、権力の――世界観や制度

図20　建築家のフランク・ゲーリーは、近代建築の古臭い形式主義と彼が見なしたものを拒み、矩形を廃したり視覚的な中心を設けなかったりするようなポストモダンの美意識の到来を促した。「ポストモダニズム」はまず、建築における新しい美意識との結びつきからアメリカ思想内での牽引力を得たのであり、哲学ないし文学におけるもろもろの運動を表すという役割を託されたのはそのあとであった。ここに写るのは、ミネソタ大学の〔ゲーリーが設計した〕ワイズマン美術館（1993年竣工）である。Justin Ladia/Flickr.

や文化的実践に現れる――社会的な諸布置〔configurations〕の研究に対する「考古学的」アプローチおよび「系譜学的」アプローチと彼が呼ぶものを開発した。『監獄の誕生』（一九七五）では、彼は道徳的諸規範《コード》の系譜学の探究を拡張し、社会から逸脱した者たちの処罰に対する近代的でより「人間的」でより「啓蒙的」なアプローチがどう発展したのかを調べた。こうした諸改革は、彼の言葉を借りれば、「より少なく処罰することではなく、より良く処罰すること」を目指していた。[*9] フーコーは自らの監獄研究の延長線上において、取り締まり《ポリシング》や管理や監視や改革の新しい諸様式《モード》が近代的な工場、病院、学校、軍へどのように浸透したか、そしてこの浸透をとおしてどのように規律的権力の近代的システムを創造したかを理解しようとした。かくして、近代の健康観や幸福観は重い病を抱えていると主張した彼は、「人助けの職業〔helping professions〕」に対する、また社会教育および社会管理のいっけん善良な諸形式に対する懐疑を大衆へ行きわたらせることに寄与した――ケン・キージーによるかつての寄与と同様に。

　かりに、一九七〇年代、八〇年代、九〇年代のアメリカのかくも多くの人文系学者たちが、真理の偶然性や言語による操作や道徳体制《レジーム》の曖昧さに関するポストモダニストたちの諸観念にあれほどの説得力を感じなかったとしたら、フランスの理論家たちの人気はたんなるつかのまの知的流行に終わっていたかもしれない。しかしながら、少数派でありながらも声が大きい学者たちが、もろもろのポストモダン的な観念および解釈戦略を駆使しはじめ、さらには自らのスポークスパーソンの名前をそうした思考法を表す形容詞に変えさえした（「フーコーディアン〔Foucauldian〕」とか「デリディアン〔Derridean〕」とか）ため、心配した観察者たちは、「外国からの侵略」が学界に、ひいては多感な学生たちの柔らかい心に入り込みつつあることへの警鐘を鳴らした。

シカゴ大学の古典学教授のアラン・ブルームは、一九七〇年代および八〇年代のもろもろの思想的変容を外国からの侵略として大衆に喧伝することに与《あずか》ってもっとも力があった。これにより、またけれんの巧みさおよび説得力のゆえもあって、同じくらい明るく輝く知的スーパースターに彼自身がなり一九九二年に亡くなるまでそうありつづけた。大ベストセラーとなった『アメリカ精神の終焉《クロージング》——高等教育はいかにして民主主義に失敗し、こんにちの学生の魂を貧しくしたか』（一九八七）のなかでブルームは、跳梁している反基礎づけ主義的諸観念の由緒が外国にあるという事実への警戒を訴えた。しかし彼の語りにおいては、それらは戦後のフランス思想にではなくむしろ一九世紀末のドイツ哲学に、とりわけニーチェの道徳的相対主義に由来していた。ブルームによれば、真理を裁決するかわりに「無責離婚〔no-fault divorces：配偶者のいずれにも過失責任を問わない離婚〕」や「葛藤の解消〔conflict resolution〕」や「政治的な正しさ《ポリティカル・コレクトネス》」のほうへ行ってしまったアメリカ人たちは、大学の教室で教えられているナンセンスをただ実践しているにすぎなかった。ブルームは、ニーチェと以後のヨーロッパの思想家たちとを軽視してはいなかった。彼はたんに、一九六〇年代の激震ののちアメリカ人たちは「俗物〔Philistines〕」になってしまい、道徳的権威への不信を深めすぎたためヨーロッパ発祥の簡易版「価値相対主義」を展開することになってしまったと論じていた。「それが外国から来たものだという意識はすっかり消えている」とブルームは嘆いた。道徳的普遍主義に対するこうした邪悪《ダーク》な攻撃を容れる場は「魔法をかけられたアメリカの土壌」にはないということを、大学生たちも彼らの――ベビーブーム世代の――教授たちおよび親たちもほとんど認識できていなかった。[*10]

アメリカで反基礎づけ主義に与《くみ》した者たちがブルームの診断に同意しなかったことは間違いないけれども、彼らの多くは、「ポストモダニズム」の看板を掲げて流通している諸観念は外国に由来するというブルームの評価の正しさを当然視しただろう。それどころか、そこに自分たちの魅力が宿っていると考えた者もいた。したがって、アメリカのポストモダニズムは「冒険的な知的散種の好例」だとのちに述べたある歴史家は、多くの者たちに真理と思われていた主張を打ち出したわけである。[*11] この説明が見逃している（当時もごく少数の明敏な観察者たちにしか気づかれていなかった）のは次のことである。ヨーロッパの反基礎づけ主義のこうした諸相が二〇世紀末のアメリカの生においてかくも大きく伸張した主な理由は、アメリカ思想にながらく現前していたもろもろの思想的な習慣およびコミットメントを活用したことに存する――これである。

しかし、ブルームの慨嘆歌〔jeremiad〕が刊行された二年後に、コーネル・ウェストというプリンストン大学の若い宗教学教授が誤解を正そうと試みた。『アメリカの哲学回避――プラグマティズムの系譜』のなかでウェストは、「認識論中心の哲学の回避」こそが、二〇世紀末のアメリカ人たちが彼らの「土着の〔indigenous〕」エマソンから遺贈されたものだと論じた。これを「ポストモダニズム」と呼ぶことに彼は異論を挿まなかった――ただし、アメリカの読者が、この哲学が新しい言語的衣裳をまとって再来したプラグマティズムであることを、つまり土着の伝統であることをはっきり認識しているかぎりにおいて。ほかのネオプラグマティストたち――アメリカン・プラグマティズムの創始者たちの著作にふたたび熱い視線を注いでいた一群の思想家たち――のなかには、かかる比較を快く思わない者もいた。ウェストはこう述べている。「アメリカのプラグマティズムは、〔…〕西洋哲学の会話《カンヴァアセーション》にくりかえし現れる諸問題への解答を提出しつづけている哲学的伝統であるというよりはむしろ、特定の歴史的瞬間のアメリカをアメリカ自身に対して説明しようとするような、継続的な文化的論評ないし解釈群である」。それは、「社会の危機という旋風に煽られ、イデオロギー的議論の十字砲火に巻き込まれ、階級や人種やジェンダーをめぐる闘争の嵐にもまれて混乱している民衆」とともにあるアメリカの風景にとりわけ似つかわしい思考法であった。[*12] エマソンはこのことを理解していた。彼のあとには、ジェイムズとデューイもこのことを理解した。知的な「逃避性〔evasiveness〕」を歓迎した二〇世紀末のアメリカ人たちもこのことをふたたび理解した〔「逃避性」というウェストの用語は、もろもろの認識論的基礎から離れて状況依存的かつ文脈依存的な問題解決へ向かうという移動を表す）。ウェストが理解していたように、ポストモダニズムの流行は、かつて退けられた自分たちの思想が――疎外されるなかでいくらかの威厳を身につけたのちに――戻ってきたというアメリカ人たちの認識以上のものではなかった。

アイデンティティの政治と文化戦争

ブルームが『アメリカ精神の終焉』によって「文化戦争《カルチャー・ウォーズ》」〔本節で論じられる、リベラルな価値観と保守的な価値観とのさまざまな衝突の総称〕の火蓋を切ったのだとすれば、彼はすぐに、思想的な断片化および転覆に対するポストモダン的な是認を忌々しく思っていた著名な識者たちならびに政治家たちからの援護射撃を得たことになる。その多くは、普遍的なものへの攻撃が「多文化主義」――相対主義的な目的のためのありきたりな手段――の有害な福音を学界内に生み出しているという主旋律の変奏であった。歴史家アーサー・M・シュレジンジャー・ジュニアは一九九一年に、『アメリカの分裂――多文化社会についての考察』のなかで警鐘を鳴らした。彼は、学者はいまや民族的《エスニック》な活動家にまで退化しており、学生はアメリカに関する「ウヌムを軽視しプルリブスを讃美する」[☆2]ような考え方への転向を〔多文化主義の〕唱道者たちから勧められていると論じた。[*13]

一九七〇年代の大半および八〇年代初めにおいては、アメリカが分裂しているという感覚に一本の断層線が寄与しており、観察者たちにとってその線は昔なじみのものであった。すなわち個人主義という線である。アメリカ史のなかに、利己心の力と社会的義務の力との適切なバランスという問題に思想家たちが取り組まなかった時期は存在しない（共和主義やトランセンデンタリズムや革新主義のことを思いかえしてみよ）。しかしこの時期には、原子論的な――反社会的でさえある――自己《セルフ》観に置かれたアメリカ文化の重心を概念化する新しい方法をあまたの書き手たちが提供するようになった。諷刺家のトム・ウルフは一九七六年に、雑誌『ニューヨーク』に寄せた「「ミー」ディケイドと第三次大覚醒」という記事のなかで、当時急成長していた自助《セルフヘルプ》ブームの放蕩および行きすぎ――と彼が見なしたもの――を嗤《わら》った。「昔の錬金術の夢は、卑金属を金に変えることであった。新しい錬金術の夢は、自らのパーソナリティを変えることである――自らのまさしく自己を作りなおし、模様替えし、高め、磨くこと……そしてそれ（ミー！）を観察し、研究し、慈しむこと[*14]」。

ここに歴史家兼文化批評家のクリストファー・ラッシュも加わったが、彼の『ナルシシズムの文化――期待逓減の時代のアメリカン・ライフ』（一九七九）はいっそう破壊的な批評であった。ラッシュは「ナルシシズム」という語――当時までは、個人の病状を診断するためのフロイト用語、つまりきわめて特殊な臨床用語であった――を、アメリカ的パーソナリティを特徴づける一方法に変えた。彼は、ナルシストとは自尊心を膨れあがらせた者のことではないと力説した。ナルシストはむしろ虚弱な自我《エゴ》を抱えており、息苦しくなるほどの怒りおよび自己嫌悪に苛まれており、ゆえに愛や承認〔confirmation〕に対する飽くなき欲求を他者に満たしてもらおうとする。ラッシュによれば、かつては宗教的コミットメントが——また政治的コミットメントも——供給していた意味および義務のより大きな構造を、ナルシストたちの文化は概念化できていないかあるいはそもそも待ち望んでいなかった。彼が発した警報はジミー・カーター大統領の耳にまで届き、ラッシュはホワイトハウスに招かれた。そしてカーターはのちに、一九七九年のエネルギー危機〔いわゆる第二次オイルショック〕が主題の「自信の喪失〔crisis of confidence〕」演説を練るなかでラッシュの諸観念を利用した。カーターは、アメリカ人たちが直面している問題は石油不足ではなく公共心〔public spiritedness〕の欠如だと警告した。それは「断片化および利己心に繋がる道」であり、「その道の先には自由の誤った観念があ」る、と。[*15]

しかしシュレジンジャーは、原子論的個人主義が公共心を損なうことを懸念する以上に、民族的《エスニック》アイデンティティや人種的《レイシャル》アイデンティティや他の集団的アイデンティティが大学のキャンパス内の諸学部に亀裂を走らせていることを憂えていた。一九六八年に、いずれ

☆2　ウヌム（unum）とプルリブス（pluribus）
それぞれ「ひとつ」と「多数」を意味するラテン語の名詞。米国のモットーのひとつが“E pluribus unum”（「多から成る一」）であり、これは国璽や硬貨にも刻まれている。

も最初の黒人研究プログラムとチカーノ〔メキシコ系アメリカ人〕研究プログラムが設けられた。一九七〇年には女性研究プログラムとアメリカ先住民研究プログラムが誕生した。これらのプログラムは数年のうちに、全国へ広がり指数関数的に増加した。これらはすべて解放のための闘争から生まれた——黒人研究はブラック・パワー運動から、女性研究はラディカル・フェミニズムから、というように。もろもろの研究課程は、それらを派生させた政治運動と同じく、集団的アイデンティティにはっきりと、また堂々と基づいていた。抑圧された集団の一員と自己認識しているアメリカの学生たちならびに教授たちにとって、アイデンティティに基づくカリキュラムの目的は、関連するもろもろの研究分野内および大学のキャンパス内で認められることの要求にあった。スー族として生まれた弁護士兼活動家のヴァイン・デロリア・ジュニアは、『カスターはあなたの罪のために死んだ——インディアン・マニフェスト』（一九六九）に「我々の窮状の筆頭は我々の透明性である」と記した。「自分自身であることに我々がいっそう努めれば、そのぶんだけいっそう、我々がそうであったことの決してないものの擁護を我々は強いられる。〔…〕現代のアメリカ社会の一インディアンであるとは、とてもリアルな意味において、非現実的《アンリアル》かつ非歴史的であるということである」[*16]。さまざまな「研究《スタディーズ》」プログラムは、したがって、アメリカの知識生産の史的記録におけるこうした長年の抹消を逆転させようとし、自らの集団の失われた歴史および知識を取り戻そうとし、白人の、男性の、異性愛者の基準および真理主張〔第5章訳註2参照〕に抑圧の被害者たちが異議を唱えることを可能にする有機的な知識観〔epistemologies〕を駆使しようとした。

大学のカリキュラムおよびキャンパスにもろもろの「研究《スタディーズ》」プログラムが著しいインパクトを及ぼしはじめてからほどなくして、これらに疑問を投げかけるような仕方でポストモダニズムの思想的効果が浸透していった。一九八〇年代のアメリカ思想を統《す》べる論法《ロジック》があったとすればそれは、もろもろの断層線にさらに断層線を加えるという論法である。これはまず、人種的アイデンティティやエスニック・アイデンティティといったカテゴリーを――階級やジェンダーや性的指向や宗教や地域との「交差性〔intersectionality〕」を示すことによって――複雑化する諸理論というかたちで現れた。詩人のオードリ・ロードの一節から、アイデンティティというカテゴリーや帰属というカテゴリーが再考を要していることを力説する者たちがいたのはなぜかが窺われる。「四九歳の黒人のレズビアンのフェミニストの社会主義者であり、二児――ひとりは男児――の母であり、異人種間カップルの一員である私はいつも、ほかのものとして、逸脱したものとして、劣ったものとして、あるいはただたんに間違っているものとして定義される集団に自分が属していることに気づかされた」[*17]。従来の学問分野および学術的実践にアイデンティティ主義的〔identitar-ian〕な諸主張が重大な異論を挿んでからさほど間を置かずに、ポストモダニズムが、かかる諸主張が本質主義の崩れつつある基礎に立脚していることの強調をとおして諸主張の前提に圧力をかけた。ポストモダニズムはかくして、人種や民族性《エスニシティ》やジェンダーを専門とする学者たちに、彼らが自分たちを記述する際に使うもっとも基本的な用語の完全性《インテグリティ》および安定性について再考するよう促した。

カリフォルニア大学バークリー校の比較文学および修辞学の教授であるジュディス・バトラーは、仲間のフェミニストたちの前提ならびにカテゴリー的思考を疑ったもっとも強力な理論家のひとりであり、人気の高さでは間違いなく一位であった。革新的な著書である『ジェンダー・トラブル――フェミニズムとアイデンティティの攪乱』（一九九〇）のなかでバトラーは、セックスとジェンダーの区別という「基礎づけ主義的虚構」――それはセックスを生物学に根ざしたものと見なし、ジェンダーを文化によって構築されたものと見なす――に疑問を投げかけた。彼女によれば、いずれも自然が生んだものではなく、必要性から生まれたものでもなく、むしろ両者は、ながらく異性愛を規範にしてきた――そして言語と命名能力を権力《パワー》の場にしてきた――歴史の副産物であった。しかし彼女はそこからさらに進んで、「女性」というカテゴリー自体もまた虚構なのだと、それはあの〔セックスとジェンダーの区別という〕虚構が創造する「諸主体《サブジェクト》」の統制に寄与させられた文化が作り出した「もろもろの意味が競合する場」なのだと論じた。バトラーは、ニーチェやフーコーの系譜学的メソッドを用いて、二〇世紀末の思考カテゴリーと結びついた支配および権力の歴史的諸様式《モード》を解き明かした。ジェンダーに関する我々の言葉は、時代遅れの統制的諸体制《レジーム》のパフォーマンスでしかない。バトラーは、得意とする難解な――不必要に不格好であるようにも、いくらか神託めいているようにも感じられる――言葉遣いでもって、こう断言した。「ジェンダーの表出の背後にジェンダー・アイデンティティは存在しない。[…]アイデンティティは、その結果だと言われているものによって、すなわちほかならぬ「表出」によって、パフォーマティヴに構築される」[*18]。

一九八〇年代から九〇年代にかけて「人種」の概念も同様に精査され、かくして黒人の解放や民族的《エスニック》解放を志向するキャンペーンのもっとも基本的な前提に疑義が呈された。かかる運動が、言語のアリーナに入り込んでいる偏見の束縛から「有色人」(これも捏造されたカテゴリーであり、しかし当時急速に人口に膾炙していた)を解放することを目指した一方で、そのアリーナにおいては、人種やエスニシティをめぐる思想のもっとも基本的なカテゴリー(「黒人」とか「ヒスパニック」とか「人種」それ自体とか)でさえも疑われていた。哲学者でありハーヴァード大学のアフリカ系アメリカ人研究の教授を務めたこともあるクワメ・アンソニー・アッピアは、人種に関する現代の諸観念の生物学的基礎に最新の研究が異論を挿んでいる以上、人種的カテゴリーはすべて再考される必要があると唱えた。権威ある著書『私の父の家で――文化哲学のなかのアフリカ』(一九九二)のなかで彼は、汎アフリカ主義やアフリカ研究やアフリカ系アメリカ人研究における――より広くは西洋哲学における――もろもろの「アフリカ」概念の「形而上学的ないし神話的な統一《ユニティ》」を問

図21　アメリカ人芸術家のバーバラ・クルーガーの《無題（あなたはあなた自身ではない）》（1981）は、主体のポストモダン的な死を視覚的に表現しつつ、女性のさまざまなかたちの抑圧〔oppression〕──外的に課せられたものであれ、内的に保護されているものであれ──に語りかけている。クルーガーは、鑑賞者の自分自身に関する──またアメリカ政治やアメリカ文化に関する──前提を揺るがそうとする断続的な〔staccato〕テクストを白黒写真に重ねた諸作品によってもっとも知名度を高めた。Mary Boone Galleries.

いただし、「人種の諸幻想」を際立たせようと試みた。アッピアはこう述べる。「人びとを少数の人種に分類しようとすることは、ある意味で、図書館にある本を分類しようとすることに似ている。ひとつの属性――たとえばサイズ――しか使わないことが禁じられているわけではないが、それによってできるのは使い物にならない分類である。〔…〕本の分類が本に関する深遠な事実を反映しているとは誰も――自らの仕事にこのうえなく取り憑かれた司書でさえも！――考えない。〔…〕そして誰も、我々が高く評価すべき本を図書館の分類が決定しうるとは考えない」[*19]。

同じころ、「ポストレイシャル」で「ポストエスニック」なアメリカに関する議論が、人種的《レイシャル》ないし民族的《エスニック》な本質主義の完全性《インテグリティ》のみならずその有用性をも疑問に付していた。カリフォルニア大学バークリー校の思想史家であり、アメリカ的コスモポリタニズムの歴史的諸概念をながらく研究してきたデイヴィッド・ホリンガーは、「坩堝《るつぼ》」的多文化主義の多元主義的図式《シェーマ》に対するランドルフ・ボーンの批判をアップデートすべく、アイデンティティや帰属や連帯の――二〇世紀末のアメリカの諸事実により適合した――流動的諸概念を対案として論じた。ホリンガーの観察によれば、「人種という生物学的現実があると信じているアメリカ人はどんどん少なくなってい」た。「しかし顕著に見てとれるのは、ブラック〔アフリカ系〕、イエロー〔アジア系〕、ホワイト〔白人〕、レッド〔先住民〕、ブラウン〔メキシコ系など〕という粗野で口語的なカテゴリーを正確に複製しており〔国勢調査において」〔公式に認可されてもいる人口統計上の分類法を、彼ら〔アメリカ人たち〕が生活のなかで進んで受け入れていることである」[*20]。

本質的なもの抜きのコスモポリタンな所属《アフィリエーション》という新しい形式を想像しようとしたアッピアとホリンガーは、反本質主義的な諸観念がアメリカの少数派《マイノリティ》の経験にもたらす結果を甘く見積もっていたわけではない。「ニグロという生物学的カテゴリー」は「人種主義者たちによる態度表明の対象となりうるものを何も残さない」ような仕方で放棄されるべきであり、にもかかわらず人種主義者たちは何かしらの方途を見つけるだろうということを、アッピアは理解していた[*21]。じじつ、ディネシュ・ドスーザ――ヘリテージ財団〔保守的理念を掲げるシンクタンク〕の論客――の『人種主義の終焉』（一九九五）をはじめとする諸著作が、人種の生物学的根拠に対する同様の挑戦を利用する方針へと保守派の批評家たちがどれほど容易に転換したかを示している。もっとも彼らの目的は、人種主義を克服することにではなく、黒人たちの文化に備わるもろもろの欠陥とそれらを助長している白人のリベラルたちとが〔生物学的概念としての「人種」のかわりに〕責められるべきだと明言することにあった。人種に生物学的根拠がないことを受け入れながらも、かかる承認に伴いうる文化的相対主義は受け入れなかったドスーザは、「いまや相対主義がリベラルたちを鉄の檻に閉じ込めてしまっており、それが彼らによる黒人の病理の認識を妨げている」と嘆いた[*22]。案の定、文化戦争の保守側に与《くみ》した者たちはドスーザの大胆な議論に説得力を感じ、このたぐいの主張がもっとたくさん現れることを、そして人種的苦情の政治や政府によるマイノリティのための介入を少しでも早く終わらせることを願った。しかし、ドスーザと同じく人種的カテゴリーに対する反本質主義の挑戦を利用したアフリカ系アメリカ人の論客たちは、人種の終焉が何らかの仕方で人種主義の終焉をもたらすという見解に猛反発した。コメディアンのクリス・ロックも一九九〇年代末に、スタンダップコメディ〔ひとりの演者が壇上から観客に語りかけるスタイルの話芸〕の定例公演のひとつでこう語っていた。「この部屋のなかに、俺と立場を交換しようなんて思う白人の男はいやしないよ。ひとりたりともね！　俺は金持ちなのに！」[*23]。

人種の本質主義的前提に挑戦することを、黒人の知識人たちはとりわけ難儀に感じた。なぜなら彼らは、自分たちを定義するために、組織立った抑圧をこうむっているという共有された経験よりもいっそう深くいっそう絶対的な感情的絆を探し求めていたからである。結果として、人種的ないしエスニックな反本質主義のもっとも手厳しい分析は、保守派の文化戦士たちからではなく、ほかならぬマイノリティから、つまりその反本質主義の恩恵に浴するはずの者たちから提出されることとなった。なかでも〔反本質主義者たちの〕良心をもっとも痛ませたもののひとつが、黒人フェミニストの哲学者ベル・フックスによる〔一九九〇年の〕観察である。彼女は用心深くも、「もろもろのポストモダン的な「主体」批判が、自分たちはいまはじめて声を上げていると多くの被征服者たちが感じているような歴史的瞬間に前面化した場合には、我々はまったくもって、かかる諸批判を疑わしく思うべきである」と評した。自分は「いま覗いている言説の外側に」、すなわち「白人男性の知識人たちおよび／あるいは学界のエリートたち」の「言説の外側に」いると感じていたフックスは、にもかかわらず、次の意見をアッピアと同じくした。すなわち、かりに「そうした〔本質主義〕批判が、黒人としての複数のアイデンティティと黒人としての多様な経験との是認を我々に許す」のであれば、またかりに「そうした批判」が「黒人のアイデンティティの植民地主義的かつ帝国主義的な諸パラダイム」――それらは「白人の優位を強化し維持する」ような仕方で機能すると彼女は考えた――に対する挑戦を「我々に許す」のであれば、もしかしたらポストモダニズムの潜在的利益は、絶対的なもの抜きの「黒人性《ブラックネス》」を拵えることのリスクを上回るかもしれない、という意見を。[*24]

二〇世紀末の反基礎づけ主義的な思想家たちは、ひとつの分析カテゴリーなり概念なり真理なりが自らの絶対性を主張していることに気づいたら――それがどこにあろうと――必ず、それは人間による権力《パワー》の追求が生んだ人工物であって現実《リアリティ》への窓口ではないと言い立てた。彼らの努力は、対話者ないし読者の熱狂、感謝、懸念、憤怒を喚起し、また多くの嘲笑も誘い、いずれにせよ関心をまったく引かないということはほとんどなかった。しかし、彼らによるさまざまな批判への――普遍主義に対する挑戦ゆえに生じた――情熱的な反応がもっとも激しやすくなり、関わる利害がもっとも大きくなったのは、その挑戦の論理の波及効果が公民権をめぐる、とりわけ人権をめぐる諸理論にまで届いたときであった。

ライス大学の歴史家トマス・ハスケルが一九八七年に「「解釈の時代」に権利を語ることの不思議な粘り強さ」と呼んだものの見かけ上の不調和は、もっとも明敏な観察者たちにしか気づかれていなかった。[*25] やがて、著名な学者たちおよび活動家たちがさまざまなシンポジウムないしカンファレンスの壇上で、普遍主義に抗することと人権を擁護することとが両立しうるのかについて論じるようになった。彼らが解きたいと思っていたのは次のような問いである。「メタ物語に対する」本当に疑い深い「不信感」は、市民社会における生に肝要かつ明白な利益をもたらす普遍主義的諸概念——たとえば人権——とぶつかったときにも自らを救うべきなのか。反基礎づけ主義と権利を語る言説とが、共通の土台を見つけたり和平協定に向けて交渉したりする道はあるのだろうか。

こうした問いが、アムネスティ・インターナショナル〔国際的な人権団体〕が一九九二年に始めたオックスフォード・アムネスティ・レクチャーズにおいて最初の論題として取り上げられた。バーバラ・ジョンソン、エドワード・サイード、ウェイン・ブース、テリー・イーグルトンといった文学理論家たちを含む登壇者一同へ宛てた主催者からの招待状にはこうある。「我々のレクチャーには、自己《セルフ》の脱構築が自由主義の伝統《リベラル・トラディション》にもたらす結果の考察が求められています。自由主義の伝統によって構築されたものとしての自己は、いまだに存在しているのでしょうか。もはや存在しないとすれば、いったい誰の人権を我々は擁護しているのでしょうか」[26]。反基礎づけ主義は権利なるものを打倒するのに十分な知的火力を持ちうるという事実は、その批判者たちにとって、アメリカ精神が——終焉《クロージング》を迎えただけでなく——理性や分別へのあらゆる希望に対して自らを完全に閉ざしてしまったことを示すサインであった。反基礎づけ主義は権利を打倒するのに十分な知的火力を持ちうるという事実は、その理論家たちおよび擁護者たちにとって、自分たちが対処せねばならないもっとも差し迫った問題のひとつであった。反基礎づけ主義が提起した諸問題は、当時において多様かつ複雑であったし、現在においてもそうありつづけている。かくも新しい印象とかくも深い混乱とをかくも多くの者たちに与えたこの言説は、しかしながら、アメリカの思想的生にとっては昔なじみの知的関心および思考習慣から生まれたものである。以後の諸論争はつまるところ、もろもろの道徳的観点のあいだにある深淵をいかに架橋するか、そして共有しうる道徳的土台がどこにも見つからないなかでどのように共通の土台を作り上げるかという、何度となくくりかえされている問いの新しい反復であった。これこそ、グローバリゼーションの時代への移行を自覚したアメリカの観察者たちが投げかけることとなる問いである。

エピローグ　グローバリゼーションの時代のアメリカ再考、あるいは会話の継続

歴史家たちが「総意《コンセンサス》」という語をある時期の道徳感情の記述に用いると、彼らが言わんとしているのは「満場一致〔unanimity〕」だと思われてしまいがちである。しかしそうであったことはほとんどない。彼らがコンセンサスによって意味しているのはむしろ、明確に特定可能な関心事がさまざまな——社会的ないし政治的なスペクトラムの全体に分布する——アメリカ人たちの注意をおのずと集めてしまうような瞬間がアメリカの生にはあるということである。二一世紀への転換期には「グローバリゼーション」がこうしたコンセンサスの焦点《イシュー》のひとつとなり、アメリカ人たちは、自らの生活が大規模で国境横断的《トランスナショナル》で地政学的な発展にどれほど影響されているかを認識するようになった。多くの点から言えるのは、グローバリゼーションなる新しい語が、アメリカ思想にとってなじみ深い諸関心を指し示していたということである。要するにアメリカの意味が、所与の事実としてのそれではなく答えねばならない問いとしてのそれが、反復をいま一度くりかえしたわけである。

諸国の経済ともろもろの政治体制との相互接続がますます緊密になっていることを大衆紙が連日のように報道しており、加えて、この主題に関する本が一産業を成しうるほどたくさん市場に押し寄せていた。ベンジャミン・バーバーの『ジハード対マックワールド――グローバリズムと部族主義は世界のかたちをどう変えているか』（一九九五）、サミュエル・ハンティントンの『文明の衝突と世界秩序の再形成』（一九九六）、ノーム・チョムスキーの『人民よりも利益を――ネオリベラリズムとグローバルな秩序』（一九九九）、アンソニー・ギデンズの『暴走する世界――グローバリゼーションは我々の生のかたちをどう変えているか』（一九九九）などが、グローバリゼーションとその居心地の悪さとを論じる主な本の例である。また大学のキャンパスが、アメリカ市民であると同時に世界市民でもあるということの意味に関する諸観念の発信源になったり、それに関する論争の拠点《ハブ》になったりした。一九八〇年代に繰り広げられた、〔アパルトヘイト体制下の〕南アフリカ〔に展開している企業〕への投資をやめるよう大学に求めるキャンペーンはのちに、アジアの搾取工場で生産された大学公式グッズに対する学生たちの不買運動と交替し、続いて、有刺鉄線にとりまかれた蠟燭を描いたアムネスティ・インターナショナルのロゴマークを学生寮の部屋に飾ることの流行に取って代わられた。

　グローバリゼーションの危険性と可能性、そしてアメリカの生に対するその含意が、激しい論争において共有される焦点となった。実に多くの思想家たちを悩ませたのは、グローバリゼーションが世界のあちこちでナショナリズムを――解体するどころかむしろ――強化しているように見えるのはなぜかという問いである。彼らは、国家《ネイション》への帰属意識に寄与している諸力を歴史的に、経済的に、社会学的に探究しつつ、国境を越えた所属《アフィリエーション》や義務や助けあいの絆を感じることが二一世紀のアメリカ人たちにどれほど必要かを評価した。「グローバリゼーション」はかくして、道徳的コミュニティの境界に関する、また多様な世界と不確かな未来とを目の前にしながらどのようにアイデンティティを作りなおすか――あるいはそもそも作りなおすべきなのか――に関する慣れ親しんだ長年の思考法に、新しい枠組みおよび尺度を与えた。

ベネディクト・アンダーソンの『想像の共同体《コミュニティ》――ナショナリズムの起源および流行についての考察』（一九八三）が、ナショナリズムをめぐる会話《カンヴァセーション》を二〇世紀末の合衆国においてかたちづくった最重要文献のひとつと見なされるようになった。本来は東南アジアが専門の学者でありながらも地球上のさまざまな地域に目を配ったアンダーソンは、「水平的な深い同志愛」として感じられるものの起源と、遠くにいる幅広い他者たちがそこへ統合されてゆくプロセスとを組上に載せた。彼が取り組んだ問いは、長期にわたる彼のインドネシア研究――すなわち、ナショナリズムを高揚させた、しかし同時にありとあらゆる多元的諸国民《ネイション》にまたがる人びとのパッチワークの研究――に端を発していた。民族性《エスニシティ》においても言語においても相異なる諸集団の成員がいかにして、「国家《ネイション》」と呼ばれるより大きなものの一部としての自覚を持つようになるのか。どのような状況下で、より大きなナショナル・コミュニティは結合を保ったりばらばらになったりするのか。「ネイション」のような抽象的なものが、そのために誰かを殺そうとかそのために死のうといったことを臣民《サブジェクト》たちに考えさせるほどの愛および献身を喚起できるのはどうしてか。これらへの答えとしてアンダーソンは、コミュニケーション上の革命（約二〇年前にマーシャル・マクルーハンが大衆に向けて解説したもの）に伴われた経済的諸変化が、彼が呼ぶところの「出版資本主義」——これが共同性〔commonality〕の感覚を普及させる——ないし「想像のコミュニティ」の産出に寄与する次第の説明を提出した。[*1]「想像のコミュニティ」という彼の観念は世界中で、二〇世紀の政治理論における最重要概念のひとつに数えられている。

ナショナル・コミュニティは、かりに人びとが「想像」するものであるとすれば、かかる想像者たちの認知地図および道徳地図のまさしく限界に左右されるのではないか。コミュニティを想像することがポジティヴな力でありうるのだとして、それは——ある人びとをナショナル・コミュニティの外側に置くような仕方で想像しているときには——ネガティヴな力でもありえてしまうのではないか。これらの問いは、当時の多くの観察者たちにとって重要であった。アンダーソンの研究と同年に刊行された、メキシコ系アメリカ人の作家リチャード・ロドリゲスの自伝『記憶の飢え』は、アメリカのコミュニティに加わるべく努力することが彼にとって、すなわち移民の両親と褐色の肌とを持つバイリンガルの子供にとっていかなる経験だったのかを探究した。ランドルフ・ボーンが「トランスナショナル・アメリカ」を要求してから約七〇年が経ってもまだ、ボーンの理想は遥かな夢だと思い知らされる移民たちおよびその子供たちはあまりにもたくさんいた。

　アメリカの想像のコミュニティに同性愛者も含まれていると連邦政府およびアメリカ市民たちに考えさせようとする活動家たち——男性のゲイが大多数を占めていた——が全国的に増えたのもこの時期であるが、彼らの試みは結局成功しなかった。彼らのもっとも差し迫った問題は、エイズの蔓延——これにより変貌した彼らのコミュニティを、当時を知る者のひとりは「殺戮の場《キリング・フィールド》」と表現している[*2]——との戦いに資金《リソース》を投入するようアメリカ人たちを説得できるかどうかであった。しかし彼らは、援助を受けるどころか残忍な同性愛嫌悪《ホモフォビア》を向けられ、アメリカのコミュニティの成員として扱われるどころか、救えるかぎりの命を救うためには手弁当の組織運営やボランティア活動をおこなうしかないという状況に追い込まれた。

　同じころ、アメリカの想像力の最外縁では記録的な数の人びとがホームレスになっており、彼らの一部が、マイク・デイヴィスのディストピア的な著書『石英の都市——ロサンジェルスの未来を掘り起こす』（一九九〇）で取り上げられた。デイヴィスのポストモダン的なロサンジェルスは、けばけばしさと醜怪さをそれぞれ同量呈示しており、そこでは裕福な住人たちが、自らの贅沢なライフスタイルを都市の貧困層から守るためにプライヴェートな要塞を築いていた。幸福かつ裕福な白人たちの想像のコミュニティをロサンジェルスに作り出した都市計画家たちが、アメリカの想像された都市〔the American urban imaginary〕から公共空間を削除したのは、彼らが私的特権を盲目的に崇拝していたからであった――かかる次第をデイヴィスは、不穏なディテールをちりばめつつ説明した。

アメリカの観察者たちは、「我々」と「彼ら」をめぐる問いや「私」対「我々」をめぐる問いを重ねていたけれども、彼らが解答への助力を学界のプロフェッショナルの哲学者たちに求めることはほとんどなかった。学術的《アカデミック》な哲学は二〇世紀半ば以降ますます、論理学と言語分析とに関心を集中させるようになった。プロフェッショナルの哲学者たちは概して、倫理学の問いや美学の問い、そしてとりわけ「人生の意味」に関する問いを、もはや相手にしなくなっていた。なぜならこのたぐいの探究は、曖昧《ファジー》で感情的だと、科学的分析の厳密さのもとでは通用しえないと思われていたからである。さまざまな知的ファジーさに煩わされない論理分析が優勢を占めるこうした雰囲気のなかで、リチャード・ローティ――二〇世紀後半において最大の重要性および影響力を担ったと言える哲学者――はキャリアを開始した。彼と仲間の哲学的分析家たちは当時、集団への帰属や集団的アイデンティティを論点には決してしなかっただろうし、「ナショナル・イマジナリー〔the national imaginary〕」のような不明確なフレーズ〔「想像されたナショナルなもの」といった意味〕も決して使わなかっただろう。

しかしながら、彼の画期的研究である『哲学と自然の鏡』（一九七九）の上梓を境に、このたぐいの哲学、すなわち感情に動かされない精神と合理性の道具とによって「現実《リアリティ》」をいっそう正確に、いっそう力強くつかまえようとする哲学は、ローティにとって魅力的なものではなくなった。彼の注意を捉えたのは――やがて彼の驚くべき哲学的才能をも捉えるのは――古き良きアメリカン・プラグマティズムであり、彼のそれは主にジョン・デューイに由来していた。一九八〇年代のあいだローティは、作家らしさは顕著なのに質素《アンファジー》でしかも不感症的〔anhedonic〕ですらある書きぶり（ゆえに彼は「イーヨー」というあだ名〔もとは『くまのプーさん』に登場するロバのキャラクターの名〕を得た）でもってプラグマティズムの諸理論を復興させはじめ、分析哲学の限界と、認識論から出て「人びと《メン》〔と女性《ウィミン》たち〕の諸問題」〔一八九頁参照〕に戻ることができるような探究の必要性とを示そうとしはじめた。ここでローティが力を入れていたのは、非哲学者の要求へのさらなる応答を哲学者に課すことでは必ずしもなく、むしろ、二〇世紀末の生が突きつける挑戦により立ち向かいやすくしてくれる思考法をアメリカ人たちにふたたび採用させることであった。

皮肉なことに、ローティが当時、存命のアメリカ人哲学者のなかでもっとも重要性を高めもっとも広く読まれたのは、社会に対するプロフェッショナルの哲学者たちの影響をいっそう制限しようとしたためであった。一九八七年に彼はこう述べている。「あなたが［…］『ニューヨーク・タイムズ』を開いたら、次のような記事が目に入ったとしてみよう。ある会議に集った哲学者たちは、もろもろの価値が客観的であること、科学が合理的であること、真理か否かは実在《リアリティ》と対応しているか否かで決まること〔真理の対応説〕などについて、満場一致で合意した」。そして哲学者たちは「合理性および道徳性の簡潔かつ明快な一組の規準を採用した」[*3]。これを誌上で目にした読者は、ありがたく思うどころか、哲学者たちの単独行動主義《ユニラテラリズム》と傲慢さとに憤慨するだろうとローティは推測する。真理、美、道徳性、正義とは何かをめぐる諸論争にアメリカ人たちがどれほど巻き込まれたとしても（また諸論争への懸念をどれほど深めたとしても）、彼らは実のところ、かかる諸論争のすべてを一挙に解決することを哲学者たちに——さらに言えばプロフェッショナルの知識人たちにも——求めてはいなかった。そうした解決は全体主義的社会に似つかわしいものであって、ごたごたしてはいても活気に満ちた民主的社会に似つかわしいものではない。

『プラグマティズムの帰結』（一九八二）、『偶然性、アイロニー、連帯』（一九八九）、『我々の国を成就する』（一九九八）といった著書でローティがかわりに提案したのは、彼が「プラグマティズム」とか「左翼クーン主義」とか「連帯」と呼び、ときには「自文化《エスノ》中心主義《セントリズム》」とさえ呼んだものである。加えて彼は、反基礎づけ主義的な倫理的推論および認識論的推論のこうした方法を実践する——彼自身を含む——者たちを、プライドを込めて「ファジーズ」と称した。[*4] アメリカのプラグマティストたちとドイツの反基礎づけ主義者たち（なかでもとりわけニーチェとハイデガー）の跡を追うローティはこう力説した。知識のなかに時間を超越した絶対的なものは存在しない。倫理のなかに普遍的なものは存在しない。あらゆる言説は、人文的言説であれ、芸術的言説であれ、さらには（クーンに倣って）科学的言説であれ、つねに否応なく言語に媒介されており、文化に依存している。ピリオド。終了。かりにこれが、ジェイムズやデューイの同時代人たちにとっては理解しがたい、あるいは受け入れがたい考え方であったとしても、ローティの同時代人たちにとってはもはやそうではなかった――大部分はクーンの『科学革命の構造』（一九六二）のおかげで。結局のところクーンが（少なくともローティの精神に対して）十全に証明したのは次のことであった。科学でさえも客観性の特権的な領域ではなく、科学の結論は時間を超越した実在《リアリティ》と対応する絶対的真理などではない。ピリオド。終了。したがって、平和でリベラルなコミュニティを追求しているヒューマニストたちおよび道徳家《モラリスト》たちは、その追求のなかで客観的探究を――それはいまや信用を失った概念なのに――まねようとすることをやめるべきだ、とローティは論じた。

しかし基礎づけ主義的な説明の終焉《クロージング》は決して、合衆国における共同の道徳的生――さらには、ますますグローバル化する時代にも長く耐えうるコスモポリタニズム――の約束を破棄したり、それを欲する切実な思いを退けたりすることを意味しなかった。ローティが示唆したのは、問題解決に努力を傾ける二〇世紀末の野心家は、現場の科学者が実際に問題を解決しているときの方法で問題を解決するということだけである。その方法とはすなわち、「客観性」のかわりに「間主観性」(ふたつ以上の主観的パースペクティヴの相互理解)を求めること、「真理」ではなく「強制されざる同意」を集団の連帯の土台として求めることである。連帯の追求をとおして問題を解決しようとするこの方法を、ローティは誇らしげに「自文化中心的《エスノセントリック》」な方法と呼んだため、当然ながら彼は左右両側の批判者たちから顰蹙を買った。しかし彼が言わんとしたのはたんに、真理に関する何らかの主張を、ある集団の(たとえばある「民族《エトノス》」の、あるいはある「パラダイム」の)慣習的な問題解決法を経由せずに打ち立てられる者などどこにもいないということである。彼はこれを「相対主義」と呼ぶことを拒み、かくして、これが「エスノセントリズム」と呼ばれることとなった。とはいえこれは「ほかのコミュニティの代表と語ることとの強情な拒否」ではなく、むしろ、自分たちのコミュニティはあらゆるコミュニティと同じく「自らの光」に従ってふるまうということの認識である。「エスノセントリズム[…]は、ふるまいを従わせるべき光がほかにないということでしかない」。かかる光は、集団の歴史および経験に固有であり、特異であり、おそらく奇抜でさえあるだろう。それは、プラグマティストたちの光のもとで見れば、何の問題もないことである。それは期待されてさえいる。ある人びとが、自己と集団との差異およびその集団と他の諸集団との差異をひとたび認識できるようになれば、さらには歓迎できるようにもなれば、私的充足と人類の繁栄に必要な集団内（ないし集団間）の「相互忠誠」とを促進する文化の涵養を試みられるようになる――こうした希望だけをプラグマティストの「ファジーズ」は抱いていた。[*5]

ローティは、彼が自伝的内省を綴った唯一の文章である「トロツキーと野生の蘭」のなかでこうおどけた。ある思想家が核心に触れていることが、左翼からも右翼からも村八分にされているという事実によって示されるのだとすれば、自分は「良好な状態である」ということにおそらくなるのだろう、と。[*6] 彼はそこで、自分の友人と友好的な批判者の名前を挙げ、友好的ではない批判者の名前さえ挙げているが、彼のリストはさながら二〇世紀末思想の名士録である。ユルゲン・ハーバーマス、マーサ・ヌスバウム、ジャック・デリダ、クワメ・アンソニー・アッピア、アラスデア・マッキンタイア、コーネル・ウェスト、チャールズ・テイラー、などなど。このリストのなかには、国内および世界中でいかにしてリベラルなコミュニティを建設するかに関して、ローティと同じく基礎抜き〔foundation-free〕の倫理的立場をとる者もいた。また、ローティの人道的かつリベラルなコミットメントを共有しつつも、彼は――彼以前の初期プラグマティストたちと同様に――真理の対応説なしにはかかるコミットメントを成就しえないのではないかと心配する者もいた。彼の議論は十分に正確ではなく、だからこそ彼は、リベラルなヒューマニストたちのあいだで文化的ヒーローとしての地位をかくも高めている一方で、以前に属していた分析哲学者たちの部族からは追放されたままなのだ――そう考える者もいた。これに同意しない者は、ローティの認識論は申し分なく強固であるけれども、それは実のところ彼を、彼が追求しているファジーなリベラリズムにではなく反民主主義的な立場に向かわせていると論じた。しかし全員の意見は次の点で一致しえた。すべてのアメリカ人たちにとっての故郷《ホーム》でありうるようなアメリカを――継承するのではなく――「成就」しようとしている彼の、基礎抜きのポストモダン的努力は、相応のリスクを伴っているという点で。

ポストモダニズムの思想が当時投げかけた難しくて緊急度の高いもろもろの問いは、現在も答えが見つかっておらず、そもそも答えがあるのか否かもいまだわからないままである。アメリカ市民たちは何よりもまず合衆国に忠節を尽くすべきなのか、それともグローバリゼーションの時代には、彼らはかわりに世界市民を志すべきなのか。合衆国内においてさえ集団間の相互忠誠を得られていない我々が、いかにしてそれを国際的に成就しうるというのか。国民《ネイション》は、もっとも貴重な諸理想を真理によってではなく連帯によって保護することができるのか。九・一一は、この思想的ヴィジョンが破綻したことを完全に証明しきったのか、あるいは、それが平和な世界に繋がる我々の最後の、しかし最善の希望であることを証明したにすぎないのか。二一世紀のアメリカ人たちは、ウィリアム・ジェイムズが「戦争の道徳的等価物」〔一九一〇年の論文のタイトル〕と呼んだものを見つけられるまで、これらもろもろの問いの提起と答えを見つけるための協働とを継続するだろうし、そうすべきでもある。かかる思想的協働は、英国の哲学者マイケル・オークショットが一九五九年に「人類の会話」を勧めた際に期待していたものである。[*7]

はたしてアメリカの大義が全人類の大義なのか。その大義は結局のところ何なのか。これに答えようとする努力をアメリカ人たちは、たいそう長いあいだ、さまざまなものを持ち出しつつ重ねてきた。まず「アメリカ」（マルティン・ヴァルトゼーミュラーによる一五〇七年の地図のそれ）の遥けき微光を、続いて「丘の上の町」と「アメリカにおけるキリストの大いなる御《み》業《わざ》」を、一九世紀には「アメリカの学者」と「［奴隷たちの］七月四日」を、二〇世紀の全体にまたがる継続的な努力のなかでは「二重意識」、「トランスナショナル・アメリカ」、「セツルメントの理想」、「アメリカン・ドリーム」、「私には夢がある」、「ポストエスニック・アメリカ」、「アメリカを成就する」、「ファジーズの全盛期」を。何世紀にもわたってアメリカ人たちは、教育を受けたか独学者であるかにかかわらず、アメリカ生まれか移民か、宗教的か世俗的か、左か右かにかかわらず、この長い会話に、世界や自分自身や自分たちの真理や自分たちのアメリカについてアメリカ人たちが考えるうえでの新しい議論と新しいキーワードを差し出すというかたちで貢献してきた。彼らのなかに、もろもろの問いへの究極的な解答の提出に成功した者はいまのところひとりもいない。彼らはただ当座の説明を思いついただけであり、やがて彼らは新しい問いを投げかけることとなった。おそらく我々は、これ以外のやり方で答えを見つけることを望むべきではないのだろう。そしてアメリカ思想の会話は続いてゆく。

謝辞

たとえ小史であっても、広汎な援助を得ることなしには存在しえません。本書に対する支援はさまざまなかたちで寄せられました。初期の構想へのフィードバックをいただいたり、調査を手伝ってもらったり、改稿を重ねるたびにコメントや提案をいただいたりといったかたちで。レアード・ボズウェル、ゾーイ・ローズ・ブオナユート、チャーリー・カッパー、チャールズ・コーエン、ヴァネッサ・クック、ジョージ・コトキン、ビル・クロノン、リチャード・ワイトマン・フォックス、サム・ジー、デイヴィッド・ホリンガー、ダニエル・フンメル、サリ・ジャッジ、マイケル・ケイジン、ジム・クロッペンバーグ、ブルース・ククリック、スーザン・ローフェンバーグ、アイザック・リー、レオノーラ・ネヴィル、カミラ・オルロヴァ、ディーン・ロビンズ、ダニエル・ロジャーズ、ウルリヒ・ローゼンハーゲン、ドロシー・ロス、ジェニファー・スティット、マデリン・サンドキスト、ケヴィン・ウォルターズ、ロバート・ウェストブルック、キャロライン・ウィンタラーの助力に、私はたいへん感謝しております。私の調査の道のりが日陰から日なたへ、行き止まりからブレイクスルーへ転じたのは、気前が良く能力も高いアーキヴィストおよび司書のみなさまに助けていただいたからであり、私はレベッカ・ジュエット、トニー・ラティス、アニタ・メクラー、ロビン・ライダー、リサ・ウェッテルソンに感謝したく思っております。私がとりわけ多くを負っているのは、このプロジェクトへの着手を私に勧めてくださり、道中ずっと貴重なアドヴァイスと励ましを提供してくださったナンシー・トフと、原稿が活字になるまでの過程において世話役を務めてくださったエリザベス・ヴァジーリおよびジュリア・ターナーです。ウィスコンシン大学マディソン校のウィリアム・F・ヴィラス財団とH・I・ロムネス・ファカルティ・フェローシップ・アワードからの手厚い支援は、本書を完成させるために必要だった時間と資金を私にもたらしてくれました。

私の愛する家族、ウルリヒ、アメリ、ジョーナに、何度も「ありがとう」と言いたいです。家には本とメモ帳が溢れ、夕食には冷たいサンドイッチが出され、女家長〔matriarch〕の想像力は、家族のリトルリーグでの活躍（ジョーナ）を見守ったり舞台上での演技（アメリ）を鑑賞したりあるいはたんに仕事中の出来事の話（ウルリヒ）を聞いたりしているはずの時間にもしばしば、アメリカ史上の遠い場所や遠くの人びとのほうへ流れていってしまう――これらすべてを大目に見てくれていることへの「ありがとう」です。〔生徒のみならず〕学生にも文法が教えられていた時代に英語を専攻していた私の母、ミリアム・ラトナーが、娘の草稿をいっさい嫌がらずにすべて読んでくれたこと、そして自らの専門知識を惜しげもなく分け与えてくれたことも、とてもありがたく思っています。この題材に対する私の情熱を伝達する仕方についていま私が知っているすべてのことを教えてくれた、ウィスコンシン大学マディソン校のすばらしい学生たちにも感謝します。そしてここに読まれる謝辞は、かりに私のもっとも深い感謝の念がアメリカ思想史の並はずれた学者たちに対して表明されなければ、はなはだ不完全なものになってしまうでしょう。想像力に富み、革新的で、注意がくまなく払われている彼らの研究は、本書で私が語る物語に息吹をもたらしました。彼らの著書は、本書の「さらに学ぶためのブックリスト」に挙げられています。そこに並ぶ――あるいはほかの――アメリカ思想史研究の魅力的な諸著作へさらに探究を深めていこうと、本書を読んだ方々に思っていただけたとすれば、私は本書が務めを果たしたと感じるでしょう。

本書は、ともに並はずれた歴史家であるマール・カーティとポール・ボイヤーに捧げられています。ふたりとも、いまウィスコンシン大学マディソン校で思想史を教えている私の先任者です。私はマール・カーティと会ったことはありませんが、幸いにも彼の名前を冠するポスト〔マール・カーティ歴史学教授〕に就いており、ゆえに彼は私にとって、日々の執筆および授業におけるインスピレーションの源です。アメリカ思想史のより長い叙述に関心を抱かれる方には、ピューリッツァー賞を受賞した彼の堂々たる著書『アメリカ思想の成長』（一九四三）をまず読むことをお勧めします。他方で私は、ポール・ボイヤーと出会うという幸運に恵まれました。彼は、二〇〇六年にマディソンにやってきた私を歓迎してくれ、彼の輝かしい精神、奥深い人情、美しい友誼によって私を彩ってくれました。

本書を彼らの記憶に捧げます。

訳者あとがき

本書は、Jennifer Ratner-Rosenhagen, *The Ideas That Made America: A Brief History* (New York: Oxford University Press, 2019) の全訳である。巻頭の「日本語版への序文」は、本訳書のために著者に書き下ろしていただいた。原題を直訳すると「アメリカを作った諸観念――ひとつの小史」となるが、本書がアメリカ思想史（American intellectual history）の通史であることをアピールするために、邦題は『アメリカを作った思想――五〇〇年の歴史』とした。副題で「五〇〇年」と謳ったのは、本書の第1章冒頭で取り上げられる一五〇七年のマルティン・ヴァルトゼーミュラーの地図からエピローグ末尾で言及される二〇〇一年の九・一一テロ事件までがおおむね五〇〇年だからであり、また「日本語版への序文」に「アメリカ思想の五〇〇年を小史へ蒸留せねばならない書き手に」云々とあるからである（一四頁）。とはいえ、一五〇七年がかりそめの起点にすぎないことも第1章で論じられており、ゆえに「五〇〇年」という数字は――当然ながら――ひとつの目安でしかない。

著者ジェニファー・ラトナー＝ローゼンハーゲンは、ウィスコンシン大学マディソン校に所属する歴史家である。同校で「マール・カーティ歴史学教授」というポストに就いており、また「ヴィラス＝ボルゲージ卓越業績教授」に選ばれてもいる。彼女がかつてブランダイス大学で、アメリカ政治思想史研究の泰斗ジェイムズ・クロッペンバーグの指導を受けながら完成させた博士論文は、二〇一二年に最初の著書として上梓され、二〇一九年に邦訳が『アメリカのニーチェ――ある偶像をめぐる物語』というタイトルで刊行された（岸正樹訳、法政大学出版局）。本書『アメリカを作った思想』は彼女の二冊目の単著である。ほかに彼女の共編著として、*Protest on the Page: Essays on Print and the Culture of Dissent since 1865*（二〇一五）と *The Worlds of American Intellectual History*（二〇一七）がある。

原著のカバー袖に本書の内容を紹介する短い文章が載っているので、それをここで訳出しておこう。

合衆国は、ひとつの国家《ネイション》となるはるか以前には、ヨーロッパの探検者たちによって新世界に投影された――数世紀分の信念および思想を伴う――一群の諸観念であった。期待と経験がこうして根を下ろすとこんどは、アメリカおよびアメリカ思想の成長に、啓蒙主義の慈悲深さ、共和主義および民主主義の教理、宗教および自然哲学の信条が彩りを添えた。この発展において枢要なのは、それを促した思想家たちである。

トマス・ジェファソンからラルフ・ウォルド・エマソンまで、W・E・B・デュボイスからジェーン・アダムズまで、ベティ・フリーダンからリチャード・ローティまで。『アメリカを作った思想——五〇〇年の歴史』は、アメリカ人たちが、自らの時空——それが南北戦争であろうと、大恐慌であろうと、こんにちの文化戦争であろうと——における問題および出来事とどう向きあってきたのかを辿る。

ジェニファー・ラトナー゠ローゼンハーゲンは、宗教、哲学、政治思想から文化批評、社会理論、芸術までさまざまな分野を股にかけながら、アメリカ史において観念がどれほど主要な力であり、いくつもの運動——たとえばトランセンデンタリズム、社会ダーウィニズム、保守主義、ポストモダニズム——をいかに駆りたててきたかを示している。魅力的でわかりやすい散文で書かれたこのアメリカ思想への入門書は、自由ないし帰属に関する、あるいは市場ないし道徳性——さらには真理——に関するもろもろの考えが、何世代ものアメリカ人たちの心をつかまえ、激しい論争を生み出してきた次第を考察する。

ひとりの著者がアメリカ思想史の全体を概観するという企てには、私の知るかぎり、本書の「さらに学ぶためのブックリスト」にも挙げられているルイス・ペリーの『アメリカにおける思想的生』（一九八四）以来誰も手を出してこなかった。ラトナー゠ローゼンハーゲンは本書において、久々の挑戦者として名乗りを上げたばかりでなく、アメリカ思想史の全体をなるべく簡潔に概観するというより難しい課題を見事に成し遂げた。まさしく画期的な業績であり、私は日本でアメリカ思想史研究に携わる者のひとりとして、本書を——拙い訳をとおして、ではあるけれども——日本の読者にお届けできることを心より嬉しく思っている。

　アメリカ思想史という、日本の読者の多くにとってはおそらく耳慣れない領域について、ラトナー＝ローゼンハーゲンは本書の序論でわかりやすく解説している。ほかにも本書の随所に、彼女の歴史叙述が採用しているアプローチへの自己言及がある。ゆえにアメリカ思想史とは何かをここで訳者が論じてしまうと屋上屋を架すことになってしまうだろう。しかし他方で、「アメリカ思想史」という領域名が日本でまだ十分に普及していない原因のひとつに訳語の選択の問題があると思われ、これについては訳者として付言しておくべきだろう。すなわち、〝intellectual history〟というフレーズはいままで「精神史」とか「インテレクチュアル・ヒストリー」とか「知の歴史」とも訳されてきたため、以下ではまず、本訳書が〝intellectual history〟を「思想史」と訳した理由を説明する。また、その説明と絡めたかたちで、アメリカ思想史研究の動向や本書の読みどころにも論及しよう。

「アメリカ思想史」の耳慣れなさは、「日本思想史」と対比させることでより際立つかもしれない。日本思想史という領域を戦後にもっとも力強く牽引した者のひとりが丸山眞男であるが、彼の言わずと知れた名著『日本の思想』（岩波新書、一九六一年）は、実は“intellectual history”の話から始まっている。

◇

外国人の日本研究者から、日本の「インテレクチュアル・ヒストリィ」を通観した書物はないかとよくきかれるが、そのたびに私ははなはだ困惑の思いをさせられる。こういう質問が出るのは政治思想とか社会思想とか哲学思想とかいった個別領域の思想史ではなくて、そういったジャンルをひっくるめて、各時代の「インテリジェンス」のあり方や世界像の歴史的変遷を辿るような研究が、第二次大戦後に西欧やアメリカでなかなか盛んになって来たので、一つにはそういう動向の刺戟もあるのかもしれない。なぜそういう動向が戦後あらためて勃興したかということはそれ自体興味ある問題だが、広い意味ではそうしたアプローチはヨーロッパの思想史学では必ずしもめずらしいものではなく、“History of western ideas”とか、“Geistesgeschichte”とかいったいろいろの形でおこなわれて来たものである。

「いろいろの形」の例として挙げられているふたつのうちの前者、すなわち観念史(history of ideas)というアプローチは、米国の哲学者アーサー・O・ラヴジョイの『存在の大いなる連鎖』(一九三六)などによって確立された(丸山は「ヨーロッパの思想史学では」と記しているが発祥は米国である)。これには少しあとでふたたび触れる。後者の"Geistesgeschichte"は、ドイツの哲学者ヴィルヘルム・ディルタイと結びつけられることの多い語であり、文字どおり訳すと「精神史」になる。したがって、"intellectual history"を「精神史」と訳すことには、「インテレクチュアル・ヒストリー」=「ガイステスゲシヒテ」という等式の主張が否応なく含まれる。

丸山の『日本の思想』は、日本でかつて流行した「精神史」的研究に関して、「日本精神史という範疇は、やがて日本《精神史》から《日本精神》史へと変容し、おそろしく独断的で狂信的な方向を辿ったことは周知のとおりである」と述べている。「私達の多くは、欧米の「精神史」的研究に「ごく普通な学問的関心で接しうる」一方で、「「日本精神の歴史」という表現には何かおさまりが悪いというか、尋常でないものを感ずる」――と丸山は言うけれども、実のところ、現在のアメリカ史家の多くも「アメリカ精神の歴史」という表現には収まりの悪さを感じるはずである。その理由は、本書第8章のアラン・ブルーム『アメリカ精神の終焉』（一九八七）をめぐる論述を読んだ方ならある程度察しがつくだろう。一九六三年に亡くなるまでアメリカ思想史研究の第一人者でありつづけたペリー・ミラーも、『ニューイングランド精神――一七世紀』（一九三九）や『アメリカにおける精神の生――革命から南北戦争まで』（一九六五）といった主著のタイトルから窺えるように「精神《マインド》」という語を好んで用いたが、一九七〇年代に入ると彼の「精神史」的研究は、エリート主義的であるとかアメリカ史像が固定的であるとか「精神」の名のもとに社会の多様性を捨象しているなどと厳しく批判された。

　こうした旧来の「精神史」的研究との差異が、〝intellectual history〟が「インテレクチュアル・ヒストリー」と訳される際にはしばしば意識される。たとえばヒロ・ヒライと小澤実が編んだ論文集『知のミクロコスモス――中世・ルネサンスのインテレクチュアル・ヒストリー』（中央公論新社、二〇一四年）は、編者による序文で「インテレクチュアル・ヒストリー」が「思想史・哲学史と歴史学の交錯点の一歩先に立ちあらわれる」ものであることを力説している。「各作品や出来事の背景にある知的文脈の理解」の重視を特徴とする「インテレクチュアル・ヒストリー」は、「歴史学と哲学のあいだに存在し、歴史学者の時間や空間にたいする感性と哲学者のテクストのなかに入りこむ浸透力のふたつを同時に必要とするジャンル」なのだ、と。明快なこの説明は、しかしながら、そこに含まれる〝思想史からインテレクチュアル・ヒストリーへ〟という図式が容易には英語へ移らないという難点を抱えている（「思想」を意味する名詞“thought”はたいてい修飾語句を伴うため、これを単独で用いた“history of thought”というフレーズの使用頻度は高くない）。英語圏においては、先述のラヴジョイの仕事もミラーの仕事も“intellectual history”の一環と見なされてきたのだから、「思想史」＝「インテレクチュアル・ヒストリー」というひとつの領域がかつての限界を自ら克服していったという捉え方のほうが、等号を取り払い用語を分けた図式よりも無理が少ないと私には思われる。

たしかに、ラヴジョイらが開拓した観念史というアプローチは、時代や言語や学問分野の境界を横断しながら特定の観念の歴史を辿るという学際性において新しかった反面、「各作品や出来事の背景にある知的文脈」への注意は疎かになりがちであった。実のところ、本書の謝辞でラトナー＝ローゼンハーゲンが読者に薦めているマール・カーティ『アメリカ思想の成長』（一九四三）――「さらに学ぶためのブックリスト」にも挙げられている――は、序論で「アメリカ思想の社会史」を標榜しており、同書が「もろもろの観念および思想体系の「内部構成《インテリア》」の徹底的な分析」ではないことを明言している。ラヴジョイらによる観念ないし思想の「内部構成《インテリア》」の焦点化は「内的アプローチ」と呼ばれることもあり、思想とその社会的文脈との相互作用を視野に収めようとするカーティらの姿勢は「外的アプローチ」と呼ばれることもある。しかし現在のアメリカ思想史研究者たちのあいだでは、これらの両方に取り組まねばならないという規範が広く共有されている。じじつラトナー＝ローゼンハーゲンの最初の著書『アメリカのニーチェ』は、哲学者フリードリヒ・ニーチェの思想に対する内的アプローチと、彼のテクストが二〇世紀の米国で読まれた際の文脈に対する外的アプローチとを巧みに組みあわせた成果である。

本訳書が"intellectual history"を「知の歴史」と訳さなかった理由としては、「思想史」の収まりの良さに加えて、「反知性主義」(anti-intellectualism) がアメリカ思想史の重要なトピックのひとつであるという事情もある。このトピックに関する先駆的業績であるリチャード・ホフスタッター『アメリカの反知性主義』(一九六三) も、やはり本書の「ブックリスト」に含まれている。本書に「反知性主義」という語は現れないが、ホフスタッターの本で俎上に載せられているもの──たとえば根本主義《ファンダメンタリズム》や自助《セルフヘルプ》──を本書が別の仕方で取り上げていることは、二冊を読みくらべればたやすく理解される。「精神史」的研究に対する批判を吸収したアメリカ思想史は、視野の包括性にアイデンティティの一端を見出すようになったため、社会で知的とはあまり見なされていない人びとや知性への敵意をはっきり表明している人びとの思想的な営みにも目を向けようとしつづけてきた。

もっとも、「知性」に敵意を抱く人びとの「思想的」な営みという表現をここで用いるか、かわりに「思想」に敵意を抱く人びとの「知的」な営みと表現するかは、「思想」と「知」のどちらをより基底的なものと考えるかという日本語の選択の問題でもある。本訳書が前者の立場をとるのは、「知的」のほうが「思想的」よりも価値的なニュアンスが強いと私に感じられたためであるが、そうは感じない読者もきっといるだろう。また、「凡例」で述べたように本訳書は原文の形容詞"intellectual"を文脈に応じて「思想的」か「知的」と訳しわけているけれども、たとえば「思想的ヒーロー」ではなく「知的ヒーロー」と表記したのはそのほうが収まりが良いからでしかなく、訳しわけがいくらか恣意的になってしまったことは否めない。本書をこれから読む方は（また再読しようとしている方も）、「思想的」と「知的」が互換的であることを念頭に置いて読みすすめていただければ幸いである。

◇

「インテレクチュアル・ヒストリー」と表記するか「思想史」と表記するかという違いには、「カルチュラル・スタディーズ」と「文化研究」の違いと似たところがあり、いずれの場合もカタカナで表記することによって旧来の『思想史』ないし「文化研究」との差異を強調できる。逆に言えば、大学の「思想史」と銘打つ講義が実質的には哲学者による哲学史の講義であることも日本では珍しくないという事実が示唆するように、「思想史」という言葉はいまだに、過去の偉大な哲学者たちおよび思想家たちの教えの通史的概観というイメージと強固に結びついている。このイメージが当てはまるものはもちろん「思想史」と呼ばれて然るべきなのだが、他方で、本書が語るアメリカ思想史がこのイメージから大きくはみ出ていることも読みはじめればただちに理解できるだろう。

旧来の「思想史」であろうとなかろうと、「アメリカ思想史」を標榜するなら必ずラルフ・ウォルド・エマソンらのトランセンデンタリズムやジョン・デューイらのプラグマティズムを扱わねばならず、当然本書もそれぞれ第3章と第5章で扱っている。しかし、南北戦争前のボストン周辺でユニテリアニズムに反抗していたトランセンデンタリストたちと、同時代の南部でプランテーションを経営していた白人たちと、彼ら南部白人たちに使役されていた奴隷たちとが相異なる思想的生を生きていたという第3章の記述は、この——ある意味では当たり前の——事実に十分な光を注いでこなかった旧来の「思想史」との差異を際立たせている。また第5章が、デューイの哲学の説明に割いたのとほぼ同じ紙幅を、彼の教え子であったランドルフ・ボーンが（ある種の）プラグマティズムに「見殺しにされた」（二〇一頁）と——ひとりの障害者として——感じるに至った経緯の説明に費やしていることも、本書が旧来の「思想史」ではないからこそ成り立ちえた特徴である。加えて、ジョン・エリオットの一六八五年の著書に最期の言葉が記録されているピアンボフという名の先住民男性（第1章）、一八世紀末のフィラデルフィアで女子生徒たちのために抜粋集（commonplace book）を編んだミルカ・マーサ・ムーア（第2章）、サンフランシスコ禅センターの設立や入門書の執筆をとおして米国における禅の普及に貢献した鈴木俊隆（第7章）、二〇世紀末になってもいっこうに解消されない黒人差別という現実をコメディの題材にしたクリス・ロック（第8章）といった多彩な登場人物たちも、本書の視野の包括性を雄弁に伝えている。

本書が通史でありかつ小史であるということは、言うまでもなく、個々のトピックに関する記述が簡潔であることを含意する。その簡潔さを、当該分野の専門家はもしかしたら粗雑さとして受けとるかもしれない。本書に含まれる事実誤認のいくつかについては訳註で補足した（年号のずれのような些細な誤りは断りなしに訳文上で改めた）が、私が気づいていない事実誤認も存在するかもしれない。あるいは、著者は正確に要約したのに、私の知識不足のせいで訳文上の記述が不正確になってしまったというケースもあるかもしれない。こうした可能性を認めつつも、訳者としては、本書を手に取った方が序論から順に、アメリカ思想の五〇〇年史という大きな流れを意識しながら読みすすめることを望んでいる。なにしろ、この大きな流れの通観的な理解こそ、本書が通史でありかつ小史であることによってもたらされる恩恵なのだから。本書に張りめぐらされた伏線を味わえることも通読の利点であり、これから読む方には、「会話《カンヴァセーション》」という本書のキーワードがいつ、どのように現れるかに注目することをお勧めしておこう。

先述のとおり、本書のエピローグ末尾では二〇〇一年の九・一一テロ事件が言及されているため、これを本書の視野の終端とひとまず見なしうる。二一世紀が俎上にほとんど載っていないことへの不満——「現在が視界から遠く離れたところにあるような印象」（二七頁）——を抱くかもしれない読者に対する著者のメッセージは、序論の最終段落にある。さらには、ありがたいことに、本書が語る歴史から現在を生きる私たちは何を得られるかという問いを「日本語版への序文」がいっそう掘り下げており、末尾では本書の物語が「未完のまま」であらざるをえない次第も説いている（一七—一八頁）。二一世紀をも視野に収めたもうひとつの「未完」の物語が今後書かれるためには、何よりもまず、アメリカ思想史という「会話」の継続が必要である。本書の読者のなかから、この「未完」の「会話」に——「舞台の外」（一六、二三頁）からであっても——参加しようと思う方がひとりでも多く現れることを、私は訳者として、また一介のアメリカ思想史研究者として切に願っている。

本書が小史であることをいましがたアピールしたばかりだが、研ぎすまされていながらも生き生きとした原文をどうにか日本語へ移すべく一文ごとに奮闘し一文ごとに懊悩した私には、本書が浩瀚な大冊であるように感じられた。ゆえに、ジェニファー・ラトナー＝ローゼンハーゲン氏が本訳書のためにすばらしい序文を書いてくださったばかりでなく私の質問にも丁寧に答えてくださったことは、私にとってたいへんありがたかった。また、かつて拙著『火星の旅人』においてコラボレートしたグラフィックデザイナーの北岡誠吾氏が、端正さと軽やかさを兼ね備えたカバーデザインによって本書の価値を高めてくださったことも、私にとってひとかたならぬ喜びである。ラトナー＝ローゼンハーゲン氏と北岡氏に、この場を借りてあらためて御礼申し上げる。加えて、訳稿の一部を検討する場を設けてくださったり訳稿に有益なコメントを寄せてくださったりした岩下弘史、大厩諒、岡村洋子、岸本智典、小山虎、齋藤暢人、染谷昌義の諸氏にも私は大いに感謝している。彼らの助力がなければ私の懊悩がいっそう深まったことは間違いない。しかしもちろん、本書の訳文になおも誤りが残っているとすればその責任は私にある。

筑摩書房第三編集室の北村善洋氏には、翻訳が遅々として進捗しなかったせいで多大なご迷惑をおかけしてしまった。にもかかわらず折に触れて励ましの言葉をかけてくださり、入念な編集作業をとおして本書を完成へ導いてくださった北村氏に対して、満腔の謝意を表したいと思う。

二〇二一年五月

入江　哲朗

＊26　Barbara Johnson, ed., *Freedom and Interpretation: The Oxford Amnesty Lectures 1992* (New York: Basic Books, 1993), 2.

エピローグ　グローバリゼーションの時代のアメリカ再考、あるいは会話の継続

＊1　Benedict Anderson, *Imagined Communities: Reflections on the Origin and Spread of Nationalism* (1983; New York: Verso, 2006), 7, 28, 24.〔邦訳『定本 想像の共同体――ナショナリズムの起源と流行』白石隆＋白石さや訳、書籍工房早山、2007年、26、70、50頁。〕

＊2　Holland Cotter, "Art of the AIDS Years: What Took Museums So Long?," *New York Times*, July 28, 2016, https://www.nytimes.com/2016/07/29/arts/design/art-of-the-aids-years-addressing-history-absorbing-fear.html.

＊3　Richard Rorty, "Science as Solidarity," in *The Rhetoric of the Human Sciences: Language and Argument in Scholarship and Public Affairs*, ed. John S. Nelson, Allan Megill, and Donald N. McCloskey (Madison: University of Wisconsin Press, 1987), 50.〔邦訳「連帯としての科学」、冨田恭彦訳『連帯と自由の哲学――二元論の幻想を超えて』所収、岩波書店、1999年、28-29頁。なお原著にこの註は存在せず、この註の情報を原著は次註に統合しているが、それだとここでの引用の出典がわかりにくいと思われたため、本訳書は原著エピローグの註3をふたつに分割した。〕

＊4　Ibid., 41-43.〔邦訳、9、11、13頁。前註で補足したとおり、原著はこの註に本訳書の前註の情報を統合している。〕

＊5　Ibid., 42-43, 52.〔邦訳、10、12、32頁。〕

＊6　Richard Rorty, "Trotsky and the Wild Orchids" (1992), in *Philosophy and Social Hope* (New York: Penguin, 1999), 3.〔邦訳「トロツキーと野生の蘭」、須藤訓任＋渡辺啓真訳『リベラル・ユートピアという希望』所収、岩波書店、2002年、43頁。〕

＊7　Michael Oakeshott, *The Voice of Poetry in the Conversation of Mankind* (London: Bowes & Bowes, 1959).

Multicultural Society (New York: W. W. Norton, 1991), 21.〔邦訳『アメリカの分裂――多元文化社会についての所見』都留重人監訳、岩波書店、1992年、10頁。〕

*14 Tom Wolfe, "The 'Me' Decade and the Third Great Awakening," *New York Magazine*, August 23, 1976, https://nymag.com/news/features/45938/.〔邦訳「「ミー・ディケイド」と新宗教フィーバー」、高島平吾訳『ワイルド・パーティへようこそ――トム・ウルフ集』所収、東京書籍、1992年、27頁。〕

*15 Jimmy Carter, "The Crisis of Confidence," in *Jimmy Carter and the Energy Crisis of the 1970s: The "Crisis of Confidence" Speech of July 15, 1979: A Brief History with Documents*, ed. Daniel Horowitz (New York: Bedford St. Martins, 2004), x.

*16 Vine Deloria Jr., *Custer Died for Your Sins: An Indian Manifesto* (New York: Macmillan, 1969), 1-2.

*17 Audre Lorde, *Sister Outsider: Essays and Speeches* (Trumansburg, NY: Crossing Press, 1984), 114.

*18 Judith Butler, *Gender Trouble* (1990; New York: Routledge, 1999), 6, 21, 33.〔邦訳『ジェンダー・トラブル――フェミニズムとアイデンティティの攪乱 新装版』竹村和子訳、青土社、2018年、22、42-43、58-59頁。〕

*19 Kwame Anthony Appiah, *In My Father's House: Africa in the Philosophy of Culture* (New York: Oxford University Press, 1992), 81, 28, 38.

*20 David Hollinger, *Postethnic America: Beyond Multiculturalism* (New York: Basic Books, 1995), 8.〔邦訳『ポストエスニック・アメリカ――多文化主義を超えて』藤田文子訳、明石書店、2002年、23頁。〕

*21 Appiah, *In My Father's House*, 39.

*22 Dinesh D'Souza, *The End of Racism: Principles for a Multiracial Society* (New York: Free Press Paperbacks, 1995), 528.

*23 Chris Rock, as quoted in Anne M. Todd, *Chris Rock: Comedian and Actor* (New York: Chelsea House Publishers, 2006), 44.

*24 bell hooks, "Postmodern Blackness," *Postmodern Culture* 1, no. 1 (September 1990): 9, 2, 11.

*25 Thomas L. Haskell, "The Curious Persistence of Rights Talk in the 'Age of Interpretation,'" *Journal of American History* 74, no. 3 (December 1987): 984-1012.

＊5　Milton Friedman, *Capitalism and Freedom* (1962; Chicago: University of Chicago Press, 2002), 200.〔邦訳『資本主義と自由』村井章子訳、日経BP社、2008年、362頁。〕

＊6　Betty Friedan, *The Feminine Mystique* (1963; New York: W.W. Norton & Co., 2013), 1, 337.〔邦訳『新しい女性の創造 改訂版』三浦冨美子訳、大和書房、2004年、7、207頁。〕

＊7　Martin Luther King Jr., "Letter from Birmingham City Jail" (1963), in *A Testament of Hope: The Essential Writings and Speeches,* ed. James M. Washington (New York: HarperCollins, 2003), 292, 294–95, 292.〔邦訳「バーミングハムの獄中から答える」、中島和子＋古川博巳訳『黒人はなぜ待てないか』所収、みすず書房、1993年（新装版）、98、102–3、98頁。〕

＊8　Jean-François Lyotard, *The Postmodern Condition: A Report on Knowledge,* trans. Geoff Bennington and Brian Massumi (1979; Minneapolis: University of Minnesota Press, 1984), xxiv.〔邦訳『ポスト・モダンの条件――知・社会・言語ゲーム』小林康夫訳、書肆風の薔薇、1986年、8–9頁。〕

＊9　Michel Foucault, *Discipline and Punish: The Birth of the Prison,* trans. Alan Sheridan (1977; New York: Random House, 1995), 82.〔邦訳『監獄の誕生――監視と処罰 新装版』田村俶訳、新潮社、2020年、94頁。〕

＊10　Allan Bloom, *The Closing of the American Mind* (1987; New York: Simon & Schuster, 2012), 154, 152, 151.〔邦訳『アメリカン・マインドの終焉――文化と教育の危機』菅野盾樹訳、みすず書房、2016年（新装版）、162、159、158頁。〕

＊11　François Cusset, *French Theory: How Foucault, Derrida, Deleuze, & Co. Transformed the Intellectual Life of the United States,* trans. Jeff Fort (2003; Minneapolis: University of Minnesota Press, 2008), xvii.〔邦訳『フレンチ・セオリー――アメリカにおけるフランス現代思想』桑田光平ほか訳、NTT出版、2010年。ただしここでの引用は邦訳に収められていない「英語版への序文」からである。〕

＊12　Cornel West, *The American Evasion of Philosophy: A Genealogy of Pragmatism* (Madison: University of Wisconsin Press, 1989), 5.〔邦訳『哲学を回避するアメリカ知識人――プラグマティズムの系譜』村山淳彦＋堀智弘＋権田建二訳、未來社、2014年、14–15頁。〕

＊13　Arthur M. Schlesinger Jr., *The Disuniting of America: Reflections on a*

*22 *Religion and the Intellectuals: A Symposium* (New York: Partisan Review, 1950), 5, 94, 17, 70-77.

*23 Carl Jung, *Psychology and Religion* (New Haven, CT: Yale University Press, 1938), 3.〔邦訳「心理学と宗教」、村本詔司訳『ユング・コレクション3 心理学と宗教』所収、人文書院、1989年、10頁。〕

*24 Carl Jung, *Memories, Dreams, Reflections*, ed. Aniela Jaffé, trans. Richard Winston and Clara Winston (1961; New York: Vintage, 1989), 335.〔邦訳『ユング自伝——思い出・夢・思想』河合隼雄+藤縄昭+出井淑子訳、みすず書房、1972-73年、第2巻184頁。〕

*25 Fritjof Capra, *The Tao of Physics: An Exploration of the Parallels between Modern Physics and Eastern Mysticism* (Boulder, CO: Shambhala, 1975), 306.〔邦訳『タオ自然学——現代物理学の先端から「東洋の世紀」がはじまる』吉福伸逸ほか訳、工作舎、1985年(改訂版)、336-37頁。〕

*26 John Barth, "The Literature of Exhaustion," in *The Friday Book: Essays and Other Nonfiction* (1984; Baltimore: Johns Hopkins University Press, 1997), 62, 64, 67, 75.〔邦訳「尽きの文学」、志村正雄訳『金曜日の本——エッセイとその他のノンフィクション』所収、筑摩書房、1989年、90、95、99、111頁。〕

第8章 普遍主義に抗して——一九六二年から一九九〇年代まで

* 1 Marshall McLuhan, *Understanding Media: The Extensions of Man* (1964; Cambridge: Massachusetts Institute of Technology Press, 1995), 7.〔邦訳『メディア論——人間の拡張の諸相』栗原裕+河本仲聖訳、みすず書房、1987年、7頁。〕

* 2 Marshall McLuhan, *The Gutenberg Galaxy: The Making of Typographic Man* (Toronto: University of Toronto Press, 1962), 5.〔邦訳『グーテンベルクの銀河系——活字人間の形成』森常治訳、みすず書房、1986年、8-9頁。〕

* 3 Jacques Derrida, *Of Grammatology*, trans. Gayatri Chakravorty Spivak (1967; Baltimore: Johns Hopkins University Press, 1997), 163.〔邦訳『根源の彼方に——グラマトロジーについて』足立和浩訳、現代思潮新社、1972年、下巻43頁。〕

* 4 Students for a Democratic Society, "Port Huron Statement" (1962), in Tom Hayden, *The Port Huron Statement: The Visionary Call of the 1960s Revolution* (New York: Thunder's Mouth Press, 2005), 53.

osophical Fragments, ed. Gunzelin Schmid Noerr, trans. Edmund Jephcott (1944; Stanford, CA: Stanford University Press, 2002), xi, 18.〔邦訳『啓蒙の弁証法――哲学的断想』徳永恂訳、岩波文庫、2007 年、58 頁。「管理された世界」は、邦訳に収められていない 1969 年版の序文から引かれている。〕

＊12 Russell Kirk, *The Conservative Mind: From Burke to Eliot* (1953; Washington, DC: Regnery Publishing, 2001), 476.〔邦訳『保守主義の精神』会田弘継訳、中公選書、2018 年、下巻 398 頁。〕

＊13 Lionel Trilling, *The Liberal Imagination: Essays on Literature and Society* (1950; New York: New York Review Books, 2008), 260, xvi.〔邦訳『文学と精神分析 増補版』大竹勝訳、評論社、1969 年、195 頁。「思想的に破産している」とその次の引用は、邦訳に収められていない原著序文から引かれている。〕

＊14 Viereck, *Conservatism Revisited*, 63; and Claes G. Ryn, "Peter Viereck and Conservatism," in Viereck, *Conservatism Revisited*, 31.

＊15 Viereck, *Conservatism Revisited*, 153.

＊16 Arthur M. Schlesinger Jr., *The Vital Center: The Politics of Freedom* (Boston: Houghton Mifflin Co., 1949).〔邦訳『中心――アメリカ自由主義の目的と危機』吉沢清次郎訳、上下巻、時事通信社、1964 年。〕

＊17 David Riesman, *The Lonely Crowd: A Study of the Changing American Character*, 2nd ed. (1950; New Haven, CT: Yale University Press, 2001), 25.〔邦訳『孤独な群衆』加藤秀俊訳、みすず書房、2013 年、上巻 118 頁。〕

＊18 C. Wright Mills, *White Collar: The American Middle Classes* (New York: Oxford University Press, 1951), 233, 111〔邦訳『ホワイト・カラー――中流階級の生活探究』杉政孝訳、東京創元社、1971 年（改訂版）、216、96 頁〕; and C. Wright Mills, *The Power Elite* (New York: Oxford University Press, 1956), 342.〔邦訳『パワー・エリート』鵜飼信成＋綿貫譲治訳、ちくま学芸文庫、2020 年、583 頁。〕

＊19 Ralph Ellison, *Invisible Man* (New York: Random House, 1952), 3.〔邦訳『見えない人間』松本昇訳、白水 U ブックス、2020 年、上巻 29 頁。〕

＊20 Richard Wright, *The Outsider* (1953; New York: HarperCollins, 1993), 157.〔邦訳『アウトサイダー』橋本福夫訳、新潮社、1972 年、第 1 巻 132 頁。〕

＊21 Paul Tillich, *The Courage to Be* (1952; New Haven, CT: Yale University Press, 2000), 186–90.〔邦訳『生きる勇気』大木英夫訳、平凡社ライブラリー、1995 年、281–87 頁。〕

＊17　Walter W. S. Cook, as quoted in Laura Fermi, *Illustrious Immigrants: Intellectual Migration from Europe, 1930–41* (Chicago: University of Chicago Press, 1968), 78.〔邦訳『二十世紀の民族移動』掛川トミ子＋野水瑞穂訳、みすず書房、1972年、第1巻95頁。〕

＊18　Thomas Mann, as quoted in Frederic Morton, "A Talk with Thomas Mann at 80," *New York Times*, June 5, 1955, BR6.

第7章　アメリカ精神の開始——一九四五年から一九七〇年まで

＊1　"Editorial Statement," in *America and the Intellectuals: A Symposium*, ed. Newton Arvin (New York: Partisan Review, 1953), 5.

＊2　Lionel Trilling, in Arvin, *America and the Intellectuals*, 111.

＊3　Franklin D. Roosevelt, as quoted in John B. Hench, *Books as Weapons: Propaganda, Publishing, and the Battle for Global Markets in the Era of World War II* (Ithaca, NY: Cornell University Press, 2010), 5.

＊4　William Graebner, *The Age of Doubt: American Thought and Culture in the 1940s* (Prospect Heights, IL: Waveland Press, 1998), xi.

＊5　C. P. Snow, *The Two Cultures* (Cambridge: Cambridge University Press, 2008), 3–4.〔邦訳『二つの文化と科学革命』松井巻之助訳、みすず書房、2021年（新装版）、5頁。〕

＊6　Reinhold Niebuhr, *The Irony of American History* (1952; Chicago: University of Chicago Press, 2008), 3.〔邦訳『アメリカ史のアイロニー』大木英夫＋深井智朗訳、聖学院大学出版会、2002年、16頁。〕

＊7　Louis Hartz, *The Liberal Tradition in America: An Interpretation of American Political Thought since the Revolution* (New York: Harcourt Brace, 1955).〔邦訳『アメリカ自由主義の伝統』有賀貞訳、講談社学術文庫、1994年。〕

＊8　Peter Viereck, "Conservatism under the Elms," *New York Times*, November 4, 1951.

＊9　Peter Viereck, *Conservatism Revisited: The Revolt against Ideology* (1949; London and New York: Routledge, 2017), 105–30.（1949年の初版の副題は "Revolt against Revolt" であった。）

＊10　Adrienne Koch, "Pragmatic Wisdom and the American Enlightenment," *William and Mary Quarterly* 18, no. 3 (July 1961): 325.

＊11　Max Horkheimer and Theodor Adorno, *Dialectic of Enlightenment: Phil-*

＊4 Walter Lippmann, *A Preface to Morals* (1929; New York: Routledge, 2017), 8.

＊5 Warren G. Harding, as quoted in Michael C. Parrish, *Anxious Decades: America in Prosperity and Depression, 1920–1941* (New York: W.W. Norton & Co., 1994), 9.

＊6 Margaret Sanger, *Woman and the New Race* (New York: Brentano's Publishers, 1920), 226, 35.

＊7 Margaret Sanger, *The Pivot of Civilization* (New York: Brentano's Publishers, 1922), 220, 179, 181.

＊8 Lothrop Stoddard, "The Pedigree of Judah," *The Forum* 75, no. 3 (March 1926): 323.

＊9 Ezra Pound, "Hugh Selwyn Mauberley" (1920), in *Selected Poems of Ezra Pound* (New York: New Directions, 1957), 64.〔邦訳「ヒュー・セルウィン・モーバリイ――交友と人生」城戸朱理訳、城戸朱理編『パウンド詩集』所収、思潮社、1998年、50頁。〕

＊10 Alain Locke, ed., *The New Negro* (1925; New York: Simon and Schuster, 1992), 9, 14.〔抄訳「新しい黒人」小山起功訳、山形正男ほか訳『アメリカ古典文庫19 黒人論集』所収、研究社、1975年、214、221頁。〕

＊11 W. E. B. Du Bois, *The Souls of Black Folk* (1903; New Haven, CT: Yale University Press, 2015), 3.〔邦訳『黒人のたましい』木島始＋鮫島重俊＋黄寅秀訳、岩波文庫、1992年、13頁。〕

＊12 Ralph Waldo Emerson, "The Poet" (1844), in *Emerson: Essays and Lectures* (New York: Library of America, 1983), 450.〔邦訳「詩人」、酒本雅之訳『エマソン論文集』下巻所収、岩波文庫、1973年、113頁。〕

＊13 James Truslow Adams, *The Epic of America* (1931; New York: Routledge, 2012), 404.

＊14 Arthur M. Schlesinger Jr., *The Crisis of the Old Order, 1919–1933* (1957; Boston: Houghton Mifflin, 2003), 290.〔邦訳『ローズヴェルトの時代Ⅰ――旧体制の危機』中屋健一監修／救仁郷繁訳、論争社、1962年、227頁。〕

＊15 Charles A. Beard, "The Myth of Rugged American Individualism," *Harper's Magazine* (December 1931), 22.

＊16 Rexford Tugwell, as quoted in Edward A. Purcell Jr., *The Crisis of Democratic Theory: Scientific Naturalism & the Problem of Value* (Lexington: University Press of Kentucky, 1973), 23, 35.

＊12　Jane Addams, *Twenty Years at Hull House with Autobiographical Notes* (1910; New York: Macmillan, 1912), 124, 144〔邦訳『ハル・ハウスの 20 年』市川房枝記念会・縫田ゼミナール訳、市川房枝記念会出版部、1996 年、98、114 頁〕; Jane Addams, "The Settlement as a Factor in the Labor Movement" (1895), in *The Jane Addams Reader*, ed. Jean Bethke Elshtain (New York: Basic Books, 2002), 56.

＊13　Edward A. Ross, "The Causes of Race Superiority," *Annals of the American Academy of Political and Social Science* 18 (July 1901): 88.

＊14　W. E. B. Du Bois, *The Souls of Black Folk* (1903; New Haven, CT: Yale University Press, 2015), 1, 5.〔邦訳『黒人のたましい』木島始＋鮫島重俊＋黄寅秀訳、岩波文庫、1992 年、5、15 頁。〕

＊15　Franz Boas, "Museums of Ethnology and Their Classification," *Science* 9 (1887): 589.

＊16　Randolph Bourne, "Trans-National America" (1916), in *The Radical Will: Selected Writings, 1911–1918*, ed. Olaf Hansen (Berkeley: University of California Press, 1992), 259.

＊17　Randolph Bourne, "The Handicapped" (1911), in *Radical Will*, 78.

＊18　Bourne, "Trans-National America," 260, 249–50, 260, 263.〔抄訳「トランス・ナショナル・アメリカ」有賀夏紀訳、有賀夏紀＋能登路雅子編『史料で読むアメリカ文化史 4　アメリカの世紀　1920 年代―1950 年代』所収、東京大学出版会、2005 年、30、37 頁。〕

＊19　Randolph Bourne, "Twilight of Idols" (1917), in *Radical Will*, 337, 344.

第 6 章　ルーツと根なし草――一九二〇年から一九四五年まで

＊ 1　F. Scott Fitzgerald, *This Side of Paradise* (New York: Charles Scribner's Sons, 1920), 282.〔邦訳『楽園のこちら側』朝比奈武訳、花泉社、2016 年、417 頁。〕

＊ 2　Margaret Mead, *Coming of Age in Samoa: A Psychological Study of Primitive Youth for Western Civilisation* (1928; New York: HarperCollins, 2001), 170.〔邦訳『サモアの思春期』畑中幸子＋山本真鳥訳、蒼樹書房、1976 年、221 頁。〕

＊ 3　Langston Hughes, "I, Too," in *The Collected Poems of Langston Hughes* (New York: Vintage Books, 1994), 46.〔邦訳「ぼくもまた」、木島始訳『ラングストン・ヒューズ詩集』所収、思潮社、1993 年、24–25 頁。〕

in Contemporary Thought (New York: Henry Holt and Company, 1910), 1.〔邦訳「ダーウィン主義の哲学への影響」、河村望訳『デューイ＝ミード著作集1　哲学・心理学論文集』所収、人間の科学社、1995 年、265 頁。〕

＊2　J. Estlin Carpenter, as quoted in Richard Hughes Seager, *The World's Parliament of Religions: The East/West Encounter, Chicago, 1893* (Bloomington: Indiana University Press, 1995), 69.

＊3　Frederick Jackson Turner, *The Frontier in American History* (1894; New York: Henry Holt and Company, 1920), 37.〔邦訳「アメリカ史におけるフロンティアの意義」西崎京子訳、渡辺真治＋西崎京子訳『アメリカ古典文庫9　フレデリック・J・ターナー』所収、研究社、1975 年、92 頁。〕

＊4　Dewey, "Influence of Darwinism on Philosophy," 8–9, 13, 18.〔邦訳、270、274、277 頁。〕

＊5　Edward H. Madden, "Chance and Counterfacts in Wright and Peirce," *Review of Metaphysics* 9, no. 3 (March 1956): 420.

＊6　William James, "The Will to Believe" (1896), in *The Will to Believe and Other Essays in Popular Philosophy & Human Immortality: Two Supposed Objections to the Doctrine* (1897; New York: Dover, 1956), 11.〔邦訳「信ずる意志」、福鎌達夫訳『ウィリアム・ジェイムズ著作集2　信ずる意志』所収、日本教文社、1961 年、17 頁。〕

＊7　William James, "Remarks on Spencer's Definition of Mind as Correspondence," *Journal of Speculative Philosophy* 12, no. 1 (January 1878): 13.〔邦訳「スペンサーの心の定義」、今田恵訳『世界大思想全集　哲学・文芸思想篇15　ジェームズ論文集』所収、河出書房、1956 年、13 頁。〕

＊8　William James, *Pragmatism and the Meaning of Truth* (1907; Cambridge, MA: Harvard University Press, 1978), 37.〔邦訳『プラグマティズム』桝田啓三郎訳、岩波文庫、1957 年（2010 年改版）、72 頁。〕

＊9　William James, "On a Certain Blindness in Human Beings" (1899), in *Talks to Teachers on Psychology: And to Students on Some of Life's Ideals* (New York: Henry Holt and Company, 1914), 264.〔邦訳「人間における或る盲目性について」、大坪重明訳『ウィリアム・ジェイムズ著作集1　心理学について――教師と学生に語る』所収、日本教文社、1960 年、264 頁。〕

＊10　John Dewey, *Problems of Men* (New York: Philosophical Library, 1946).

＊11　Walter Lippmann, *Drift and Mastery: An Attempt to Diagnose the Current Unrest* (1914; Madison: University of Wisconsin Press, 2015), 147.

*12 William James, *Pragmatism and the Meaning of Truth* (1907; Cambridge, MA: Harvard University Press, 1978), 35.〔邦訳『プラグマティズム』桝田啓三郎訳、岩波文庫、1957年(2010年改版)、67–68頁。〕

*13 Robert G. Ingersoll, "The Gods" (1872), in *The Works of Robert G. Ingersoll* (New York: C. P. Farrell, 1900), 7.

*14 Ibid., 4:36.

*15 William Graham Sumner, *War and Other Essays*, ed. Albert Galloway Keller (New Haven, CT: Yale University Press, 1911), 198.〔邦訳「世界を変革しようとする滑稽な努力」、後藤昭次訳『アメリカ古典文庫18 社会進化論』所収、研究社、1975年、149頁。〕

*16 Ibid., 177.〔邦訳「社会学」、後藤訳『社会進化論』所収、36頁。〕

*17 Thorstein Veblen, *The Theory of the Leisure Class: An Economic Study of Institutions* (New York: Macmillan Company, 1912), 188.〔邦訳『有閑階級の理論 増補新訂版』高哲男訳、講談社学術文庫、2015年、188頁。〕

*18 Ibid., 116, 98, 62, 6, 1, 200.〔邦訳、119、103、69、16、12、199頁。〕

*19 Matthew Arnold, *Culture and Anarchy, and Other Writings*, ed. Stefan Collini (1869; Cambridge: Cambridge University Press, 1993), 59, 79.〔邦訳『教養と無秩序』多田英次訳、岩波文庫、1946年(1965年改版)、11、58頁。〕

*20 Horace Bushnell, *Women's Suffrage: The Reform against Nature* (New York: Charles Scribner and Co., 1869), 51.

*21 Edwin Lawrence Godkin, *Reflections and Comments*, 1865–1895 (New York: Charles Scribner's Sons, 1895), 201, 203.

*22 George Santayana, *The Genteel Tradition in American Philosophy and Character and Opinion in the United States*, ed. James Seaton (New Haven, CT: Yale University Press, 2009), 5–6, 9.

*23 Henry David Thoreau, "A Plea for Captain John Brown" (1859), in *Walden and Other Writings*, ed. Brooks Atkinson (New York: Modern Library, 1992), 720–21.〔邦訳「ジョン・ブラウン大尉を弁護して」、飯田実訳『市民の反抗 他五篇』所収、岩波文庫、1997年、62–63頁。〕

第5章 モダニズムの諸反乱——一八九〇年から一九二〇年まで

*1 William James, *The Principles of Psychology*, vol. 1 (1890; New York: Dover, 1950), 488; and John Dewey, "The Influence of Darwinism on Philosophy" (1909), in *The Influence of Darwin on Philosophy: And Other Essays*

＊27　Emerson, "Self-Reliance," 260, 278〔邦訳、195、232 頁〕; and Margaret Fuller, as quoted in Donna Dickenson, ed., *Margaret Fuller: Writing a Woman's Life* (New York: St. Martin's Press, 1993), 77.

第 4 章　思想的権威をめぐる諸抗争――一八五〇年から一八九〇年まで

＊ 1　Henry James, *Hawthorne* (London: Macmillan, 1879), 144.〔邦訳『ホーソーン研究』小山敏三郎訳、南雲堂、1964 年、146-47 頁。〕

＊ 2　Frederick Douglass, "What, to the Slave, Is the Fourth of July?" (1852), in *Lift Every Voice: African American Oratory, 1787-1900*, ed. Philip Sheldon Foner and Robert J. Branham (Tuscaloosa: University of Alabama Press, 1998), 258.〔邦訳「奴隷にとって七月四日とは何か？」、荒このみ編訳『アメリカの黒人演説集――キング・マルコム X・モリスン他』所収、岩波文庫、2008 年、72-73 頁。〕

＊ 3　Abraham Lincoln, "Address to the Young Men's Lyceum of Springfield" (1838), in *The Portable Abraham Lincoln*, ed. Andrew Delbanco (1992; New York: Penguin, 2009), 23.

＊ 4　Abraham Lincoln, "Address at Gettysburg, Pennsylvania" (1863) in Delbanco, *Portable Abraham Lincoln*, 323-24.〔邦訳「ゲティスバーグ演説」、高木八尺＋斎藤光訳『リンカーン演説集』所収、岩波文庫、1957 年、148-49 頁。〕

＊ 5　Charles Darwin, *On the Origin of Species* (1859; Mineola, NY: Dover, 2006), 307.〔邦訳『種の起原』八杉龍一訳、岩波文庫、1990 年、下巻 261 頁。〕

＊ 6　Louis Agassiz, review of *The Origin of Species*, *The American Journal of Science and Arts*, second series, 29 (1860): 144.

＊ 7　Louis Agassiz, *Essay on Classification* (1859; Cambridge: Belknap Press, 1962), 137.

＊ 8　Othniel C. Marsh, "Introduction and Succession of Vertebrate Life in America," *American Journal of Science and Arts*, 3rd ser., 14, no. 83 (1877): 337-38.

＊ 9　Darwin, *On the Origin of Species*, 307.〔邦訳、下巻 261 頁。〕

＊10　Charles Hodge, *What Is Darwinism?* (New York: Scribner, Armstrong, and Co., 1874), 177.

＊11　John Fiske, *Through Nature to God* (Boston: Houghton, Mifflin and Company, 1899), 65-66.

from the Works of William E. Channing, D.D., ed. W. Copeland Bowie (Boston: American Unitarian Association, 1855), 186, 211, 191.

＊13 William Ellery Channing, "The Moral Argument against Calvinism" (1820) in *A Selection from the Works of William E. Channing*, 287.

＊14 Ralph Waldo Emerson, "Divinity School Address" (1838), in *Emerson: Essays and Lectures* (New York: Library of America, 1983), 80–81.〔邦訳「神学部講演」、酒本雅之訳『エマソン論文集』上巻所収、岩波文庫、1972 年、165 頁。〕

＊15 Ibid., 88–89.〔邦訳、181–82頁。〕

＊16 Henry David Thoreau, *A Week on the Concord and Merrimack Rivers* (1849; New York: Penguin, 1998), 58.〔邦訳『コンコード川とメリマック川の一週間』山口晃訳、而立書房、2010 年、89 頁。〕

＊17 Oliver Wendell Holmes Jr., as quoted in *The Legacy of Oliver Wendell Holmes, Jr.*, ed. Robert W. Gordon (Stanford, CA: Stanford University Press, 1992), 199.

＊18 Ralph Waldo Emerson, "The American Scholar" (1837), in *Essays and Lectures*, 53, 66, 53, 57, 70.〔邦訳「アメリカの学者」、酒本訳『エマソン論文集』上巻所収、113、139、113、121、148 頁。〕

＊19 Ibid., 53.〔邦訳、113–14 頁。〕

＊20 Ralph Waldo Emerson, "Self-Reliance" (1841), in *Essays and Lectures*, 271.〔邦訳「自己信頼」、酒本訳『エマソン論文集』上巻所収、218 頁。〕

＊21 Emerson, "American Scholar," 54.〔邦訳、116 頁。〕

＊22 Ralph Waldo Emerson, *Emerson in His Journals*, ed. Joel Porte (Cambridge, MA: Belknap Press 1982), 99.

＊23 George Fitzhugh, *Sociology for the South, or The Failure of Free Society* (Richmond, VA: A. Morris, 1854), 26.

＊24 Louisa S. McCord, "Negro-mania" (1852), in *Political and Social Essays*, ed. Richard C. Lounsbury (Charlottesville: University of Virginia Press, 1995), 237.

＊25 Louisa S. McCord, "Enfranchisement of Woman" (1852), in *Political and Social Essays*, 110.

＊26 As quoted in Bruce M. Conforth, *African American Folksong and American Cultural Politics: The Lawrence Gellert Story* (Lanham, MD: Scarecrow Press, 2013), 191.

社、1975年、32-33、35頁。〕

＊2　J. Hector St. John de Crèvecœur, *Letters from an American Farmer* (1782; New York: Duffield and Co., 1908), 54.〔邦訳「アメリカ農夫の手紙」秋山健＋後藤昭次訳、秋山健＋後藤昭次＋渡辺利雄訳『アメリカ古典文庫2 クレヴクール』所収、研究社、1982年、75頁。〕

＊3　Noah Webster, *Dissertations on the English Language* (Boston: Isaiah Thomas & Company, 1789), 179.

＊4　Noah Webster, *A Grammatical Institute of the English Language . . . Part I* (Hartford, CT: Hudson & Goodwin, 1783), 14.

＊5　Noah Webster, *An American Dictionary of the English Language* (New York: S. Converse, 1828), https://archive.org/details/americandictiona01websrich.

＊6　Thomas Jefferson to John Adams, June 10, 1815, *The Adams-Jefferson Letters: The Complete Correspondence between Thomas Jefferson and Abigail and John Adams*, ed. Lester J. Cappon (1959; Chapel Hill: University of North Carolina Press, 1987), 443.

＊7　Thomas Paine, *Common Sense* (1776; Minneola, NY: Dover Thrift Editions, 1997), 10.〔邦訳「コモン・センス」、小松春雄訳『コモン・センス他三篇』所収、岩波文庫、1976年、30頁。〕

＊8　Thomas Paine to "a friend," May 12, 1797, in *The Writings of Thomas Paine*, ed. Moncure Daniel Conway (New York: G. P. Putnam's Sons, 1908), 4:198.

＊9　Thomas Paine, *Age of Reason* (1794-95), in Conway, *Writings of Thomas Paine*, 4:34, 22, 190.〔邦訳『理性の時代』渋谷一郎監訳、泰流社、1982年、33-34、12、255頁。〕

＊10　John Adams to Benjamin Rush, January 21, 1810, in *Old Family Letters: Copied from the Originals for Alexander Biddle* (Philadelphia: J. B. Lippincott Co., 1892), 251.

＊11　Theodore Parker, "The Transient and Permanent in Christianity" (1841), in *The Transient and Permanent in Christianity*, ed. George Willis Cooke (Boston: American Unitarian Association, 1908), 1-39.〔邦訳「キリスト教における過ぎゆくものと永遠なるもの」、斎藤訳『超越主義』所収、152-85頁。〕

＊12　William Ellery Channing, "Unitarian Christianity" (1819), in *A Selection*

Bedford/St. Martin's, 1998), 175.

*15 Thomas Jefferson, *Notes on the State of Virginia* (London: John Stockdale, 1787), 232, 272.〔邦訳『ヴァジニア覚え書』中屋健一訳、岩波文庫、1972年、252、294頁。〕

*16 Benjamin Wadsworth, as quoted in Craig Steven Wilder, *Ebony and Ivy: Race, Slavery, and the Troubled History of America's Universities* (New York: Bloomsbury, 2013), 120.

*17 Benjamin Franklin, *The Complete Works, in Philosophy, Politics, and Morals, of the Late Dr. Benjamin Franklin: Now First Collected and Arranged; With Memoirs of His Early Life, Written by Himself* (London: J. Johnson and Longman, Hurst, Reese, Orme, and Brown, 1806), 3:544.

*18 Benjamin Franklin, *The Life of Benjamin Franklin, Containing the Autobiography* (Boston: Tappan and Dennet, 1844), 105.〔邦訳『フランクリン自伝』松本慎一＋西川正身訳、岩波文庫、1957年（2010年改版）、156頁。〕

*19 John Adams to Hezekiah Niles, February 1818, in *The Works of John Adams, Second President of the United States: With a Life of the Author, Notes and Illustrations, by His Grandson Charles Francis Adams* (Boston: Little, Brown and Company, 1856), 10:282.

*20 John Adams to Thomas Jefferson, February 3, 1812, in *The Adams-Jefferson Letters: The Complete Correspondence between Thomas Jefferson and Abigail and John Adams*, ed. Lester J. Cappon (1959; Chapel Hill: University of North Carolina Press, 1987), 295.

*21 Hannah Arendt, *On Revolution* (New York: Viking Press, 1969), 196.〔邦訳『革命について』志水速雄訳、ちくま学芸文庫、1995年、315頁。〕

*22 Thomas Paine, *Common Sense* (1776; Minneola, NY: Dover Thrift Editions, 1997), 31, 20.〔邦訳「コモン・センス」、小松春雄訳『コモン・センス他三篇』所収、岩波文庫、1976年、65、46頁。〕

*23 Ibid., 11, 2.〔邦訳、32、14頁。〕

第3章 リパブリカンからロマンティックへ——一八〇〇年から一八五〇年まで

*1 Ralph Waldo Emerson, "Historic Notes of Life and Letters in New England" (1883) in *The Transcendentalists: An Anthology*, ed. Perry Miller (1950; Cambridge, MA: Harvard University Press, 2001), 494, 496.〔邦訳「歴史的覚え書き」、斎藤光訳『アメリカ古典文庫17 超越主義』所収、研究

研究社、1978年、179–80頁。〕

＊5　Ibid.〔邦訳、180頁。〕

＊6　Thomas Reid, as quoted in Leigh Eric Schmidt, *Hearing Things: Religion, Illusion, and the American Enlightenment* (Cambridge, MA: Harvard University Press, 2000), 17; and John Locke, *An Essay Concerning Human Understanding*, ed. Peter H. Nidditch (Oxford: Oxford University Press, 1975), 146.〔邦訳『人間知性論』大槻春彦訳、岩波文庫、1972–77年、第1巻206頁。〕

＊7　Jeremy Bentham, "Panopticon, or, The inspection-house containing the idea of a new principle of construction applicable to any sort of establishment, in which persons of any description are to be kept under inspection: and in particular to penitentiary-houses, prisons, houses of industry . . . and schools: with a plan of management adapted to the principle: in a series of letters, written in the year 1787," in *The Works of Jeremy Bentham: Published under the Superintendence of His Executor*, John Bowring (Edinburgh: William Tait, 1843), 4:39.

＊8　Benjamin Franklin, as quoted in Jonathan Lyons, *The Society for Useful Knowledge: How Benjamin Franklin and Friends Brought the Enlightenment to America* (New York: Bloomsbury Press, 2013), 7, 50.

＊9　Immanuel Kant, "An Answer to the Question: 'What Is Enlightenment?'" in *Kant: Political Writings*, ed. H. S. Reiss (1970; Cambridge: Cambridge University Press, 2016), 54.〔邦訳「啓蒙とは何か」、篠田英雄訳『啓蒙とは何か　他四篇』所収、岩波文庫、1974年、7頁。〕

＊10　Milcah Martha Moore, *Miscellanies, Moral and Instructive, in Prose and Verse* (Philadelphia: Joseph James, 1787), 39, 147.

＊11　Lord Kames, as quoted in Linda Kerber, "The Republican Mother: Women and the Enlightenment—An American Perspective," *American Quarterly* 28, no. 2 (Summer 1976): 196.

＊12　Locke, *Two Treatises of Government*, 319.〔邦訳、384頁。〕

＊13　James Otis, as quoted in Linda Kerber, *Women of the Republic: Intellect and Ideology in Revolutionary America* (Chapel Hill: University of North Carolina Press, 1980), 30.

＊14　Judith Sargent Murray, "Letter to Reverend Redding," in *Judith Sargent Murray: A Brief Biography with Documents*, ed. Sheila L. Skemp (Boston:

カ文化史1　植民地時代　15世紀末―1770年代』所収、東京大学出版会、2005年、212、221頁。〕

＊9　Jonathan Edwards, "Sinners in the Hands of an Angry God" (1741), in *Sinners in the Hands of an Angry God and Other Puritan Sermons* (Mineola, NY: Dover Thrift Edition, 2005), 178.〔邦訳「怒りの神の御手の中なる罪人」、伊賀衛訳『怒りの神――エドワーヅ説教集』所収、西村書店、1948年、162-63頁。〕

＊10　John Winthrop, "A Modell of Christian Charity" (1630), in *Early American Writing*, ed. Giles Gunn (New York: Penguin Books, 1994), 112.〔抄訳「キリスト教的慈愛のひな形」大西直樹訳、遠藤編『史料で読むアメリカ文化史1』所収、95-96頁。〕

＊11　Ibid., 111, 108.〔抄訳、95、89頁。〕

＊12　Thomas Paine, *Common Sense* (1776; Minneola, NY: Dover Thrift Editions, 1997), 51.〔邦訳「コモン・センス」、小松春雄訳『コモン・センス他三篇』所収、岩波文庫、1976年、97-98頁。〕

第2章　アメリカと環大西洋啓蒙――一七四一年から一八〇〇年まで

＊1　John Locke, *Two Treatises of Government*, ed. Peter Laslett, 3rd ed. (Cambridge: Cambridge University Press, 1988; originally published 1689), 301.〔邦訳『完訳 統治二論』加藤節訳、岩波文庫、2010年、350頁。〕

＊2　Denis Diderot, as quoted in Peter Gay, *The Enlightenment: An Interpretation; The Rise of Modern Paganism* (1966; New York: Norton, 1995), 142.〔引かれているのは『百科全書』中の項目「百科全書」の一節である。〕

＊3　Thomas Jefferson to A Committee of the Danbury Baptist Association, January 1, 1802, in *The Life and Selected Writings of Thomas Jefferson*, ed. Adrienne Koch and William Peden (1944; New York: Modern Library, 2004), 307.「とんでもない無神論者」は以下で引かれている。John Ferling, *Adams vs. Jefferson: The Tumultuous Election of* 1800 (Oxford: Oxford University Press, 2004), 154.

＊4　George Washington, "Circular to the States" (1783), in *The Writings of George Washington from the Original Manuscript Sources, 1745-1799*, ed. John C. Fitzpatrick (Washington, DC: Government Printing Office, 1931-44), 26:485.〔邦訳「大陸軍解散にあたっての各邦知事宛ての回状」五十嵐武士訳、斎藤眞＋五十嵐武士訳『アメリカ古典文庫16　アメリカ革命』所収、

原　註

序論

＊1　Ralph Ellison, *Invisible Man* (New York: Random House, 1952), 439.〔邦訳『見えない人間』松本昇訳、白水Uブックス、2020年、下巻390頁。〕

第1章　諸帝国の世界――コンタクト以前から一七四〇年まで

＊1　書き手はおそらく男性だろうが、確証することはできない。〔『世界誌入門』の本文はマティアス・リングマンによって書かれたと考える者も少なからずいる。〕

＊2　Martin Waldseemüller, *The Cosmographiae Introductio of Martin Waldseemüller in Facsimile: Followed by The Four Voyages of Amerigo Vespucci, with Their Translation into English; to Which Are Added Waldseemüller's Two World Maps of 1507*, ed. Charles George Herbermann (New York: United States Catholic Historical Society, 1907), 70.

＊3　José de Acosta, as quoted in Anthony Grafton, April Shelford, and Nancy Siraisi, *New Worlds, Ancient Texts: The Power of Tradition and the Shock of Discovery* (Cambridge, MA: Belknap Press, 1995), 1.

＊4　Thomas Hobbes, *Leviathan; Or the Matter, Forme, & Power of a Commonwealth Ecclesiasticall and Civill*, ed. C. B. MacPherson (Baltimore: Penguin, 1985), 186–88.〔邦訳『リヴァイアサン』水田洋訳、岩波文庫、1954–85年（1992年改訳）、第1巻211–14頁。〕

＊5　Piambohou and Nehemiah, as quoted in John Eliot, *The Dying Speeches of Several Indians* (Cambridge, MA: Samuel Green, ca. 1685), 4, 8.

＊6　Father Jacques Marquette, as quoted in Louis Hennepin, *A New Discovery of a Vast Country in America* (1698; Chicago: A. C. McClurg & Co., 1903), 2:663.

＊7　Hugo Grotius, *On the Origin of the Native Races of America: A Dissertation* (Edinburgh: privately reprinted, [1642], Engl. trans. 1884), 17.

＊8　Anne Hutchinson, as quoted in David D. Hall, ed., *The Antinomian Controversy, 1636–1638: A Documentary History* (Middletown, CT: Wesleyan University Press, 1968), 319, 312, 337.〔抄訳「ニュータウンでの法廷におけるアン・ハッチンソンの審問」荒木純子訳、遠藤泰生編『史料で読むアメリ

nell University Press, 1991.

Wilder, Craig Steven. *Ebony and Ivy: Race, Slavery, and the Troubled History of America's Universities*. New York: Bloomsbury Press, 2013.

Wills, Garry. *Lincoln at Gettysburg: The Words That Remade America*. New York: Touchstone, 1992.〔ゲリー・ウィルズ『リンカーンの三分間――ゲティズバーグ演説の謎』北沢栄訳、共同通信社、1995 年。〕

Winterer, Caroline. *American Enlightenments: Pursuing Happiness in the Age of Reason*. New Haven, CT: Yale University Press, 2016.

Wood, Gordon S. *The Creation of the American Republic, 1776-1787*. Chapel Hill: University of North Carolina Press, 1969.

Worthen, Molly. *Apostles of Reason: The Crisis of Authority in American Evangelicalism*. New York: Oxford University Press, 2014.

American Women. Chapel Hill: University of North Carolina Press, 2010.
Singal, Daniel Joseph. *The War Within: From Victorian to Modernist Thought in the South, 1919–1945*. Chapel Hill: University of North Carolina Press, 1982.
Sklansky, Jeffrey. *Sovereign of the Market: The Money Question in Early America*. Chicago: University of Chicago Press, 2017.
Smith-Rosenberg, Carroll. *Disorderly Conduct: Visions of Gender in Victorian America*. New York: Oxford University Press, 1986.
Staloff, Darren. *The Making of an American Thinking Class: Intellectuals and Intelligentsia in Puritan Massachusetts*. New York: Oxford University Press, 1998.
Stanley, Amy Dru. *From Bondage to Contract: Wage Labor, Marriage, and the Market in the Age of Slave Emancipation*. Cambridge: Cambridge University Press, 1998.
Stansell, Christine. *American Moderns: Bohemian New York and the Creation of a New Century*. New York: Henry Holt, 2000.
Stauffer, John L. *The Black Hearts of Men: Radical Abolitionists and the Transformation of Race*. Cambridge, MA: Harvard University Press, 2001.
Stevenson, Louise L. *The Victorian Homefront: American Thought and Culture, 1860–1880*. New York: Twayne, 1991.
Tompkins, Jane. *Sensational Designs: The Cultural Work of American Fiction, 1790–1860*. New York: Oxford University Press, 1985.
Turner, James C. *Without God, without Creed: The Origins of Unbelief in America*. Baltimore: Johns Hopkins University Press, 1985.
Volk, Kyle G. *Moral Minorities and the Making of American Democracy*. New York: Oxford University Press, 2014.
Wall, Wendy L. *Inventing the "American Way": The Politics of Consensus from the New Deal to the Civil Rights Movement*. New York: Oxford University Press, 2008.
Walls, Laura Dassow. *The Passage to Cosmos: Alexander von Humboldt and the Shaping of America*. Chicago: University of Chicago Press, 2009.
Werth, Barry. *Banquet at Delmonico's: Great Minds, the Gilded Age, and the Triumph of Evolution in America*. New York: Random House, 2009.
Westbrook, Robert B. *John Dewey and American Democracy*. Ithaca, NY: Cor-

1988.

Robin, Corey. *The Reactionary Mind: Conservatism from Edmund Burke to Sarah Palin.* New York: Oxford University Press, 2011.

Rodgers, Daniel T. *Age of Fracture.* Cambridge, MA: Belknap Press, 2011.

——. *Contested Truths: Keywords in American Politics since Independence.* New York: Basic Books, 1987.

Rose, Anne C. *Transcendentalism as a Social Movement, 1830–1850.* New Haven, CT: Yale University Press, 1981.

Rosenberg, Rosalind. *Beyond Separate Spheres: The Intellectual Roots of Modern Feminism.* New Haven, CT: Yale University Press, 1982.

Rosenfeld, Sophia A. *Common Sense: A Political History.* Cambridge, MA: Harvard University Press, 2011.

Ross, Dorothy. *The Origins of American Social Science.* Cambridge: Cambridge University Press, 1991.

Rubin, Joan Shelley, and Scott E. Casper, eds. *The Oxford Encyclopedia of American Cultural and Intellectual History.* 2 vols. Oxford: Oxford University Press, 2013.

Schmidt, Leigh Eric. *Hearing Things: Religion, Illusion, and the American Enlightenment.* 2nd ed. Cambridge, MA: Harvard University Press, 2002.

Schultz, Kevin M. *Tri-Faith America: How Catholics and Jews Held Postwar America to Its Protestant Promise.* New York: Oxford University Press, 2011.

Sehat, David. *The Myth of American Religious Freedom.* New York: Oxford University Press, 2011.

Shain, Barry. *The Myth of American Individualism: The Protestant Origins of American Political Thought.* Princeton, NJ: Princeton University Press, 1994.

Shalhope, Robert E. *The Roots of Democracy: American Thought and Culture, 1760–1800.* Boston: Twayne, 1990.

Shi, David E. *Facing Facts: Realism in American Thought and Culture, 1850–1920.* New York: Oxford University Press, 1995.

Shields, David S. *Civil Tongues and Polite Letters in British America.* Chapel Hill: Omohundro Institute and University of North Carolina Press, 1997.

Sicherman, Barbara. *Well-Read Lives: How Books Inspired a Generation of*

Parker, Kunal Madhukar. *Common Law, History, and Democracy in America, 1790–1900: Legal Thought before Modernism.* New York: Cambridge University Press, 2011.

Pells, Richard H. *Radical Visions and American Dreams: Culture and Social Thought in the Depression Years.* New York: Harper & Row, 1973.

Perry, Lewis. *Civil Disobedience: An American Tradition.* New Haven, CT: Yale University Press, 2013.

Perry, Lewis. *Intellectual Life in America: A History.* Chicago: University of Chicago Press, 1989.

Posnock, Ross. *Color and Culture: Black Writers and the Making of the Modern Intellectual.* Cambridge, MA: Harvard University Press, 1998.

Postel, Charles. *The Populist Vision.* New York: Oxford University Press, 2007.

Prince, K. Stephen. *Stories of the South: Race and the Reconstruction of Southern Identity, 1865–1915.* Chapel Hill: University of North Carolina Press, 2014.

Purcell, Edward A., Jr. *The Crisis of Democratic Theory: Scientific Naturalism and the Problem of Value.* Lexington: University Press of Kentucky, 1973.

Rakove, Jack N. *Original Meanings: Politics and Ideas in the Making of the Constitution.* New York: Alfred A. Knopf, 1996.

Ratner-Rosenhagen, Jennifer. *American Nietzsche: A History of an Icon and His Ideas.* Chicago: University of Chicago Press, 2012.〔ジェニファー・ラトナー＝ローゼンハーゲン『アメリカのニーチェ——ある偶像をめぐる物語』岸正樹訳、法政大学出版局、2019年。〕

Reuben, Julie A. *The Making of the Modern University: Intellectual Transformation and the Marginalization of Morality.* Chicago: University of Chicago Press, 1996.

Reynolds, David S. *Beneath the American Renaissance: The Subversive Imagination in the Age of Emerson and Melville.* New York: Alfred A. Knopf, 1988.

Richter, Daniel K. *Facing East from Indian Country: Native History of Early America.* Cambridge, MA: Harvard University Press, 2001.

Rivett, Sarah. *The Science of the Soul in Colonial New England.* Chapel Hill: Omohundro Institute and University of North Carolina Press, 2011.

Roberts, Jon H. *Darwinism and the Divine in America: Protestant Intellectuals and Organic Evolution, 1859–1900.* Madison: University of Wisconsin Press, *ture at the End of the 20th Century*. Lanham, MD: Rowman & Littlefield, 2010.

Maier, Pauline. *American Scripture: Making the Declaration of Independence*. New York: Vintage, 1998.

Matthews, Jean V. *Toward a New Society: American Thought and Culture, 1800–1830*. Boston: Twayne, 1991.

May, Henry Farnham. *The End of American Innocence: A Study of the First Years of Our Own Time, 1912–1917*. New York: Alfred A. Knopf, 1959.

McClay, Wilfred M. *The Masterless: Self and Society in Modern America*. Chapel Hill: University of North Carolina Press, 1994.

McDaniel, W. Caleb. *The Problem of Democracy in the Age of Slavery: Garrisonian Abolitionists and Transatlantic Reform*. Baton Rouge: Louisiana State University Press, 2013.

Menand, Louis. *The Metaphysical Club: A Story of Ideas in America*. New York: Farrar, Straus and Giroux, 2001. 〔ルイ・メナンド『メタフィジカル・クラブ――米国100年の精神史』野口良平＋那須耕介＋石井素子訳、みすず書房、2011年。〕

Miller, Perry. *Errand into the Wilderness*. Cambridge, MA: Belknap Press, 1956. 〔ペリー・ミラー『ウイルダネスへの使命』向井照彦訳、英宝社、2002年。〕

Moses, Wilson Jeremiah. *The Golden Age of Black Nationalism, 1850–1925*. Hamden, CT: Archon Books, 1978.

Murphy, Paul V. *The Rebuke of History: The Southern Agrarians and American Conservative Thought*. Chapel Hill: University of North Carolina Press, 2001.

Nash, George H. *The Conservative Intellectual Movement in America: Since 1945*. 30th anniversary ed. Wilmington, DE: Intercollegiate Studies Institute, 2006.

Noll, Mark A. *America's God: From Jonathan Edwards to Abraham Lincoln*. New York: Oxford University Press, 2002.

Numbers, Ronald L. *Darwinism Comes to America*. Cambridge, MA: Harvard University Press, 1998.

O'Brien, Michael. *Conjectures of Order: Intellectual Life and the American South, 1810–1860*. 2 vols. Chapel Hill: University of North Carolina Press, 2004.

Ideas in America. New York: Nation Books, 2016.

Kerber, Linda K. *Women of the Republic: Intellect and Ideology in Revolutionary America*. Chapel Hill: University of North Carolina Press, 1980.

King, Richard H. *Race, Culture, and the Intellectuals, 1940–1970*. Washington, DC: Woodrow Wilson Center Press and Johns Hopkins University Press, 2004.

Kittelstrom, Amy. *The Religion of Democracy: Seven Liberals and the American Moral Tradition*. New York: Penguin, 2015.

Kloppenberg, James T. *Toward Democracy: The Struggle for Self-Rule in European and American Thought*. New York: Oxford University Press, 2016.

Knott, Sarah. *Sensibility and the American Revolution*. Chapel Hill: University of North Carolina Press, 2009.

Kuklick, Bruce. *The Rise of American Philosophy: Cambridge, Massachusetts, 1860–1930*. New Haven, CT: Yale University Press, 1977.

Kupperman, Karen Ordahl, ed. *America in European Consciousness, 1493–1750*. Chapel Hill: Omohundro Institute and University of North Carolina Press, 1995.

Landsman, Ned C. *From Colonials to Provincials: American Thought and Culture, 1680–1760*. New York: Twayne, 1997.

Lasch, Christopher. *The New Radicalism in America, 1889–1963: The Intellectual as a Social Type*. New York: W. W. Norton & Company, 1986.

Lears, T. J. Jackson. *No Place of Grace: Antimodernism and the Transformation of American Culture, 1880–1920*. Chicago: University of Chicago Press, 1994.〔T・J・ジャクソン・リアーズ『近代への反逆――アメリカ文化の変容 1880–1920』大矢健＋岡崎清＋小林一博訳、松柏社、2010 年。〕

Lepore, Jill. *The Name of War: King Philip's War and the Origins of American Identity*. New York: Vintage, 1999.

Levine, Lawrence. *Black Culture and Black Consciousness: Afro-American Folk Thought from Slavery to Freedom*. 30th anniversary ed. New York: Oxford University Press, 2007.

Levy, Jonathan. *Freaks of Fortune: The Emerging World of Capitalism and Risk in America*. Cambridge, MA: Harvard University Press, 2012.

Livingston, James. *The World Turned Inside Out: American Thought and Cul-*

America since 1940. Chapel Hill: University of North Carolina, 2013.
Horowitz, Daniel. *Betty Friedan and the Making of* The Feminist Mystique*: The American Left, the Cold War, and Modern Feminism*. Amherst: University of Massachusetts Press, 1998.
Howe, Daniel Walker. *The Political Culture of the American Whigs*. Chicago: University of Chicago Press, 1979.
Hughes, H. Stuart. *The Sea Change: The Migration of Social Thought, 1930-1965*. New York: Harper & Row, 1975.〔スチュアート・ヒューズ『大変貌――社会思想の大移動 1930-1965』荒川幾男＋生松敬三訳、みすず書房、1999年（新装版）。〕
Igo, Sarah E. *The Averaged American: Surveys, Citizens, and the Making of a Mass Public*. Cambridge, MA: Harvard University Press, 2007.
Isaac, Joel. *Working Knowledge: Making the Human Sciences from Parsons to Kuhn*. Cambridge, MA: Harvard University Press, 2012.
Isaac, Joel, James Kloppenberg, Michael O'Brien, and Jennifer Ratner-Rosenhagen, eds. *The Worlds of American Intellectual History*. New York: Oxford University Press, 2017.
Jacoby, Russell. *The Last Intellectuals: American Culture in the Age of Academe*. New York: Basic Books, 1987.
Jay, Martin. *The Dialectical Imagination: A History of the Frankfurt School and the Institute of Social Research, 1923-1950*. Boston: Little, Brown, 1973.〔マーティン・ジェイ『弁証法的想像力――フランクフルト学派と社会研究所の歴史 1923-1950』荒川幾男訳、みすず書房、1975年。〕
Jewett, Andrew. *Science, Democracy, and the American University: From the Civil War to the Cold War*. Cambridge: Cambridge University Press, 2012.
Kaag, John. *American Philosophy: A Love Story*. New York: Farrar, Straus and Giroux, 2016.
Kazin, Alfred. *On Native Grounds: An Interpretation of Modern American Prose Literature*. 3rd ed. Orlando, FL: Harcourt Brace & Company, 1995.〔アルフレッド・ケイジン『現代アメリカ文学史――現代アメリカ散文文学の一解釈』刈田元司ほか訳、南雲堂、1977年（改装版）。〕
Kazin, Michael. *American Dreamers: How the Left Changed a Nation*. New York: Vintage, 2011.
Kendi, Ibram X. *Stamped from the Beginning: The Definitive History of Racist*

Graebner, William. *The Age of Doubt: American Thought and Culture in the 1940s*. Boston: Twayne, 1991.

Gray, Edward G. *New World Babel: Languages and Nations in Early America*. Princeton, NJ: Princeton University Press, 1999.

Gura, Philip F. *American Transcendentalism: A History*. New York: Hill and Wang, 2007.

Hager, Christopher. *Word by Word: Emancipation and the Act of Writing*. Cambridge, MA: Harvard University Press, 2013.

Hall, David D. *Worlds of Wonder, Days of Judgment: Popular Religious Belief in Early New England*. Cambridge, MA: Harvard University Press, 1990.

Hartman, Andrew. *A War for the Soul of America: A History of the Culture Wars*. Chicago: University of Chicago Press, 2015.

Haselby, Sam. *The Origins of Religious Nationalism*. New York: Oxford University Press, 2015.

Haskell, Thomas L. *The Emergence of Professional Social Science: The American Social Science Association and the Nineteenth-Century Crisis of Authority*. Urbana: University of Illinois Press, 1977.

Hatch, Nathan O. *The Sacred Cause of Liberty: Republican Thought and the Millennium in Revolutionary New England*. New Haven, CT: Yale University Press, 1977.

Hedstrom, Matthew S. *The Rise of Liberal Religion: Book Culture and American Spirituality in the Twentieth Century*. New York: Oxford University Press, 2013.

Hoeveler, J. David. *The Postmodernist Turn: American Thought and Culture in the 1970s*. New York: Twayne, 1996.

Hofstadter, Richard. *Anti-Intellectualism in American Life*. New York: Vintage, 1963.〔リチャード・ホーフスタッター『アメリカの反知性主義』田村哲夫訳、みすず書房、2003年。〕

Hollinger, David A. *Postethnic America: Beyond Multiculturalism*. Rev. ed. New York: Basic Books, 2005.〔デイヴィッド・A・ホリンガー『ポストエスニック・アメリカ——多文化主義を超えて』藤田文子訳、明石書店、2002年。〕

Hollinger, David A., and Charles Capper, eds. *The American Intellectual Tradition*. 6th ed., 2 vols. New York: Oxford University Press, 2011.

Holloway, Jonathan Scott. *Jim Crow Wisdom: Memory and Identity in Black*

Farrar, Straus and Giroux, 1995.

Faust, Drew Gilpin. *A Sacred Circle: Dilemma of the Intellectual in the Old South, 1840–1860*. Philadelphia: University of Pennsylvania Press, 1986.

Feldman, Stephen M. *American Legal Thought from Premodernism to Postmodernism: An Intellectual Voyage*. Oxford: Oxford University Press, 2000.〔スティーブン・フェルドマン『アメリカ法思想史――プレモダニズムからポストモダニズムへ』猪股弘貴訳、信山社、2005 年。〕

Fink, Leon. *Progressive Intellectuals and the Dilemmas of Democratic Commitment*. Cambridge, MA: Harvard University Press, 1997.

Flores, Ruben. *Backroads Pragmatists: Mexico's Melting Pot and Civil Rights in the United States*. Philadelphia: University of Pennsylvania Press, 2014.

Foner, Eric. *Free Soil, Free Labor, Free Men: The Ideology of the Republican Party before the Civil War*. 2nd ed. Oxford: Oxford University Press, 1995.

Fox, Richard Wightman. *Jesus in America: Personal Savior, Cultural Hero, National Obsession*. New York: HarperCollins, 2004.

Fox, Richard Wightman, and James T. Kloppenberg, eds. *A Companion to American Thought*. Oxford/Cambridge, MA: Blackwell, 1995.

Fox-Genovese, Elizabeth, and Eugene D. Genovese. *The Mind of the Master Class: History and Faith in the Southern Slaveholders' Worldview*. New York: Cambridge University Press, 2005.

Frederickson, George M. *The Black Image in the White Mind: The Debate on Afro-American Character and Destiny, 1817–1914*. 2nd ed. Middletown, CT: Wesleyan University Press, 1987.

Gaines, Kevin. *Uplifting the Race: Black Leadership, Politics, and Culture in the Twentieth Century*. 2nd ed. Chapel Hill: University of North Carolina Press, 1996.

Genter, Robert. *Late Modernism: Art, Culture, and Politics in Cold War America*. Philadelphia: University of Pennsylvania Press, 2010.

Gilman, Nils. *Mandarins of the Future: Modernization Theory in Cold War America*. Baltimore: Johns Hopkins University Press, 2003.

Gilroy, Paul. *The Black Atlantic: Modernity and Double Consciousness*. Cambridge, MA: Harvard University Press, 1993.〔ポール・ギルロイ『ブラック・アトランティック――近代性と二重意識』上野俊哉＋毛利嘉孝＋鈴木慎一郎訳、月曜社、2006 年。〕

New York: Twayne, 1995.
Cooper, Brittney C. *Beyond Respectability: The Intellectual Thought of Race Women*. Urbana: University of Illinois Press, 2017.
Coronado, Raúl. *A World Not to Come: A History of Latino Writing and Print Culture*. Cambridge, MA: Harvard University Press, 2013.
Cotkin, George. *Existential America*. Baltimore: Johns Hopkins University Press, 2003.
Cotlar, Seth. *Tom Paine's America: The Rise and Fall of Transatlantic Radicalism in the Early Republic*. Charlottesville: University Press of Virginia, 2011.
Croce, Paul Jerome. *Science and Religion in the Era of William James*. Vol. 1, *Eclipse of Certainty, 1820–1880*. Chapel Hill: University of North Carolina Press, 1995.
Curti, Merle. *The Growth of American Thought*. 3rd ed. New Brunswick, NJ: Transaction Publishers, 1982.〔M・カーチ『アメリカ社会文化史』龍口直太郎+鶴見和子+鵜飼信成訳、上中下巻、法政大学出版局、1954–58年。〕
Cusset, François. *French Theory: How Foucault, Derrida, Deleuze, & Co. Transformed the Intellectual Life of the United States*. Translated by Jeff Fort. Minneapolis: University of Minnesota Press, 2008.〔フランソワ・キュセ『フレンチ・セオリー――アメリカにおけるフランス現代思想』桑田光平ほか訳、NTT出版、2010年。〕
Dain, Bruce. *A Hideous Monster of the Mind: American Race Theory in the Early Republic*. Cambridge, MA: Harvard University Press, 2002.
Degler, Carl N. *In Search of Human Nature: The Decline and Revival of Darwinism in American Social Thought*. New York: Oxford University Press, 1991.
Denning, Michael. *The Cultural Front: The Laboring of American Culture in the Twentieth Century*. London: Verso, 1996.
Dorrien, Gary. *The Making of American Liberal Theology: Idealism, Realism, and Modernity, 1900–1950*. Louisville, KY: Westminster John Knox Press, 2003.
——. *The Making of American Liberal Theology: Imagining Progressive Religion, 1805–1900*. Louisville, KY: Westminster John Knox Press, 2001.
Douglas, Ann. *Terrible Honesty: Mongrel Manhattan in the 1920s*. New York:

1756–1800. New York: Cambridge University Press, 1985.
Borus, Daniel H. *Twentieth-Century Multiplicity: American Thought and Culture, 1900–1920*. Lanham, MD: Rowman & Littlefield, 2009.
Boyer, Paul S. *When Time Shall Be No More: Prophecy Belief in Modern American Culture*. Cambridge, MA: Belknap Press, 1992.
Bozeman, Theodore Dwight. *Protestants in an Age of Science: The Baconian Ideal and Antebellum American Religious Thought*. Chapel Hill: University of North Carolina Press, 1977.
Brick, Howard. *Age of Contradiction: American Thought and Culture in the 1960s*. New York: Twayne, 1998.
——. *Transcending Capitalism: Visions of a New Society in Modern American Thought*. Ithaca, NY: Cornell University Press, 2006.
Brown, Vincent. *The Reaper's Garden: Death and Power in the World of Atlantic Slavery*. Cambridge, MA: Harvard University Press, 2008.
Burgin, Angus. *The Great Persuasion: Reinventing Free Markets since the Depression*. Cambridge, MA: Harvard University Press, 2012.
Butler, Leslie. *Critical Americans: Victorian Intellectuals and Transatlantic Liberal Reform*. Chapel Hill: University of North Carolina Press, 2007.
Capper, Charles. *Margaret Fuller: An American Romantic Life*. Vol. 1, *The Private Years*. New York: Oxford University Press, 1992.
——. *Margaret Fuller: An American Romantic Life*. Vol. 2, *The Public Years*. New York: Oxford University Press, 2007.
Chaplin, Joyce E. *Subject Matter: Technology, the Body, and Science on the Anglo-American Frontier, 1500–1676*. Cambridge, MA: Harvard University Press, 2001.
Chappell, David L. *A Stone of Hope: Prophetic Religion and the Death of Jim Crow*. Chapel Hill: University of North Carolina Press, 2004.
Cmiel, Kenneth. *Democratic Eloquence: The Fight over Popular Speech in Nineteenth-Century America*. New York: William Morrow, 1990.
Cohen-Cole, Jamie. *The Open Mind: Cold War Politics and the Sciences of Human Nature*. Chicago: University of Chicago Press, 2014.
Conn, Steven. *History's Shadow: Native Americans and Historical Consciousness in the Nineteenth Century*. Chicago: University of Chicago Press, 2004.
Cooney, Terry A. *Balancing Acts: American Thought and Culture in the 1930's*.

さらに学ぶためのブックリスト

Abruzzo, Margaret N. *Polemical Pain: Slavery, Cruelty, and the Rise of Humanitarianism*. Baltimore: Johns Hopkins University Press, 2011.

Abzug, Robert H. *Cosmos Crumbling: American Reform and the Religious Imagination*. New York: Oxford University Press, 1994.

Armitage, David. *The Ideological Origins of the British Empire*. New York: Cambridge University Press, 2000.〔デイヴィッド・アーミテイジ『帝国の誕生――ブリテン帝国のイデオロギー的起源』平田雅博ほか訳、日本経済評論社、2005 年。〕

Bailyn, Bernard. *The Ideological Origins of the American Revolution*. Cambridge, MA: Belknap Press, 1967.

Baker, Houston A. *Modernism and the Harlem Renaissance*. Chicago: University of Chicago Press, 1987.〔ヒューストン・A・ベイカー・ジュニア『モダニズムとハーレム・ルネッサンス――黒人文化とアメリカ』小林憲二訳、未來社、2006 年。〕

Bay, Mia E. *The White Image in the Black Mind: African-American Ideas about White People, 1830–1925*. New York: Oxford University Press, 2000.

Bay, Mia E., Farah Jasmine Griffin, Martha S. Jones, and Barbara Dianne Savage. *Toward an Intellectual History of Black Women*. Chapel Hill: University of North Carolina Press, 2015.

Bederman, Gail. *Manliness and Civilization: A Cultural History of Gender and Race in the United States, 1880–1917*. Chicago: University of Chicago Press, 1995.

Biel, Steven. *Independent Intellectuals in the United States, 1910–1945*. New York: New York University Press, 1992.

Blake, Casey Nelson. *Beloved Community: The Cultural Criticism of Randolph Bourne, Van Wyck Brooks, Waldo Frank, and Lewis Mumford*. Chapel Hill: University of North Carolina Press, 1990.

Blight, David W. *Race and Reunion: The Civil War in American Memory*. Cambridge, MA: Belknap Press, 2001.

Bloch, Ruth H. *Visionary Republic: Millennial Themes in American Thought,*

マ

ヘ

ホ

ヒ

ヌ

ネ

ノ

ハ

チ

テ

ト

ソ

タ

ス

セ

サ

シ

ケ

コ

エ

オ

カ

ウ

索　引

ア

本書は、ちくま学芸文庫のために新たに訳出されたものである。

21世紀を生きるための社会学の教科書
ケン・プラマー　赤川学監訳
パンデミック、経済格差、気候変動など現代世界が直面する諸課題を視野に収めつつ社会学の新しい知見を解説。社会学の可能性を論じた決定版入門書。

世界リスク社会論
ウルリッヒ・ベック　島村賢一訳
迫りくるリスクは我々から何を奪い、何をもたらすのか。『危険社会』の著者が、近代社会の根本原理をくつがえすリスクの本質と可能性に迫る。

民主主義の革命
エルネスト・ラクラウ／シャンタル・ムフ　西永亮／千葉眞訳
グラムシ、デリダらの思想を摂取し、根源的で複数的なデモクラシーへ向けて、新たなヘゲモニー概念を提示した、ポスト・マルクス主義の代表作。

鏡の背面
コンラート・ローレンツ　谷口茂訳
人間の認識システムはどのように進化してきたのか、そしてその特徴とは。ノーベル賞受賞の動物行動学者が試みた抱括的知識による壮大な総合人間哲学。

人間の条件
ハンナ・アレント　志水速雄訳
人間の活動的生活を《労働》《仕事》《活動》の三側面から考察し、《労働》優位の近代世界を思想史的に批判したアレントの主著。（阿部齊）

革命について
ハンナ・アレント　志水速雄訳
《自由の創設》をキイ概念としてアメリカとヨーロッパの二つの革命を比較・考察し、その最良の精神を二〇世紀の惨状から救い出す。（川崎修）

暗い時代の人々
ハンナ・アレント　阿部齊訳
自由が著しく損なわれた時代を自らの意思に従い行動し、生きた人々。政治・芸術・哲学への鋭い示唆を含み描かれる普遍的人間論。（村井洋）

責任と判断
ハンナ・アレント　ジェローム・コーン編　中山元訳
思想家ハンナ・アレント後期の未刊行論文集。人間の責任の意味と判断の能力を考察し、考える能力の喪失により生まれる〈凡庸な悪〉を明らかにする。

政治の約束
ハンナ・アレント　ジェローム・コーン編　高橋勇夫訳
われわれにとって「自由」とは何であるのか——。政治思想の起源から到達点までを描き、政治的経験の意味に根底から迫った、アレント思想の精髄。

日常的実践のポイエティーク
ミシェル・ド・セルトー 山田登世子訳
読書、歩行、声。それらは分類し解析する近代的知が見落とす、無名の者の戦術である。領域を横断し、秩序に抗う技芸を描く。（渡辺優）

反解釈
スーザン・ソンタグ 高橋康也他訳
《解釈》を偏重する在来の批評に対し、《形式》を感受する官能美学の必要性をとき、理性や合理主義に対する感性の復権を唱えたマニフェスト。

声と現象
ジャック・デリダ 林好雄訳
フッサール『論理学研究』の綿密な読解を通して、「脱構築」「痕跡」「差延」「代補」「エクリチュール」など、デリダ思想の中心的〝操作子〟を生み出す。

歓待について
ジャック・デリダ アンヌ・デュフールマンテル序論 廣瀬浩司訳
異邦人＝他者を迎え入れることはどこまで可能か？ギリシャ悲劇、クロソウスキーなどを経由し、この喫緊の問いにひそむ歓待の（不）可能性に挑む。

省察
ルネ・デカルト 山田弘明訳
徹底した懐疑の積み重ねから、確実な知識を探り世界を証明づける。哲学入門者が最初に読むべき、近代哲学の源泉たる一冊。詳細な解説付新訳。

方法序説
ルネ・デカルト 山田弘明訳
「私は考える、ゆえに私はある」。近代以降すべての哲学は、この言葉で始まった。世界中で最も読まれている哲学書の完訳。平明な徹底解説付。

社会分業論
エミール・デュルケーム 田原音和訳
人類はなぜ社会を必要としたか。社会はいかにして発展するか。近代社会学の嚆矢をなすデュルケーム畢生の大著を定評ある名訳で送る。（菊谷和宏）

公衆とその諸問題
ジョン・デューイ 阿部齊訳
大衆社会の到来とともに公共性の成立基盤は衰退した。民主主義は再建可能か？プラグマティズムの代表的思想家がこの難問を考究する。（宇野重規）

旧体制と大革命
A・ド・トクヴィル 小山勉訳
中央集権の確立、パリ一極集中、そして平等を自由に優先させる精神構造——フランス革命の成果は、実は旧体制の時代にすでに用意されていた。

論理的原子論の哲学
バートランド・ラッセル　髙村夏輝訳
世界は原子的事実で構成され論理的分析で解明しうる――急速な科学進歩の中で展開する分析哲学。現代哲学史上あまりに名高い講演録、本邦初訳。

現代哲学
バートランド・ラッセル　髙村夏輝訳
世界の究極的あり方とは？　そこで人間はどう描けるのか？　現代哲学の始祖が、哲学と最新科学の知見を総動員。統一的な世界像を提示する。本邦初訳。

存在の大いなる連鎖
アーサー・O・ラヴジョイ　内藤健二訳
西洋人が無意識裡に抱き続けてきた「存在の大いなる連鎖」という観念。その痕跡をあらゆる学問分野に探り「観念史」研究を確立した名著。（高山宏）

自発的隷従論
エティエンヌ・ド・ラ・ボエシ　山上浩嗣訳　西谷修監修
圧制は、支配される側の自発的な隷従によって永続する――支配・被支配構造の本質を喝破した古典的名著。20世紀の代表的な関連論考を併録。（西谷修）

自己言及性について
ニクラス・ルーマン　土方透／大澤善信訳
国家、宗教、芸術、愛……。私たちの社会を形づくるすべてを動態的・統一的に扱う理論は可能か？　20世紀社会学の頂点をなすルーマン理論への招待。

中世の覚醒
リチャード・E・ルーベンスタイン　小沢千重子訳
中世ヨーロッパ、一人の哲学者の著作が人々の思考様式と生活を根底から変えた――。「アリストテレス革命」の衝撃に迫る傑作精神史。（山本芳久）

レヴィナス・コレクション
エマニュエル・レヴィナス　合田正人編訳
人間存在と暴力について、独創的な倫理にもとづく存在論哲学を展開し、現代思想に大きな影響を与えているレヴィナス思想の歩みを集大成。

実存から実存者へ
エマニュエル・レヴィナス　西谷修訳
世界の内に生きて「ある」とはどういうことか。存在は「悪」なのか。初期の主著にしてアウシュヴィッツ以後の哲学的思索の極北を示す記念碑的著作。

倫理と無限
エマニュエル・レヴィナス　西山雄二訳
自らの思想の形成と発展を、代表的著作にふれながら語ったインタビュー。平易な語り口で、自身によるレヴィナス思想の解説とも言える魅力的な一冊。

法の原理　トマス・ホッブズ　高野清弘訳
ホッブズ最初の政治理論書。十七世紀イングランドの政治闘争を背景に、人間本性の分析を経て、安全と平和をもたらす政治体が考察される。（加藤節）

戦略の形成（上）　ウィリアムソン・マーレー／マクレガー・ノックス／アルヴィン・バーンスタイン編著　石津朋之／永末聡監訳　歴史と戦争研究会訳
戦略の本質とは！　統治者や国家が戦略を形成する際の錯綜した過程と決定要因を歴史的に検証・考察した事例研究。上巻はアテネから第一次大戦まで。

戦略の形成（下）　ウィリアムソン・マーレー／マクレガー・ノックス／アルヴィン・バーンスタイン編著　石津朋之／永末聡監訳　歴史と戦争研究会訳
戦略には論理的な原理は存在しない！　敵・味方の相互作用であり、それゆえ認識や感覚の問題である。下巻はナチス・ドイツから大戦後のアメリカまで。

アメリカ様　宮武外骨
占領という外圧によりもたらされた主体性のない言論の自由の脆弱さを、体を張って明らかにした、ジャーナリズムの記念碑的名著。（西谷修／吉野孝雄）

組織の限界　ケネス・J・アロー　村上泰亮訳
現実の経済において、個人より重要な役割を果たす組織。その経済学的分析はいかに可能か。ノーベル賞経済学者による不朽の組織論講義！（坂井豊貴）

資本主義から市民主義へ　岩井克人　聞き手＝三浦雅士
来るべき市民主義とは何か。貨幣論に始まり、資本主義論、法人論、信任論、市民社会論、人間論まで、多方面にわたる岩井理論がこれ一冊でわかる！

有閑階級の理論［新版］　ソースタイン・ヴェブレン　村井章子訳
流行の衣服も娯楽も教養も「見せびらかし」にすぎない。野蛮時代に生じたこの衒示的消費の習慣はどう進化したか。ガルブレイスの解説を付す新訳版。

資本論に学ぶ　宇野弘蔵
マルクスをいかに読み、そこから何を考えるべきか。『資本論』を批判的に継承し独自の理論を構築した泰斗がその精髄を平明に説き明かす。（白井聡）

社会科学としての経済学　宇野弘蔵
資本主義の原理は、イデオロギーではなく科学的態度によってのみ解明できる。マルクスの可能性を極限まで突き詰めた宇野理論の全貌。（大黒弘慈）

柳宗悦 阿満利麿

私財をなげうってまで美しいものの蒐集に奔走した柳宗悦。それほどに柳を駆り立てたのは、美が宗教的救済をもたらすという確信だった。（鈴木照雄）

論証のレトリック 浅野楢英

議論に説得力を持たせる術は古代ギリシアの賢人に学べ！　アリストテレスらのレトリック理論をもとに、論証の基本的な型を紹介する。（納富信留）

貨幣論 岩井克人

貨幣とは何か？　おびただしい解答があるこの命題に、『資本論』を批判的に解読することにより最終解答を与えようとするスリリングな論考。

二十一世紀の資本主義論 岩井克人

市場経済にとっての真の危機、それは「ハイパー・インフレーション」である。21世紀の資本主義のゆくえ、市民社会のありかたを問う先鋭的論考。

増補 ソクラテス 岩田靖夫

ソクラテス哲学の核心には「無知の自覚」と倫理的信念に基づく「反駁的対話」がある。その意味と構造を読み解き、西洋哲学の起源に迫る最良の入門書。

英米哲学史講義 一ノ瀬正樹

ロックやヒュームらの経験論は、いかにして功利主義、プラグマティズム、そして現代の正義論や分析哲学へと連なるのか。その歴史的展開を一望する。

規則と意味のパラドックス 飯田隆

言葉が意味をもつとはどういうことか？　言語哲学の難題に第一人者が挑み、切れ味抜群の議論で哲学的に思考することの楽しみへと誘う。

スピノザ『神学政治論』を読む 上野修

聖書の信仰と理性の自由は果たして両立できるか。スピノザはこの難問を、大いなる逆説をもって考え抜いた。『神学政治論』の謎をあざやかに読み解く。

倫理学入門 宇都宮芳明

倫理学こそ哲学の中核をなす学問だ。カント研究の大家が、古代ギリシアから始まるその歩みを三つの潮流に大別し、簡明に解説する。（三重野清顕）

ムッソリーニ　ロマノ・ヴルピッタ

統一国家となって以来、イタリア人が経験した激動の歴史。その象徴ともいうべき指導者の実像とは。既成のイメージを刷新する画期的ムッソリーニ伝。

資本主義と奴隷制　エリック・ウィリアムズ　中山毅訳

産業革命は勤勉と禁欲と合理主義の精神などではなく、黒人奴隷の血と汗がもたらしたことを告発した歴史的名著。待望の文庫化。（川北稔）

中華人民共和国史十五講　王丹　加藤敬事訳

八九年天安門事件の学生リーダー王丹。逮捕・収監後、亡命先で母国の歴史を学び直し、敗者たちの透徹した認識を復元する、鎮魂の共和国六〇年史。

増補　中国「反日」の源流　岡本隆司

「愛国」が「反日」と結びつく中国。この心情は何に由来するのか。近代史の大家が20世紀の日中関係を解き、中国の論理を描き切る。（五百旗頭薫）

世界システム論講義　川北稔

近代の世界史を有機的な展開過程として捉える見方、それが〈世界システム論〉にほかならない。第一人者が豊富なトピックとともにこの理論を解説する。

インド文化入門　辛島昇

異なる宗教・言語・文化が多様なまま統一された稀有な国インド。なぜ多様性は排除されなかったのか。共存の思想をインドの歴史に学ぶ。（竹中千春）

中国の歴史　岸本美緒

中国とは何か。独特の道筋をたどった中国社会の変遷を、東アジアとの関係に留意して解説。初期王朝から現代に至る通史を簡明かつダイナミックに描く。

大都会の誕生　喜安朗　川北稔

都市型の生活様式は、歴史的にどのように形成されてきたのか。この魅力的な問いに、碩学がふたつの都市の豊富な事例をふまえて重層的に描写する。

共産主義黒書〈ソ連篇〉　ステファヌ・クルトワ／ニコラ・ヴェルト　外川継男訳

史上初の共産主義国家〈ソ連〉は、大量殺人・テロル・強制収容所を統治形態にまで高めた。レーニン以来行われてきた犯罪を赤裸々に暴いた衝撃の書。

共産主義黒書〈アジア篇〉
ステファヌ・クルトワ／ジャン=ルイ・マルゴラン
高橋武智訳
アジアの共産主義国家は抑圧政策においてソ連以上の悲惨を生んだ。中国、北朝鮮、カンボジアなどでの実態は我々に歴史の重さを突き付けてやまない。

ヨーロッパの帝国主義
アルフレッド・W・クロスビー
佐々木昭夫訳
15世紀末の新大陸発見以降、ヨーロッパ人はなぜ次々と植民地を獲得できたのか。病気や動植物に着目して帝国主義の謎を解き明かす。（川北稔）

民のモラル
近藤和彦
統治者といえど時代の約束事に従わざるをえなかった18世紀イギリス。新聞記事や裁判記録、ホーガースの風刺画などから騒擾と制裁の歴史をひもとく。

台湾総督府
黄昭堂
清朝中国から台湾を割譲させた日本は、新たな統治機関として台北に台湾総督府を組織した。抵抗と抑圧と建設。植民地統治の実態を追う。（檜山幸夫）

増補 大衆宣伝の神話
佐藤卓己
祝祭、漫画、シンボル、デモなど政治の視覚化は大衆の感情をどのように動員したか。ヒトラーが学んだプロパガンダを読み解く「メディア史」の出発点。

ユダヤ人の起源
シュロモー・サンド
高橋武智監訳
佐々木康之／木村高子訳
〈ユダヤ人〉はいかなる経緯をもって成立したのか。歴史記述の精緻な検証によって実像に迫り、そのアイデンティティを根本から問う画期的試論。

中国史談集
澤田瑞穂
皇帝、彫青、男色、刑罰、宗教結社など中国裏面史を彩った人物や事件を中国文学の碩学が独自の視点で解き明かす。怪力乱「神」をあえて語る！（堀誠）

ヨーロッパとイスラーム世界
R・W・サザン
鈴木利章訳
〈無知〉から〈洞察〉へ。キリスト教文明とイスラーム文明との関係を西洋中世にまで遡って考察し、読者に歴史的見通しを与える名講義。（山本芳久）

図説 探検地図の歴史
R・A・スケルトン
増田義郎／信岡奈生訳
世界はいかに〈発見〉されていったか。人類の知が全地球を覆っていく地理的発見の歴史を、時代ごとの地図に沿って描き出す。貴重図版二〇〇点以上。

ちくま学芸文庫

アメリカを作《つく》った思想《しそう》　五〇〇年《ねん》の歴史《れきし》

二〇二一年七月十日　第一刷発行

著者　ジェニファー・ラトナー＝ローゼンハーゲン
訳者　入江哲朗（いりえ・てつろう）

発行者　喜入冬子
発行所　株式会社　筑摩書房
東京都台東区蔵前二―五―三　〒一一一―八七五五
電話番号　〇三―五六八七―二六〇一（代表）
装幀者　安野光雅
印刷所　三松堂印刷株式会社
製本所　三松堂印刷株式会社

ISBN978-4-480-51064-8 C0110